ज़माने से दो दो हाथ

ज़माने से दो दो हाथ

[भूमंडलीकरण, फासीवाद, साम्प्रदायिकता और संस्कृति के सवालों पर केन्द्रित आलेख, भाषण एवं टिप्पणियाँ]

नामवर सिंह

सम्पादक
आशीष त्रिपाठी

राजकमल प्रकाशन

ISBN : 978-81-267-1891-7

मूल्य : ₹595

पहला संस्करण : 2010
दूसरा संस्करण : 2019

प्रकाशक : राजकमल प्रकाशन प्रा. लि.
1-बी, नेताजी सुभाष मार्ग, दरियागंज
नई दिल्ली-110 002

शाखाएँ : अशोक राजपथ, साइंस कॉलेज के सामने, पटना-800 006
पहली मंजिल, दरबारी बिल्डिंग, महात्मा गांधी मार्ग, इलाहाबाद-211 001
36 ए, शेक्सपियर सरणी, कोलकाता-700 017

वेबसाइट : www.rajkamalprakashan.com
ई-मेल : info@rajkamalprakashan.com

मुद्रक : बी.के. ऑफसेट
नवीन शाहदरा, दिल्ली-110 032

ZAMANE SE DO DO HATH
by Namvar Singh
Edited by Ashish Tripathi

अप्रतिहत वैचारिक योद्धा

प्रो. नामवर सिंह हिन्दी का चेहरा हैं। उनमें हिन्दी समाज, साहित्य-परम्परा और सर्जना की संवेदना रूपायित होती है। वे न सीमित अर्थों में साहित्यकार हैं और न आलोचक। वे हिन्दी में मानवतावादी, लोकतांत्रिक और समाजवादी विचारों की व्यापक स्वीकृति के लिए सतत संघर्षशील प्रगतिशील आन्दोलन के अग्रणी विचारक हैं। उन्होंने हिन्दी की साहित्यिक सर्जना को समुचित विचार और दृष्टि के साथ शिक्षितजनों के बीच स्वीकृति दिलाने का महत्वपूर्ण कार्य किया है। साथ ही, स्वातन्त्र्योत्तर भारतीय समाज और राजनीति की जनपक्षधर शक्तियों को अपनी वैचारिकता, आलोचकीय प्रतिभा और लोकसंवेदी तर्कप्रवण वक्तृता से निरन्तर मजबूत किया है। वे देश में समतावादी समाज का सपना सँजोये रखनेवाली सामाजिक शक्तियों के पक्ष में सामंतवादी-पुनरुत्थानवादी शक्तियों और पूँजीवादी शक्तियों से निरन्तर मुठभेड़ जारी रखनेवाले वैचारिक योद्धा हैं। उन्होंने जहाँ एक ओर धर्म, लोक, परम्परा और संस्कृति के मानवीय मूल्यों पर जोर देनेवाली (सर्जकों, विचारकों, संतों और भक्त कवियों की) विरासत की सटीक व्याख्या की है, वहीं इनको उपकरण बनाकर सामाजिक भेदों को स्वीकृत करानेवाले बौद्धिक प्रयत्नों के खिलाफ हमलावर तेवर अपनाए हैं। उन्होंने परम्परा और आधुनिकता के मूल्यांकन की प्रगतिशील परम्परा को आगे बढ़ाया है।

नामवर जी मूलतः साहित्यिक समाज के हिस्से हैं, पर उनकी सबसे बड़ी खूबी यह है कि वे उसमें कैद नहीं रहे हैं। उन्होंने साहित्येतर समाज में अपनी स्वीकार्यता निर्मित की है। साहित्येतर अनुशासनों के संवेदनशील शिक्षितों और बौद्धिकों के बीच वे सहज ही अपनी छाप छोड़ सके हैं, तो इसके पीछे उनकी सामाजिक प्रतिबद्धता, जनपक्षधरता और अकुंठ प्रतिभा है। साहित्य को सीमित साहित्यिक व्याख्या से बाहर निकालकर उसे सामाजिक संबद्धता के वृहद् परिप्रेक्ष्य में देखने की प्रवृत्ति, जो

प्रगतिशील साहित्य-धारा की प्रमुख पहचान हैं, को उन्होंने व्यापक रूप से फैलाने में प्रायः एक बुद्धिजीवी कार्यकर्ता की तरह कार्य किया है। इस क्रम में उन्होंने ठेठ स्थानीय स्थितियों से लेकर वैश्विक परिदृश्य की अपनी भ्रमहीन समझ का परिचय दिया है। समाजशास्त्र, राजनीतिशास्त्र, दर्शन, इतिहास, अर्थशास्त्र जैसे अनेक अनुशासनों की नवीनतम हलचलों की जानकारी और उन्हें जनता के दीर्घकालिक हितों के परिप्रेक्ष्य में कसने का विवेक उन्हें भारतीय लोक और मार्क्सवाद की सच्ची समझ से प्राप्त हुआ है। उनकी गहरी जड़ें साहित्य की धरती में हैं। परन्तु, 'ज्ञानियों' और 'पोथी पढ़नेवाले पंडितों' की तरह वे सूचनाओं के उच्चारणकर्ता-लेखक मात्र नहीं हैं। वे ज्ञान को आतंक की तरह नहीं, संवेदना के सहभागी की तरह प्रस्तुत करते हैं। बौद्धिक प्रतिभा की कौंध उनके लेखन में हर जगह व्याप्त है, परन्तु यह ध्यान में रखना आवश्यक है कि अनेक महत्वपूर्ण परिदृश्य में प्रभावी हस्तक्षेप करनेवाली और हिन्दी आलोचना में क्लासिक का दर्जा प्राप्त कर चुकी अनेक किताबों के बावजूद वृहद् हिन्दी समाज में उनकी ख्याति प्रायः उनके व्याख्यानों के कारण रही है।

अपने हजारों व्याख्यानों के माध्यम से नामवर सिंह जी नवजागरण की चेतना को आगे बढ़ा रहे हैं। उन्होंने साहित्यिक कृतियों, साहित्यकारों और साहित्यिक प्रवृत्तियों के विश्लेषण द्वारा जहाँ समाज के अन्धकार के खिलाफ रोशनी के दीये जलाये हैं, वहीं सचेतन विधि से समाज को नई दुनिया में समतावादी सपनों के साथ प्रवेश दिलाने की कोशिश की है। जाति, धर्म, पूँजी, लिंग के अनेक अवरोधों को उपकरण की तरह इस्तेमाल करनेवाली फासीवादी सामाजिक-राजनीतिक ताकतों के खिलाफ वैचारिक संघर्ष चलाने वाले बुद्धिजीवियों में वे अग्रणी रहे हैं। उदारीकरण, भूमंडलीकरण, बाजारवाद और उपभोक्तावाद पर उनका आक्रमण उनकी वैचारिकता और जनपक्षधरता की बानगी मात्र है। जनविरोधी अर्थनीति, राजनीति और समाजनीति की समझ पैदा करने में उनके इन व्याख्यानों की भूमिका महत्वपूर्ण रही है। खगेन्द्र ठाकुर ने ठीक ही कहा है : 'नामवर सिंह ने देश भर में विशेष कर हिन्दी क्षेत्र में घूम-घूमकर क्रान्तिकारी विचारों के बीज बोये हैं।...नामवर जी ने जिस तरह से जिन विचारों के बीज बोये हैं, वे इतिहास से सम्बन्ध रखते हुए भी भारतीय विचार-परम्परा का अंग होते हुए भी इसलिए महत्वपूर्ण हैं कि वे वर्तमान में वैचारिक लड़ाई में शामिल हैं। उनका व्याख्यान कराना वास्तव में

लड़ाई का मोर्चा खोलना है।' प्रसिद्ध मार्क्सवादी आलोचक डॉ. रामविलास शर्मा ने प्रेमचन्द को जनता का शिक्षक कहा था। कहना न होगा कि नामवर सिंह समकालीन समाज में जनता के शिक्षक हैं।

नामवर सिंह के ये बौद्धिक प्रयत्न महत्वपूर्ण हो उठते हैं, जब हम अपेक्षाकृत पिछड़े हुए और गोबरपट्टी कहे जानेवाले हिन्दी क्षेत्र के सन्दर्भ में उन्हें देखते हैं। यह दिखाई देता है कि भारत का सबसे मजबूत आधारों वाला साम्प्रदायिक आन्दोलन अपने भयावह रूप में यहीं उभरा, कि यहाँ नवजागरण की प्रक्रिया ठीक से सम्पन्न नहीं हो सकी और सामन्तवाद की सामाजिक-सांस्कृतिक संरचनाएँ और उनकी मूल्य-प्रणाली आज भी बेहद प्रभावी ढंग से मौजूद हैं, कि अन्ततः सुधारवादी स्वरों के विविध आन्दोलन उसके द्वारा सोख लिए गए हैं, कि भारतीय लोकतंत्र की विकृतियाँ अपने प्रभावी स्वरूप में यहाँ मौजूद हैं, कि बाजारवाद की आँधी में वह बड़ी तेजी से अपने कपड़े बदल रहा है। नामवर जी के सक्रिय अवदान का महत्त्व तब और भी बढ़ जाता है जब हम यह देखते हैं कि हिन्दी क्षेत्र में बुद्धिजीवियों के सरोकार विस्तृत होने के बावजूद वे कोई व्यापक प्रभाव नहीं छोड़ पा रहे हैं और बौद्धिक प्रतिभा के मामले में दरिद्र माने जाते हैं। अंग्रेजी बुद्धिजीवियों के सम्मुख उनकी पूछ प्रायः नहीं है। प्रसिद्ध पत्रकार और सामाजिक-राजनीतिक प्रश्नों पर राष्ट्रीय सहारा के प्रसिद्ध परिशिष्ट 'हस्तक्षेप' के संयोजक अरुण पांडेय कहते हैं–"दर्जनों विषयों पर हम और हमारी टीम के साथियों ने नामवर जी से बात की। हर बार लगा कि कम से कम हिन्दी में एक आदमी है जो साहित्येतर दुनिया पर पैनी नजर रखे हुए है और विचारों की जकड़न से ऊपर उठकर एक नई विभाजक रेखा खींचने की क्षमता रखता है। खुशी तब होती थी जब अंग्रेजीवालों से हम बात करते थे और अक्सर यह निष्कर्ष निकालने को मजबूर होते थे कि हिन्दी का नामवर अंग्रेजीवालों पर भारी है।"

नामवर सिंह अपने समस्त प्रयासों में अकेले नहीं हैं। एक व्यापक आन्दोलन उनके साथ है। वे उसकी सर्वाधिक कौंध और अकूत साहस वाली इकलौती प्रतिभा अवश्य हैं।

यह पुस्तक नामवर जी की आठ पुस्तकों की शृंखला में प्रकाशित है। इन पुस्तकों में प्रकाशित हो रही सामग्री पिछले 60 वर्षों की दीर्घ अवधि में लिखित एवं प्रकाशित परन्तु असंकलित रही है। संकलन का यह कार्य प्रो. कमला प्रसाद जी की प्रेरणा से नामवर जी के व्याख्यानों

की खोज के साथ 2005 में प्रारम्भ हुआ। निरन्तर 5 वर्षों तक पत्र-पत्रिकाओं, पुस्तकों, पुस्तकालयों, इंटरनेट एवं खासतौर पर निजी संग्रहों को खँगालने पर यह सामग्री प्राप्त हुई–लगभग 1600 पृष्ठ। उसमें नामवर जी के आलेख, व्याख्यानों के लिप्यांतरित पाठ, वाचिक टिप्पणियाँ, व्यक्तिगत साक्षात्कार एवं सामूहिक परिसंवाद शामिल हैं। इसके बावजूद अभी अनेक आलेख और व्याख्यानों के मुद्रित पाठ खोजे जाने बाकी हैं। नामवर जी ने जब स्वयं यह संग्रह देखा तो उन्हें आश्चर्य हुआ। अनेक आलेख और व्याख्यान उनकी स्मृति में नहीं थे। खैर, इस सामग्री को पुस्तकों में बाँटने की प्रमुखतः दो योजनाएँ विकल्प के रूप में सामने थीं–विषय वार पुस्तकें और लिखित-वाचिक की अलग-अलग पुस्तकें। हमने बीच का रास्ता अपनाया। सामयिक विषयों पर एक स्वतन्त्र पुस्तक के साथ प्रेमचंद पर केन्द्रित पुस्तक में आलेख, भाषण एवं वाचिक टिप्पणियाँ एक साथ मौजूद हैं। इसके अतिरिक्त वाचिक की दो पुस्तकें, लिखित की दो पुस्तकें और साक्षात्कार-संवाद की दो पुस्तकें। चार पुस्तकें आपके सामने हैं। चार और पुस्तकें शीघ्र ही आपके बीच होंगी। इन पुस्तकों से गुजरते हुए आप नामवर जी की प्रतिभा के विविध आयामों से संवाद कर सकेंगे।

सम्पूर्ण खोज-यात्रा में प्रो. कमला प्रसाद जी के साथ ही हिन्दी के वरिष्ठ कथाकार प्रो. काशीनाथ सिंह का प्रोत्साहन मेरी शक्ति रहा है। उलझन से भरे अनेक अवसरों पर इन दोनों ने मेरा मार्गदर्शन किया है और संबल दिया है। अनेक वरिष्ठों एवं मित्रों ने इस कार्य में निरन्तर दिलचस्पी ली है और बहुविध सहयोग किया है। यह सम्पूर्ण कार्य इस रूप में सामने आने में अधिक समय लेता, यदि गत एक वर्ष में युवा साथियों चन्द्रशेखर सिंह, तेजमान राम, वीरेन्द्र गौतम और विशाल विक्रम सिंह ने मेरा हाथ न बँटाया होता। आभार व्यक्त करने मात्र से इनके सहयोग का प्रतिदान नहीं किया जा सकता।

प्रस्तुत संग्रह में नामवर जी के गत दो दशकों में दिये गये अनेक व्याख्यानों एवं वाचिक टिप्पणियों के साथ दो आलेख शामिल हैं, जिनमें भूमंडलीकरण, फासीवाद, सांप्रदायिकता, भाषा और संस्कृति के ज्वलंत सवालों पर नामवर जी के विचार हिंदी समाज की जड़ता को तोड़ने के क्रम में हमारे सामने आते हैं।

–आशीष त्रिपाठी

अनुक्रम

ज़माने से दो दो हाथ

फासीवाद का नया सौन्दर्यशास्त्र

बीसवीं सदी के अन्तिम दशक की घटनाओं-दुर्घटनाओं को याद करें तो यह एक युग ही नहीं, बल्कि कई युगों का युग है। *सहस्राब्दी* का यह *अन्तिम* दशक दरअसल एक युगान्तर है। दशक का आरम्भ ही अनेक विध्वंस-लीलाओं से हुआ। सबसे पहले सोवियत समाजवाद का विध्वंस। फिर अपने ही घर में पाँच-सौ साल पुरानी तथाकथित बाबरी मस्जिद का विध्वंस और उसी के साथ सेकुलर संस्कृति की समूची परम्परा की 'कारसेवा'। आकस्मिक नहीं है कि उसी समय नेहरूयुगीन विकास की राष्ट्रीय परियोजना भी त्याज्य हो गई और भारतीय अर्थतंत्र साम्राज्यवादी भूमंडलीकरण के चक्र में जा फँसा। साथ-साथ राजनीति भी बदली और हिन्दू-फासीवाद की जो ताकतें अभी तक हाशिए पर थीं, सत्ता के केन्द्र पर काबिज हो गईं। फिर तो अर्थतंत्र, राजतंत्र और समाजतंत्र के ढाँचे में ऐसी तोड़-फोड़ शुरू हुई कि देश की सीधी-सादी क्षेत्रीय एकता को बचा रखना भी मुश्किल मालूम होता है। गरज कि यह पूरा दशक एक ऐसे संकट का दौर है जो देश के समकालीन इतिहास में अभूतपूर्व है, साथ सर्वग्रासी और बहुत गहरा भी।

लेकिन इस संकट के बारे में एक और दृष्टि भी है। इस दौर के विध्वंस उस दृष्टि से एक प्रकार का नवनिर्माण हैं। सोवियत समाजवाद का अन्त उनके लिए शैतान का अन्त है और बाबरी मस्जिद का ध्वंस सदियों पुराने अत्याचार का समुचित प्रतिशोध। सेकुलर संस्कृति की परम्परा अभारतीय होने के कारण त्याज्य है और नेहरूयुगीन विकास की राष्ट्रीय परियोजना उदार विकास में बाधक होने के कारण अपनी असफलता प्रमाणित कर चुकी है। भूमंडलीकरण में उन्हें राष्ट्रीय प्रगति की अपार सम्भावनाएँ दिखाई पड़ रही हैं और किसी एक राजनीतिक पार्टी की सरकार की जगह भाजपा के नेतृत्व में स्थापित दो दर्जन पार्टियों की खिचड़ी सरकार अधिक लोकतांत्रिक प्रतीत हो रही है। गरज कि आसन्न संकट उन लोगों के लिए चिन्ता का विषय नहीं, बल्कि हर्षोल्लास का क्षण है। ऐसे उल्लसित लोगों में अधिकांशतः वही हैं जो मस्जिद के मलबे पर रामलला का एक नया मन्दिर बनाने की तैयारी कर रहे हैं। विचित्र बात यह है कि इस गिरोह के साथ कुछ ऐसे

पढ़े-लिखे गम्भीर विचारक और लेखक भी हैं जो आम तौर से भीड़-भाड़ से दूर साहित्य-साधना में लीन रहने का व्रत लिए बैठे हैं। विचारधारा मात्र से इन्हें परहेज है मगर वे हमेशा संघ-परिवार की 'छद्म धर्मनिरपेक्षता' और 'समान सिविल कोड' वाली शब्दावली में विमर्श करते हैं। पश्चिमी संस्कारों में आकंठ डूबे रहने के बावजूद हर समय हिन्दू धर्म की श्रेष्ठता के गीत गाते रहते हैं—गोया उनसे ज्यादा हिन्दू कोई और है ही नहीं। इनका सबसे अधिक रोष 'सेकुलर' लोगों पर है क्योंकि वे सभी कम्युनिस्ट अथवा वामपन्थी प्रतीत होते हैं। इस तरह संघ-परिवार के शत्रु इन गम्भीर विचारकों के भी शत्रु हैं और यही वह सम्बन्ध-सूत्र है जो उन्हें संघ-परिवार के साथ खड़े होने के लिए विवश करता है। विमर्श करेंगे संस्कृति पर लेकिन केन्द्र में होगा धर्म और वह भी अपना अपूर्व हिन्दू धर्म!

कहना न होगा कि वर्तमान संकट के केन्द्र में यह तथाकथित 'धर्म' ही है जिसका सही नाम है संघ-परिवार का 'हिम्दुत्व'। एकमात्र लक्ष्य है हिन्दू राज अथवा हिन्दू पाद पादशाही की स्थापना। इस दिशा में किए गए सारे प्रयास ही वर्तमान संकट की जड़ हैं।

इस संकट के इतिहास पर एक नजर डालें तो इसका सूत्रपात आजादी की लड़ाई के दौरान ही हो गया था। बीस के दशक में हमारा राष्ट्रीय मुक्ति संघर्ष जब शिखर पर था तो हिन्दुत्ववादी गिरोह उस संघर्ष से अलग 'हिन्दू पाद पादशाही' की स्थापना की तैयारी कर रहा था और अंग्रेजी राज से असहयोग के स्थान पर उसके साथ सहयोग कर रहा था। यह वही समय है जब इटली में मुसोलिनी ने फासिस्ट पार्टी बनाई और जर्मनी में हिटलर ने नात्सीवाद का झंडा उठाया। अभिलेखागारों के दस्तावेजों से अब तो यह बात जगजाहिर हो गई है कि हिन्दुत्ववादी संघ-परिवार मुसोलिनी और हिटलर की पार्टियों से सीधे सम्पर्क में था और फासिस्ट साँचे के मुताबिक ही अपने संगठन को ढालने में संलग्न था। यह तो देशव्यापी राष्ट्रीय मुक्ति आन्दोलन की ताकत थी कि ये भारतीय फासिस्ट उस समय हाशिए पर पड़े रहे।

किन्तु हिन्दू पाद पादशाही का लक्ष्य अपनी जगह था। बँटवारे के बाद पाकिस्तान के इस्लामी राज्य बनने के बाद एक बार फिर भारत को हिन्दू राज्य बनाने की भावना ने जोर पकड़ा। विडम्बना यह है कि इसकी शुरुआत स्वयं कांग्रेस के ही अन्दर हुई—खासतौर से कांग्रेस के अन्दर के उस गिरोह की ओर से जो एक हद तक हिन्दुत्ववादी था। इस प्रसंग में दो घटनाएँ सामान्य होते हुए भी अत्यन्त विस्फोटक हैं। स्वाधीनता-प्राप्ति के तीन महीने बाद ही 12 नवम्बर, 1947 को दीवाली के दिन सोमनाथ में स्वयं सरदार पटेल ने सोमनाथ मन्दिर के पुनर्निमाण की घोषणा की। मन्दिर-निर्माण में सरकारी मदद तो नहीं ली गई लेकिन प्रतिमा की प्राण-प्रतिष्ठा के

अवसर पर प्रधानमंत्री जवाहरलाल नेहरू की इच्छा के विरुद्ध राष्ट्रपति राजेन्द्र प्रसाद 11 मई, 1952 को स्वयं उपस्थित हुए। राष्ट्रपति ने उस यज्ञ के अनुष्ठान के लिए सरदार पटेल की भूरि-भूरि प्रशंसा की और उस मन्दिर को 'श्रद्धा' और 'संस्कृति' का प्रतीक बतलाया।

दूसरी घटना लगभग दो वर्ष बाद 22-23 दिसम्बर, 1949 की रात में चुपचाप घटित हुई और बाबरी मस्जिद के अन्दर अचानक रामलला की मूर्ति प्रकट हुई। कहाँ धुर पश्चिम में अरब सागर के किनारे सोमनाथ और कहाँ हजारों मील दूर सरयू-तट पर स्थित अयोध्या! एक ओर शिव, दूसरी ओर राम। क्या संयोग है और कैसा चमत्कार!

क्या यह सिर्फ संयोग है कि वर्षों बाद 1991 में संघ-परिवारी लालकृष्ण आडवाणी ने उसी सोमनाथ से अयोध्या तक की राम रथयात्रा का भव्य कार्यक्रम बनाया? यह और बात है कि उस समय दिग्विजय का अश्व बीच रास्ते में रोक लिया गया, लेकिन साल बीतते-बीतते 6 दिसम्बर, 1992 को बाबरी मस्जिद आखिर ढहा दी गई। खास बात यह है कि मस्जिद रामभक्त कारसेवकों ने ही गिराई। आभास यही कराया गया कि सरकार का इसमें सीधे-सीधे कोई हाथ नहीं है। वैसे, लखनऊ में भाजपा के मुख्यमंत्री बैठे थे; दिल्ली के तख्त पर कांग्रेसी प्रधानमंत्री विराजमान थे। इस अद्भुत संयोग की स्वाभाविक परिणति अभी मई 2000 में हुई जब भारत के प्रतापी गृहमंत्री लालकृष्ण आडवाणी ने सोमनाथ मन्दिर को सरकारी खजाने से सिर्फ पाँच करोड़ रुपए के अनुदान की घोषणा की। देश की उस सरकार का अनुदान जो संविधान के अनुसार धर्म-निरपेक्ष अथवा पन्थ-निरपेक्ष है! कहाँ है संविधान और क्या है उसका मूल ढाँचा! संविधान की समीक्षा होती रहेगी, संविधान तो बदल गया! यह हिन्दू राज्य नहीं तो क्या है? कांग्रेसी सरदार पटेल जहाँ पाँव रखते हिचके थे, संघ-परिवारी आडवाणी ने वहाँ बेहिचक छलाँग लगा दी। पटेल को अपने प्रधानमंत्री नेहरू का लिहाज था। आडवाणी को अपने प्रधानमंत्री वाजेपयी से पूछने की क्या आवश्यकता?

यहाँ सवाल न संविधान का है न लोकतांत्रिक औचित्य का। मामला है तो श्रद्धा और संस्कृति के प्रतीक का, जो सबसे ऊपर है। राष्ट्रपति राजेन्द्र प्रसाद के मन में तो कहीं थोड़ा अपराध बोध भी था। शायद इसीलिए उन्होंने यह कहना जरूरी समझा : "यह न समझा जाए कि यह समारोह उन मानसिक और शारीरिक जख्मों को खोलने के लिए किया जा रहा है जो बीती शताब्दियों के दौरान अपने आप एक हद तक भर गए हैं।" गृहमंत्री लालकृष्ण आडवाणी को इन जख्मों के भरने या खुलने की क्या चिन्ता! चिन्ता है तो उस देवऋण से उऋण होने की जिसके कारण वे आज भारत के गृहमंत्री हैं। सोमनाथ ने अभी गृहमंत्री ही बनाया है, राम-कृपा होगी तो एक

दिन प्रधानमंत्री भी हो सकते हैं, लेकिन इसके लिए अयोध्या में राम-मन्दिर बनवाना ही पड़ेगा और कौन जाने तब तक अपनी सरकार चलती रहे।

इसे कहते हैं हिन्दुत्व की संस्कृति! बूँद-बूँद पानी के लिए तड़पते हुए गुजरात के आम लोगों की चिन्ता तो व्यापारी भी कर लेंगे, भगवान सोमनाथ की सुख-सुविधा की जिम्मेदारी तो भारत की सरकार ही उठा सकती है! समस्या सांस्कृतिक है इसलिए राज्य की प्राथमिकता भी।

आकस्मिक नहीं कि शिक्षा और संस्कृति के क्षेत्र में हिन्दुत्ववादी सरकार कुछ ज्यादा ही सक्रिय है और इस मामले में शुरू से ही चौकस है कि ये सरकारी विभाग भरसक संघ-परिवार के पक्के लोगों के ही हाथ में रहे। पिछले तीन वर्षों में शिक्षा-संस्कृति की संस्थाओं को पूरी तरह 'शुद्ध' करके जिस तरह भगवामय बनाया गया है उसकी एक-न-एक खबर रोज ही आती रहती है। स्पष्ट है कि संस्कृति का क्षेत्र उन लोगों के लिए 'धर्मक्षेत्र' है और जो धर्मक्षेत्र है वह बिना कहे ही अपने आप 'कुरुक्षेत्र' होने के लिए अभिशप्त है। परिणाम—'धर्मक्षेत्रे कुरुक्षेत्रे समवेता युयुत्सवः।'

हिन्दुत्ववादियों की सबसे बड़ी देन यही है कि उन्होंने संस्कृति की रंगभूमि को रणांगण में बदल दिया है—ऐसा विलक्षण रणांगण जिसमें संस्कृति युद्ध का आँगन भी है और युद्ध का अस्त्र-शस्त्र भी। इसका ताजा उदाहरण है जवाहरलाल नेहरू विश्वविद्यालय में 29 अप्रैल की रात का वह भारत-पाक मुशायरा जिसमें शायरी के इन्तहा शौकीन दो नौजवान फौजी अफसरों के हाथों से रिवाल्वर उछल पड़ी। कल्चर का नाम सुनने पर नात्सी गोबेल्स का हाथ तो रिवाल्वर तक सिर्फ पहुँचा ही था। हाथ सचमुच पहुँचा था या उसने सिर्फ ऐसा कहा भर था, पक्का पता नहीं। लेकिन ऐसी किंवदंती है जरूर। किंवदतियाँ तो जे.एन.यू. के उस मुशायरे के बारे में भी हैं और उनमें से ज्यादातर संघ-परिवार के हलक़े से ही फैली हैं। फहमीदा रियाज़ की उस कविता का पाठ भी जिसकी पहली पंक्ति है : 'तुम बिल्कुल हम जैसे निकले!' कायदे से भारत को हिन्दू राज्य बनाने वालों को तो इस बात पर नाराज होने की कोई वजह ही नहीं है। इस बात पर गर्व करने वाले गर्व कर सकते हैं, शर्म वाले शर्म भी। लेकिन इसके पीछे एक हमदर्द शायर का जो दर्द है उस पर गुस्सा करने के लिए तो कोई जगह नहीं।

जो भी हो, कविता के अर्थ को लेकर बहस हो सकती है और ऐसी बहसों के लिए जे.एन.यू. मशहूर है। यहाँ तक कि फौजी जवान भी वहाँ सशस्त्र आने के बावजूद शब्दों को ही हथियार की तरह इस्तेमाल करने का शौक रखते हैं क्योंकि वे जानते हैं कि हथियारों के लिए बेहतर जगह लड़ाई का मोर्चा है, किसी विश्वविद्यालय का खुला मैदान नहीं। इसलिए अब यदि एक विश्वविद्यालय की संस्कृति रणांगण बनती है, उसके लिए जिम्मेदार कौन है?

बात यहीं तक सीमित नहीं है। शिक्षा और संस्कृति की संस्थाओं के बाहर भी ऐसी कोई जगह नहीं जिसे धर्मयुद्ध का क्षेत्र न बना दिया गया हो। सिर्फ इस एक दशक में जितने खूनी साम्प्रदायिक दंगे हुए, बलात्कार और आगजनी की घटनाएँ हुईं, उनसे पिछले सारे रेकार्ड टूट गए। यहीं नहीं, इस बीच मुसलमानों के बाद ईसाई भी चपेट में आ गए जो कि पहले कभी नहीं हुआ था। यहाँ भी निशाने पर या तो स्कूल हैं या अस्पताल—शिक्षक या डॉक्टर और नर्सें और फिर पादरी तो हैं ही। कहना न होगा कि इस दौर की यह एक नई संस्कृति है—क्रूरता की संस्कृति।

इस प्रसंग में युवा कवि कुमार अम्बुज की 'क्रूरता' शीर्षक कविता याद न आए, मुमकिन नहीं। कविता की कुछ पंक्तियाँ इस प्रकार हैं—

तब आएगी क्रूरता
पहले हृदय में आएगी और चेहरे पर न दीखेगी
फिर घटित होगी धर्मग्रन्थों की व्याख्या में
फिर इतिहास में और भविष्यवाणियों में
फिर वह जनता का आदर्श हो जाएगी

वह संस्कृति की तरह आएगी उसका कोई विरोधी न होगा।
कोशिश सिर्फ यह होगी किस तरह वह अधिक सभ्य
और अधिक ऐतिहासिक हो

यही ज्यादा सम्भव है कि वह आए
और लम्बे समय तक हमें पता ही न चले उसका आना।

कहना न होगा कि जिस क्रूरता का पता हमें अभी तक नहीं चल सका है, उसे हमारे बीच आए काफी लम्बा समय हो गया।

विडम्बना यह है कि इस अदृश्य क्रूरता की संस्कृति से सबसे ज्यादा बेखबर वही हैं जो अपने आपको सबसे ज्यादा सुसंस्कृत और सभ्य समझते हैं। दरअसल ऐसे भद्र लोगों की संस्कृति की धारणा भी अति विशिष्ट है। अर्थतंत्र, राजतंत्र, सामाजिक संस्थानों आदि से सर्वथा स्वायत्त यह ऐसा 'पवित्र वन' है जिसकी सिर्फ पूजा की जा सकती है। ईश्वर की तरह संस्कृति भी इन लोगों के लिए पूजा की वस्तु है—मन्दिर के देवता की तरह उपास्य। ऐसे सुसंस्कृत लोगों तक यदि क्रूरता की संस्कृति के शिकार साधारण जनों की पुकार न पहुँचे तो क्या आश्चर्य! क्रूरता की संस्कृति को इस विशिष्ट संस्कृति से भला क्या शिकायत हो सकती है? शान्तिपूर्ण सह-अस्तित्व की ऐसी अनूठी मिसाल और क्या हो सकती है?

क्रूरता की इस संस्कृति का एक अमोघ अस्त्र है भव्य प्रदर्शन। समय-समय पर

यहाँ-वहाँ होने वाले साम्प्रदायिक दंगे इसी भव्य प्रदर्शन के नमूने हैं। बाबरी मस्जिद का विध्वंस इस दौर का सबसे भव्य प्रदर्शन था। सम्भवतः पहला। कारगिल युद्ध का भव्य प्रदर्शन ताजा मिसाल है जिसमें शहीदों की शवयात्रा भी शोक से अधिक प्रदर्शन की वस्तु बन गई। दरअसल यह सब फासीवाद का नया *सौन्दर्यशास्त्र है*। शानदार सैनिक परेड, शाखामृग स्वयंसेवकों की अनुशासित रैली, लहराते भगवा झण्डों का विशाल समुद्र सदृश जुलूस आदि की आतंकवादी छवियाँ इसी सौन्दर्यशास्त्र के सर्जनात्मक रूप हैं। कहना न होगा कि इन सबकी चरम परिणति युद्ध है और पोकरण में परमाणु बम का विस्फोट तो निश्चय ही शक्ति-प्रदर्शन की पराकाष्ठा है। उस जोखिम-भरे स्थल पर शक्ति-पीठ स्थापित करने की परिकल्पना उसी प्रदर्शन-प्रिय मानसिकता की अभिव्यक्ति है! उसे बचकानापन कहकर टाल देना कहीं बड़ा बचकानापन है। कहना न होगा कि युद्धोन्माद इस फासीवादी संस्कृति का स्थायी भाव है जिसके विभाव, अनुभाव, हाव, संचारी भाव आदि इतने हैं कि भरत मुनि के नाट्यशास्त्र में भी खोजे न मिलेंगे। इन सबके लिए एक नए नाट्यशास्त्र की आवश्यकता है।

कोई पूछ सकता है कि युद्धोन्माद से फासीवाद को क्या फायदा? फायदा वही है जो हिटलर ने प्रथम विश्वयुद्ध से उठाया—विशेषतः अपने देश की पराजय से! वही फायदा जो पड़ोसी पाकिस्तान के फौजी, गैर-फौजी हुक्मरानों ने पिछले दो-तीन युद्धों से उठाया है! यहाँ हार भी फायदेमन्द है और जीत भी। युद्ध के आतंक से डरी हुई जनता अपनी किसी परेशानी के हल के लिए मुँह खोलने का साहस तक न करेगी। किसी प्रकार का विरोध देशद्रोह कहलाएगा। देशभक्ति की ऐसी हवा चलेगी कि अल्पसंख्यक अपने आप काबू में रहेंगे। यह और बात है कि इटली और जर्मनी के फासीवाद की तरह हर फासीवाद अन्ततः युद्ध की आग में ही भस्म होता है—साथ-साथ सारे देश को अधमरा छोड़ जाता है सो अलग। विडम्बना है कि अपनी नियति जानते हुए भी आज का फासीवाद हर समय 'युद्धं देहि' की मुद्रा में तना खड़ा रहता है।

और निकट से देखें तो आज का हिन्दू फासीवाद एक प्रकार का सांस्कृतिक छल है। बाजार के कारोबार में भूमंडलीकरण, लेकिन संस्कृति के मामले में स्वदेशी का आग्रह। क्या विश्व बाजार के साथ कोई संस्कृति संलग्न नहीं है? यह कैसे सम्भव है कि अर्थतंत्र और राज्यतंत्र के क्षेत्र में तो भूमंडलीकरण की प्रक्रिया चले और संस्कृति हिन्दू दायरे में सिकुड़ कर सुरक्षित रहे! साफ है कि आचार विश्व बाजार का है, हिन्दू संस्कृति सिर्फ वाणी का विलास है। व्यावहारिकता का तकाजा भी यही है। अगर इंटरनेट-वेबसाइट से अपनी तिजोरी भरती जाती है तो हिन्दू संस्कृति का गुन गाते रहने में गाँठ का क्या जाता है? अगर कुछ जाता है तो इस हिन्दुत्व के पीछे

पागल होकर भीड़ बनते जनसमूह का, जो खाली पेट के बावजूद हर समय हिन्दू संस्कृति के लिए मरने-मारने को उतारू रहती है।

महाभारत की द्रौपदी ने इस छल पर उँगली उठाते हुए कभी ये शब्द कहे थे–

न सा सभा यत्र न सन्ति वृद्धाः
न ते वृद्धाः ये न वदन्ति धर्मम्।
नासौ धर्मो यत्र च नास्ति सत्यं
न तत्सत्यं यच्छलेनानुविद्धम्।

जब धर्म में सत्य नहीं होता और वह सत्य भी छल से अनुविद्ध रहता है तभी किसी प्रताड़ित आत्मा से ऐसे व्यंग्य-वचन निकलते हैं! कहना न होगा कि आज सभा में वृद्धों के बीच धर्म के नाम पर छल का यही खेल चल रहा है।

विडम्बना यह है कि आज ताकत धर्म के इन्हीं खिलाड़ियों के पास है और ताकत जो कहे वही धर्म है। महाभारत के भीष्म ने द्रौपदी के प्रश्न के उत्तर में यही कटु सत्य कहा था–

बलवांश्च यथा धर्मं लोके पश्यति पुरुषः।
स धर्मो धर्मवेलायां भवत्यभिहृतः परः॥

लोक में बलवान पुरुष जिसे धर्म समझता है, धर्म-विचार के समय लोग उसी को धर्म मान लेते हैं और बलहीन पुरुष जो धर्म बतलाता है, वह बलवान पुरुष के बताए धर्म से दब जाता है।

यह उक्ति एक पुरुष की है और कही गई है एक स्त्री से–उस स्त्री से जो दाँव पर पति के हार जाने के बाद दासी घोषित की गई है। यह है हमारी महान हिन्दू संस्कृति का सत्य!

कटु होते हुए भी आज का सत्य तो यही है कि हिन्दू धर्म के अधिकारी व्याख्याकारों के पास ताकत औरों से कुछ ज्यादा है। प्रतिरोध दुर्बल है क्योंकि वह असंगठित ही नहीं, बल्कि विखंडित है। एक दुर्बलता विचार की भी है–यहाँ तक कि बलवान दिखाई पड़ने वालों के इस धर्म को उनके सही नाम के साथ सीधे पुकारा नहीं जा रहा है। नाम की हैसियत क्या है यह तो तुलसीदास के इन शब्दों से ही स्पष्ट है–

रूप विशेष नाम बिनु जाने।
करतल गत न परहिं पहचाने॥

रूप-विशेष तो हम देख ही रहे हैं किन्तु पहचान के लिए सही नाम जरूरी है। अब मुझे यह कहने में कोई हिचक नहीं कि यह सचमुच ही हिन्दू-फासीवाद है–फासीवाद के अलावा इसका और कोई नाम हो ही नहीं सकता।

सही है कि नाम देने से काम खत्म नहीं होता, लेकिन किसी चीज को पकड़ में लेने के लिए उसे एक नाम देना जरूरी है। जिसके पास एकमात्र अस्त्र शब्द ही है वह इतना भी कर ले तो कम नहीं।

इस हिन्दू-फासीवाद की ताकत को कम करके आँकना ठीक न होगा। पुलिस, प्रशासन, न्यायपालिका आदि राजतंत्र के विविध अंगों के अलावा इस बीच सेना के अन्दर भी इस चेतना ने सेंध लगा ली है। इन सबके अलावा स्वयं संघ-परिवार की अपनी विशाल वाहिनी अपनी जगह है जैसे विश्व हिन्दू परिषद्, बजरंग दल, हिन्दू जागरण मंच आदि दर्जनों छापामार टुकड़ियाँ। अक्सर शिव सेना भी मौके पर साथ खड़ी हो जाती है। एक ओर अनेकानेक स्वयंसेवी संस्थाओं का जाल है तो मध्यवर्ग के अन्दर मन-ही-मन सहानुभूति रखने वालों की तादाद दिन दूनी, रात चौगुनी बढ़ती जा रही है। पैसों की कमी का तो सवाल ही क्या! पूँजी वाले थैली का मुँह खोले खड़े हैं। किन्तु इन सबके ऊपर है विश्व की सबसे बड़ी शक्ति अमेरिका का वरदहस्त! कहने के लिए अन्त में 'देखि दिव्य छवि लोचन हारे' जैसे ही शब्द जबान पर आते हैं। लेकिन गनीमत है कि अभी *आलोचना* के लोचन बचे हुए हैं। बाकी उनका भले ही हो, आँखें अपनी हैं और उन आँखों में दम है!

वैसे, अँधेरा घना है। निराला की वह कविता अक्सर याद आती है : 'गहन है यह अन्धकारा!' यही नहीं बल्कि वह पंक्ति भी : 'इस गगन में नहीं दिनकर, नहीं शशधर, नहीं तारा।' बार-बार अन्दर से यही आवाज उठती है :

प्रिय मुझे वह चेतना दो देह की
याद जिससे रहे वंचित गेह की
खोजता फिरता न पाता हुआ
मेरा हृदय हारा!

प्रकाश की एक क्षीण-सी किरण की कल्पना भी इस क्षण में एक प्रकार का आत्मछल मालूम होता है! इस अहसास के बाद भी पुनर्नवा *आलोचना* को आलोचना धर्म का निर्वाह करते रहना है अर्थात् देखना, देखना और देखना! कहना न होगा कि यह देखना ही रचना भी है! ब्रेष्ट ने ऐसे ही किसी क्षण में कहा था—

क्या अँधेरे वक्त में भी
गीत गाए जाएँगे?
हाँ, अँधेरे के बारे में भी
गीत गाए जाएँगे।

(आलोचना, सहस्राब्दी अंक : 1 का 'पुनर्नवता' शीर्षक सम्पादकीय)

साम्प्रदायिकता, राष्ट्रवाद और धर्मनिरपेक्षता

हमारे देश में सम्प्रदायवाद और राष्ट्रवाद दोनों का जन्म एक साथ हुआ है। मोटे तौर पर यह समझा जाता है कि उपनिवेशवादी दौर में अंग्रेजी साम्राज्यवाद के विरुद्ध संघर्ष करते हुए इस देश में राष्ट्रीय चेतना का विकास हुआ और उस राष्ट्रीय चेतना के मजबूत होने के साथ ही हमने 1947 में आजादी प्राप्त की। चूँकि दुनिया में साम्राज्यवाद अभी पूरी तरह खत्म नहीं हुआ है, वह नव उपनिवेशवाद के रूप में आज भी मौजूद है, इसलिए उस राष्ट्रीय चेतना और विचारधारा की आवश्यकता हमें आज भी है। ऐसा इसलिए भी समझा जाता है कि हम ब्रिटिश उपनिवेशवाद को साम्राज्यवाद की सन्तान मानते थे और इसके जवाब में राष्ट्रवाद को रखते थे। 1947 के बाद आज तक, जब भी साम्प्रदायिक दंगे होते हैं तो आप देखते ही हैं कि उनके पीछे विदेशी ताकतों, बाहरी ताकतों का हाथ बताया जाता है और इसके जवाब में हम बार-बार राष्ट्रीय एकता और राष्ट्रवाद का नाम लेते हैं। इसकी जाँच की जानी चाहिए कि 1947 के पहले सम्प्रदायवाद से लड़ने का जितना कारगर विकल्प राष्ट्रवाद था, क्या 1947 के बाद भी वह उतनी ही ताकतवर विचारधारा है या हो सकती है?

हमारे इतिहास में राष्ट्रवाद और सम्प्रदायवाद दोनों एक ही साथ पैदा हुए हैं। कहीं ये दोनों एक ही सिक्के के दो पहलू तो नहीं हैं, इसकी भी जाँच की जानी चाहिए। ऐसा मैं इसलिए कह रहा हूँ, क्योंकि राष्ट्रीय चेतना के विकास के साथ-साथ इस देश में पहली बार, धर्म के आधार पर दो बड़े धर्मों को मानने वाले जनसमूहों को एक नाम दिया गया। दोनों को अपनी पहचान बनाने की चिन्ता हुई—हिन्दू आइडेंटिटी और मुस्लिम आइडेंटिटी। हम जिसे उन्नीसवीं सदी का नवजागरण कहते हैं, उस नवजागरण में हिन्दू नवजागरण और मुस्लिम नवजागरण, ये दोनों साथ-साथ घटित हुए। सच कहा जाए तो हमारे देश में राष्ट्रीय आन्दोलन उसी नवजागरण की सन्तान है। राष्ट्रवाद, हिन्दू जातीयता और मुस्लिम कौमियत ये साथ-साथ पैदा हुईं। प्रो. रोमिला थापर का एक बहुत ही महत्वपूर्ण लेख 'मॉडर्न एशियन स्टडीज' में प्रकाशित हुआ। उसमें बताया गया है कि आज जिसे हम लोग

हिन्दू कम्यूनिटी या मुस्लिम कम्यूनिटी कहते हैं, यह रचना, यह कांस्ट्रक्शन उन प्राच्य-विद्याविदों का है, जिन्होंने उन्नीसवीं शताब्दी में वेदों की खोज की, उनका संवाहन किया, जिन्होंने इस देश के पुरातात्विक अनुसन्धान की बुनियाद रखी, जिन्होंने संस्कृति पर लिखा, संस्कृत भाषा पर लिखा। हमारे यहाँ आस्थाओं, विश्वासों, मिथकों का जो पुन्ज था, जिसे हम 'श्रुति धर्म' 'स्मृति धर्म' के रूप में जानते थे, वैदिक संस्कृति, पौराणिक संस्कृति, बौद्ध, जैन, शैव अथवा विभिन्न मजहबों, सम्प्रदायों आदि-आदि के रूप में जानते थे, उन सबको समेटकर हिन्दू नाम देने की परिकल्पना बहुत कुछ उन्नीसवीं शताब्दी के उन प्राच्य विद्या-विशारदों की 'निर्मिति' है, जिसे हमारे देश के देशभक्तों और स्वाधीनता चाहने वाले, नेक इरादे वाले लोगों ने ज्यों-का-त्यों स्वीकार कर लिया। 'गर्व से कहो, हम हिन्दू हैं', यह भावना इसी से पैदा हुई।

ठीक इसी तरह मुस्लिम कम्यूनिटी भी एक 'निर्मिति' है। साहित्य का विद्यार्थी होने के नाते मैं जानता हूँ कि मलिक मुहम्मद जायसी या कबीर या रीतिकाल के कवि बिहारी वगैरह भी उस दौर के लोगों के बारे में लिखते हैं, तो उन्हें तुर्क कहते हैं, पठान कहते हैं, 'हिन्दू तुरकन भई लराई'। ये बाहर से आने वाली और इस्लाम को मानने वाली कौमों और जातियों को भी सैयद, पठान, मुगल, तुर्क आदि नामों से याद करते हैं। इन सबको मिलाकर–'यह यब मुस्लिम हैं और ये हिन्दुओं के विरुद्ध बनी-बनाई कम्यूनिटी है', इस तरह की निर्मिति बहुत पुरानी नहीं है। यह भी लगभग उतनी ही नई है, जितनी कि हिन्दू इमेजिनरी। रेलिजस कम्यूनिटी शब्द का इस्तेमाल इसी अर्थ में एण्डर्सन ने किया है। ये काल्पनिक धार्मिक जातियाँ, जिसे हम आज एक ऐतिहासिक तथ्य मानकर चल रहे हैं, उसी उपनिवेशवाद की देन हैं। उसी उपनिवेशवाद की प्रेरणा से इस निर्मिति को हमारे यहाँ के देशभक्त लोगों ने अपनी पहचान के लिए ज्यों-का-त्यों स्वीकार कर लिया। इन देशभक्त लोगों ने यह समझा कि इससे राष्ट्रवाद मजबूत होगा और इससे विकसित राष्ट्रीय चेतना हमारी स्वाधीनता में सहायक होगी। लेकिन इतिहास के पास एक दूसरा भी सबूत है। जब से यह राष्ट्रवाद चला और हिन्दुओं-मुसलमानों को मिलाने का प्रयास शुरू हुआ, तभी से इस देश में साम्प्रदायिक दंगे भी शुरू हुए। बनारस में पहला साम्प्रदायिक दंगा भैरव की लाट को लेकर सन् 1808 में हुआ। ज्ञान पाण्डेय ने इस बारे में विस्तार से लिखा है। उसके पहले भले ही विश्वनाथ का मन्दिर तोड़ा गया हो, ज्ञानवापी की मस्जिद बनी हो, लेकिन इनको लेकर दंगा नहीं हुआ। दंगा हुआ लाट भैरव के स्थान को लेकर, जो केन्द्र में नहीं है, अलईपुर की तरफ है। विस्तार में न जाकर मैं कहना चाहता हूँ कि राष्ट्रवाद के उदय के साथ ही हिन्दू और मुस्लिम कौम की धारणा का जन्म ले लेना साम्प्रदायिक दंगे, कलह और हिन्दू-मुस्लिम संघर्ष की शुरुआत का

कारण है, जिनकी अन्तिम परिणति सन् 1947 में हुई। आज हम जिस राष्ट्रपिता का जन्मदिन मना रहे हैं, वे भी उसी साम्प्रदायिकता के हाथों देश विभाजन के बाद शहीद हुए। उनके जीवन का सबसे महत्वपूर्ण कार्यक्रम था साम्प्रदायिकता को दूर कर राष्ट्रीय एकता कायम करना। उस एकता को कायम करने के लिए उन्होंने सभी धर्मों की प्रार्थनाओं को अपनी प्रार्थना-सभा में शामिल किया। इस राष्ट्रीय एकता को सुरक्षित बनाने के लिए वह खिलाफत आन्दोलन की हद तक गए। कुछ लोग आज भी कहते हैं कि खिलाफत आन्दोलन में भाग लेना किसी भी तरह से जायज नहीं ठहराया जा सकता। उनके अनुसार यह आन्दोलन खलीफा की शासन-प्रणाली के पक्ष में था, इसलिए इसके समर्थन में लड़ने का कोई मतलब ही नहीं था।

मैं कहना यह चाहता हूँ कि 1947 में राष्ट्रवाद साम्प्रदायिकता के विरुद्ध भले ही एक कारगर हथियार माना जाता रहा हो, लेकिन वह असफल साबित हुआ और हम लोग उस राष्ट्रीय एकता के आधार पर साम्प्रदायिक एकता और सद्भाव कायम नहीं कर सके, सम्प्रदायवाद दूर नहीं किया जा सका। बावजूद इसके कि उस दौर के जितने भी राष्ट्रवादी नेता थे, उनकी नीयत पर शक नहीं किया जा सकता। वे ईमानदार थे और उनमें धार्मिक विद्वेष नहीं था। यही नहीं बल्कि स्वयं भारतीय राष्ट्रीय कांग्रेस भी 1947 के पहले (छिटपुट साम्प्रदायिक विचारों वाले लोग उसमें भले ही रहे हों) व्यापक राष्ट्रीय मंच के रूप में धार्मिक विद्वेष या साम्प्रदायिकता के जहर से उतनी प्रभावित नहीं थी। इसलिए पहली बात कि अगर राष्ट्रवाद और राष्ट्रीयता इतना समर्थ अस्त्र है कि सम्प्रदायवाद का मुकाबला कर सके तो 1947 के पहले भी वह असफल हुआ। लेकिन असफल हो जाने से ही कोई विचारधारा गलत साबित नहीं हो जाती। कहा जा सकता है कि वह विचारधारा सही थी, कामयाब नहीं हुई। मैं कहना चाहता हूँ कि 1947 के बाद क्या यह वही राष्ट्रवाद है या उसमें कोई परिवर्तन हुआ है? बहुत से लोग राष्ट्रवाद को हिगेलियन आइडिया के समान एक तरह से 'अहिस्टॉरिकल केटेगिरी' समझते हैं। समझते हैं कि यह देशातीत, काल से परे एक ऐसी विचार-प्रणाली है, जिसको इतिहास के सन्दर्भों में बाँध कर देखना उचित नहीं है। समझते हैं कि राष्ट्रवाद एक अमोघ अस्त्र है। लेकिन सन् 1947 के बाद हमारे देश में राष्ट्रवाद का विकास जिस रूप में हुआ है, संक्षेप में उसकी स्थिति कुछ यों है। इन 42 वर्षों में राष्ट्रवाद शासक वर्गों के निरन्तर सत्ता में बने रहने और अपना शासन कायम रखने की विचारधारा बनकर रह गया है। 1947 के पहले राष्ट्रवाद जिस व्यापक भारतीय चेतना की अभिव्यक्ति करता था, आज उसका सर्वथा अभाव है। इस बीच जब-जब शासक-वर्ग की सत्ता खतरे में पड़ी है, वह जब-जब अधिक विकास के जनतांत्रिक अधिकार प्रदान करने में, जनता की आम जरूरतों को हल करने में, राष्ट्रीय निर्माण के हित में अपेक्षित कार्य करने में असफल हुआ है, तब-तब

शासक-वर्ग उन असफलताओं को छिपाने के लिए राष्ट्रवाद को एक विचारधारा की तरह इस्तेमाल करता रहा है।

दुनिया के दूसरे देशों में भी राष्ट्रवाद का सहारा बार-बार लिया गया है, जबकि उनके यहाँ वैसा खतरा नहीं था, जैसा खतरा हमारे देश में शासक वर्ग को रहा है। मार्ग्रेट थैचर ने इस दौर में राष्ट्रवाद का सहारा लिया है, रीगन ने राष्ट्रवाद का सहारा लिया है। अपने शासन को मजबूत करने के लिए, अपनी असफलताओं को ढँकने के लिए, आर्थिक, राजनीतिक और सामाजिक संकटों से अपनी जनता का ध्यान हटाने के लिए राष्ट्रवाद ऐसा नारा रहा है, जिसका सहारा दुनिया की दूसरी ताकतें बराबर लेती रही हैं।

हमारे यहाँ इन 42 वर्षों में जब भी कोई नई समस्या आ खड़ी हुई है, उदाहरण के तौर पर भारत की संघीय प्रणाली को लेकर, केन्द्र और राज्य के आपसी सम्बन्धों को लेकर जब भी कुछ तनाव बढ़ा है, संकट खड़ा हुआ है तो 'देश टुकड़े-टुकड़े हो रहा है, एक होने की जरूरत है', इस तरह की आवाज तुरन्त उठने लगती है, जबकि भारतीय संघीय प्रणाली में प्राथमिकता से इस समस्या का हल ढूँढ़ा जाना चाहिए लेकिन उसे नजरअन्दाज कर दिया जाता है। जब कोई राज्य बराबर की सुविधा न पाने के कारण, विकास का रास्ता बन्द देखकर विद्रोह करता हुआ दिखाई पड़ता है तो इसे अलगाववाद का नाम दे दिया जाता है। कहा जाता है ये लोग राष्ट्रीयता के दुश्मन हैं। पिछले 42 वर्षों में हर प्रकार के असन्तोष को कोई-न-कोई नाम देकर उसके जवाब में राष्ट्रवाद को पेश किया जाता रहा है। कहा जाता रहा है कि राष्ट्रीय एकता बहुत जरूरी है और इसे हम छोड़ देंगे तो एक बार फिर से गुलाम हो जाएँगे, हम फिर पीछे की ओर लौट जाएँगे। भारतीय शासक वर्ग इस बीच बराबर राष्ट्रवाद का इस्तेमाल करता रहा है। आज संचार-माध्यमों से 'हम सब एक हैं' का जैसा धुआँधार प्रचार किया जा रहा है, राष्ट्रवाद का वैसा प्रचार तो आजादी की लड़ाई के दौर में भी नहीं हुआ था। अगर आजादी के बाद राष्ट्रवाद का इतने जोर-शोर से प्रचार हो रहा है तो इस राष्ट्रवाद के स्वरूप के बारे में सोचने की जरूरत है।

स्वयं हमारे देश के समझदार लोगों—बुद्धिजीवियों, साहित्यकारों, संस्कृति-कर्मियों और देशप्रेमियों ने पहले भी इस खतरे की ओर इशारा किया था। आपने रवीन्द्रनाथ ठाकुर का उस दौर का लिखा हुआ 'नेशनलिज्म' शीर्षक लेख पढ़ा होगा। असहयोग आन्दोलन के दौरान जब विदेशी चीजें जलाई जा रही थीं, तो उस दौर में रवीन्द्रनाथ में इतना नैतिक बल था कि वह गाँधी जी का विरोध कर सके। गाँधी जी का विरोध करते हुए उन्होंने लिखा था कि इसमें वह खतरा छिपा हुआ है, जो आगे चलकर फासिज़्म को जन्म दिया करता है। उस आन्दोलन के दौरान भी

राष्ट्रवाद में निहित अन्ध राष्ट्रवाद और संकीर्णता तथा संकीर्णता में निहित 'फासिस्ट खतरे' की ओर इशारा किया गया है।

सन् 1947 के बाद राष्ट्रवाद धीरे-धीरे बदलता गया है और इसे स्पष्ट तौर पर पहचानने में अब कोई दिक्कत नहीं है। एक पार्टी है जो राष्ट्रवादी है और हिन्दू राष्ट्रवादी है। एक अरसे से यह समझा जाता रहा है कि हिन्दू राष्ट्रवादिता का समर्थन करने वाली पार्टियाँ कांग्रेस की जानी दुश्मन हैं, लेकिन कई चुनावों से लगातार यह गलत प्रमाणित होता चला जा रहा है। यह कहा जाता है कि यह शासक दल अब हिन्दू वोट इस्तेमाल करने जा रहा है। अन्ततः इस देश के फासिस्ट संगठन आर.एस.एस. के सरसंघचालक कांग्रेस को वोट देने की अपील करते रहे हैं। फिर बाद में उन्होंने कहना शुरू किया पहला नम्बर जनसंघ और दूसरा नम्बर कांग्रेस।

हमारे यहाँ गाँव में कहते हैं कि जिस लौंग से आप भूत को मारने की कोशिश कर रहे हैं वह भूत तो उसी लौंग में है। राष्ट्रवाद की हिमायत करने वाला शासक दल जिस साम्प्रदायिकता का विरोध करने के लिए राष्ट्रवाद की मदद ले रहा है, वह साम्प्रदायिकता तो स्वयं उसी राष्ट्रवाद में अन्तर्निहित है, क्योंकि राष्ट्रवाद की कोई भी परिभाषा आकर गिरती है, बहुरांख्यक और अल्पसंख्यक पर। मेनस्ट्रीम और गैर-मेनस्ट्रीम और अन्ततः राष्ट्रवाद बहुसंख्यक धर्म के हिमायतियों का राष्ट्रवाद बनकर रह जाता है। इसी राष्ट्रदाद ने जर्मनी में यहूदीवाद के विरुद्ध एक आर्य राष्ट्रवाद को खड़ा किया। इसलिए राष्ट्रवाद की प्रकृति में ही ऐसा कुछ निहित है कि वह सम्प्रदायवाद का विरोध कर ही नहीं सकता। उन्नीसवीं सदी में हम यह देखते आ रहे हैं कि सम्प्रदायवाद उसमें अन्तर्निहित है, जवाहरलाल नेहरू विश्वविद्यालय के कुछ मित्र मार्क्सवादी शब्दावली का सहारा लेते हुए कहते हैं कि सम्प्रदाय्वाद एक मिथ्या चेतना है। अगर सम्प्रदायवाद एक मिथ्या चेतना है तो मैं कहूँगा कि राष्ट्रवाद उससे कम मिथ्या चेतना नहीं है। मिथ्या चेतना के रूप में दोनों विचारधाराएँ (आइडियालोजी) हैं, क्योंकि दोनों जुड़वाँ हैं, एक ही सिक्के के दो पहलू हैं, इसलिए सम्प्रदायवाद के विरुद्ध राष्ट्रवाद को खड़ा करना एक मिथ्या विचारधारा के विरुद्ध दूसरी मिथ्या विचारधारा को रखना है, कीचड़ को कीचड़ से धोना है और अगर कीचड़ को आप कीचड़ से धोएँगे तो वही रूप सामने आएगा जो कि आ सकता है।

राष्ट्रवाद का प्रयोग शासक दल अपने को मजबूत करने के लिए कर रहा है, अब इसके इम्पीरिकल प्रमाण मौजूद हैं। अनेक जगहों पर जहाँ सम्प्रदायवाद नहीं था, एक खास तरह के राष्ट्रवादी दल ने या शासक दल के राष्ट्रवाद ने वहाँ सम्प्रदायवाद पैदा किया है। पंजाब में भिंडरावाले को किसी साम्प्रदायिक पार्टी ने नहीं, कांग्रेस पार्टी ने खड़ा किया था। उत्तर प्रदेश में रामजन्म भूमि-बाबरी मस्जिद के सवाल को प्रदेश की कांग्रेसी सरकार ने फिर से उठाया। इस बात के दूसरे दर्जनों उदाहरण दिए जा

सकते हैं, जिससे यह सिद्ध हो जाता है कि शासक दल की राजनीतिक पार्टी ने राष्ट्रवाद और राष्ट्रीय एकता का बार-बार नारा देकर सम्प्रदायवाद को जन्म दिया है। वह लड़ने का अभिनय मात्र करती है, वह न तो लड़ना चाहती है, न लड़ सकती है।

इस सवाल का दूसरा पहलू 'सेकुलरिज्म' से जुड़ा हुआ है। सेकुलरिज्म का नाम 'कम्यूनिलिज्म' के खिलाफ इसलिए लिया जाता है, क्योंकि यह माना जाता है कि कम्यूनिलिज्म 'रेलिजस' (धार्मिक) होता है और नेशनलिज्म 'सेकुलर' (धर्मनिरपेक्ष)। हम लोग राष्ट्रवाद को धर्मनिरपेक्षता से जोड़ते हैं।

यह 'सेकुलरिज्म' बहुत दिनों तक अपरिभाषित रहा। भारतीय सन्दर्भों में सेकुलरिज्म का वही अर्थ नहीं है जो योरोपीय सन्दर्भों में है। भारतीय सन्दर्भ में जिन्होंने सेकुलरिज्म पर बहुत जोर दिया, जो खुद सेकुलर थे और जिन्होंने लोगों को सेकुलर बनाने में अपनी महत्वपूर्ण भूमिका अदा की, वे थे पंडित जवाहरलाल नेहरू। अपनी मृत्यु के कुछ दिनों पूर्व सन् 1961 में उन्होंने भारतीय सन्दर्भ में सेकुलरिज्म पर विचार किया था। यह जो सर्वधर्म समभाव की भावना आज बहुत अधिक प्रचारित की जा रही है, उसका मूल नेहरू जी के उस विचार में निहित है, जिसमें वह कहते हैं कि सेकुलर होना किसी धर्म का विरोध करना नहीं है, बल्कि सभी धर्मों का समान रूप से आदर करना है। पंडित जी ने कहा कि यह अजीब्र बात है कि हिन्दी में 'सेकुलर' के लिए शब्द नहीं है। (हिन्दी पर पंडित जी बहुत ज्यादा करम फरमाया करते थे। वह कह सकते थे कि हिन्दी में ही क्या, किसी भी भारतीय भाषा में इसके लिए शब्द नहीं है।) बंकिमचन्द्र चटर्जी ने बहुत पहले एक जगह लिखा था कि अनुवाद का मतलब यह नहीं होता कि अंग्रेजी के एक शब्द का अर्थ हिन्दी या बंगला में ढूँढ़ लेंगे। शब्द का अर्थ तो ढूँढ़ लेंगे, लेकिन उस 'आइडिया' का क्या करेंगे, जो शब्द के पीछे रहा करता है। पंडित जी शायद यह कहना चाहते थे कि शब्द नहीं है, इसलिए हिन्दुस्तान की रूह में, उसकी स्प्रिट में या उसके खून में 'सेकुलर' होने का 'आइडिया' भी नहीं है। विचार नहीं है, इसलिए शब्द भी नहीं है। शायद 'सेकुलर' होने की भावना ही लोगों में न हो।

और क्या इसीलिए संविधान में भी यह शब्द बहुत दिनों तक नहीं आया? यह जानना दिलचस्प होगा कि संविधान के 'प्रियंबल' में 'सेकुलर' शब्द पहली बार कब आया। यह एक महत्वपूर्ण तिथि है। सन् 1975 में जब आपातकाल की घोषणा हुई थी, तब 44वें संशोधन के द्वारा हमारे संविधान में 'स्टेट' को एक 'सेकुलर स्टेट' घोषित किया गया। 1975 में ही क्यों किया गया? यह पहले भी किया जा सकता था। मैंने कहा कि हिन्दुस्तान के सम्पूर्ण इतिहास में यह तिथि बहुत महत्वपूर्ण है। सन् 1975 में आपातकाल की घोषणा के बाद इस देश में जैसी स्थिति थी, उससे

पहले कभी नहीं थी। ऐसे समय में हमारे संविधान के 'प्रियंबल' में 'सेकुलर' शब्द को जानबूझ कर महत्व देना—इसका क्या मतलब समझा जाए? क्या इसका यह मतलब समझा जाए कि हम 'सेकुलर' नहीं थे, जब शब्द नहीं था? यह वही वक्त था जब तुर्कमान गेट पर गोली चली थी। यह वही समय है जब अल्पसंख्यक वर्ग की आबादी रोकने के लिए जबर्दस्ती लोगों को बधिया किया गया। यह वही वर्ष है, जब दिल्ली में ही नहीं, अनेक शहरों को सुन्दर बनाने के लिए, साफ-सुथरा रखने के लिए वहाँ के गरीब मुसलमानों को उजाड़-उजाड़ कर बाहर भेजा गया। एक ओर 'राज्य' जब सबसे ज्यादा साम्प्रदायिक हो रहा है, उस समय संविधान को संशोधित करके उसकी 'प्रस्तावना' में 'सेकुलर' शब्द रखा जा रहा है। इसका क्या अर्थ है? आपातकाल के पहले स्वयं शासक दल इतना साम्प्रदायिक कभी नहीं हुआ। पंडित जी के मन में हिचक थी। कांग्रेस दरअसल उस जमाने में इतनी बेशर्मी से साम्प्रदायिक नहीं हुई थी, लेकिन नेहरू के बाद सत्ता में बने रहने के लिए इस पार्टी ने कभी हिन्दू सम्प्रदायवाद का, कभी किसी और सम्प्रदायवाद का सहारा बार-बार लिया है। राष्ट्रवाद ने संविधान के 'प्रियंबल' में 'सेकुलर कंसेप्ट' को अपनाकर यह साबित कर दिया कि देश में 'सेकुलर' शब्द सम्प्रदायवाद पैदा करने के लिए लिया जा रहा है, उससे लड़ने के लिए नहीं लिया जा रहा है। यानी सम्प्रदायवाद से लड़ने के लिए राष्ट्रवाद नाकाफी है। यानी राष्ट्रवाद 'सेकुलरिज्म' का इस्तेमाल उसी तरह कर रहा है, जैसे सम्प्रदायवाद धर्म का इस्तेमाल कर रहा है।

अन्तिम बात जो मैं कहना चाहता हूँ, वह यह कि वे बुद्धिजीवी और लेखक जो इस राष्ट्रवाद की संकीर्णता से लड़ना चाहते हैं, उनको नए सिरे से अपनी बहुत सी धारणाओं पर सोचना होगा। आधुनिकीकरण, आधुनिकता, वैज्ञानिकता, धर्म-निरपेक्षता—इन तमाम चीजों पर, यहाँ तक कि खासतौर से मैं कहना चाहूँगा धर्म और मजहब की सामाजिक भूमिका के बारे में फिर से विचार करना होगा। एक जमाने में प्रगतिशील लोगों की यह धारणा थी कि धर्म एक सामन्ती चीज है। साम्प्रदायिकता पण्डों, पुरोहितों, शेखों, मुल्लाओं की चीज है। सच्चाई तो यह है कि इस दौर में, मैं अपने सामने देखता हूँ कि जो लोग जितने ही आधुनिक हैं, वे उतने ही साम्प्रदायिक होते दिखाई दे रहे हैं। दिल्ली के कई सेमिनारों में मैंने देखा कि ऑक्सफोर्ड और कैम्ब्रिज में नियमित हाजिरी देने वाले, अंग्रेजी के अलावा भारत की कोई भाषा न जाने वाले, सिद्धान्तों से लैस समाज विज्ञानियों की रचनाओं-मान्यताओं में सहसा धर्म के प्रति गहरी आस्था पैदा हो गई है। ये लोग भारत के सन्दर्भ में सेकुलरिज्म पर हमला करते हैं। भारत की आत्मा में 'सेकुलरिज्म' जैसे हैं ही नहीं। ये लोग नितान्त आधुनिक हैं, जो भारत की कोई भाषा नहीं जानते। इनको आप दूर-दूर तक सामन्ती संस्कार वाले आदमी नहीं कह सकते। 'टाइम्स ऑफ इण्डिया' में कोई एक गोपाल

कृष्णन साहब हैं। मैं उनसे कभी मिला नहीं हूँ। अंग्रेजी के आदमी हैं। कहते हैं, हम मराठी के हैं। पत्नी विदेशी हैं। उन्होंने मुस्लिम विरोधी और हिन्दू साम्प्रदायिकता युक्त चार लेख जिस प्रकार लिखे, वह देखने लायक था। इस बीच हिन्दी में भी इस तरह के उदाहरण सामने हैं।

मैं समझता था कि हिन्दी की आधुनिक संवेदना वाले लोग तो सम्प्रदायवाद के खिलाफ होंगे ही। उर्दू के जदीदियन लेखक पाकिस्तान चले गए। हिन्दी में भी प्रयोगवाद और आधुनिकता का नाम लेने वाले लोग सहसा ही भारत के लिए व्याकुल हो उठे और 'हिन्दू, हिन्दू' का नाम-जाप करने लगे। मेरा इशारा अज्ञेय और निर्मल वर्मा की ओर है। सपने में भी हम नहीं समझते थे कि आधुनिकतावादी लोग सम्प्रदायवादी होंगे। हम सोचते थे कि अंग्रेजी से आने वाला आदमी तो 'माडर्न' होता है, 'फ्यूडल' हो ही नहीं सकता। 'फ्यूडल' तो हिन्दी जानने वाला होता है, संस्कृत का पंडित होता है। लेकिन वास्तविकता यह है कि पश्चिमी रंग में रँगा बुद्धिजीवी अधिक साम्प्रदायिक हुआ है। यह ज्यादा खतरनाक बात है। यह चीज याद दिलाती है कि कैसे जर्मनी में अत्यन्त आधुनिक विचारधारा के लोग फासिस्ट हो गए थे। आधुनिकता, जो वास्तव में बहुत सेकुलर होनी चाहिए, यहाँ उल्टा ही खेल दिखा रही है।

हम सोचते थे कि आर्थिक परिवर्तन होगा, औद्योगिकीकरण होगा तो साम्प्रदायिकता अपने-आप खत्म हो जाएगी। यही पंडित जवाहरलाल नेहरू ने हमें सिखाया था। लेकिन हमने देखा कि जैसे-जैसे औद्योगिकीकरण बढ़ रहा है, जैसे-जैसे तेजी से पूँजीवाद विकसित हो रहा है, वैसे-वैसे देश में, उसके समानान्तर साम्प्रदायिकता भी बढ़ रही है। यह क्यों है? पूँजीवाद और औद्योगिकीकरण के विकास के साथ सामन्तवाद की जड़ें कमजोर होनी चाहिए थी, लेकिन अजीब बात है कि पुराने पुरोहिती सामन्ती तत्व मजबूत हो रहे हैं और इसके साथ साम्प्रदायिकता का जहर भी और बढ़ रहा है। जिसे कहते हैं कि मर्ज बढ़ता ही गया ज्यों-ज्यों दवा की। इसलिए यह बात तो तय है कि साम्प्रदायिकता और धर्म कोई सुपरस्ट्रक्चर नहीं है कि आधार बदले देंगे तो बदल जाएगा। आज आर्थिक परिवर्तनों के द्वारा, औद्योगिकीकरण के द्वारा, साम्प्रदायिकता अपने-आप खत्म नहीं हो सकती। यह सबक अपने अन्तिम दिनों में जवाहरलाल जी ने बहुत दुःख के साथ सीखा था। लेकिन उनके वारिसों में अभी तक सीखने की अक्ल नहीं आई है।

कहा जाता है कि भारत एक धर्मप्रधान देश है। सभी देश धर्मप्रधान हैं। अमेरिका भी, इंग्लैण्ड भी, फ्रांस भी, इटली भी। पूँजीवादी और समाजवादी देश भी उतने ही धर्मप्रधान देश हैं। धर्म का उतना ही असर वहाँ भी है, जितना तीसरी दुनिया के देशों में है। इसलिए धर्म की सामाजिक भूमिका के बारे में भी सोचने की जरूरत

है। हम वामपन्थी लोग यह सोचते थे कि धर्म माने सम्प्रदायवाद, जबकि पाया यह जाता है कि गहरा धार्मिक आदमी उतना साम्प्रदायिक नहीं होता, बल्कि बिल्कुल नहीं होता। साम्प्रदायिक वे होते हैं, जिनमें धार्मिक आस्था नहीं होती। 'शाखा' में जाने वाले लोग उन्मादी होते हैं, उनमें धार्मिक आस्था नहीं होती। भजन-पूजन में लगे रहने वाले लोगों, पाँचों वक्त की नमाज पढ़नेवाले लोगों को प्रायः मैंने दंगों में एक-दूसरे की मदद करते देखा है। खून-खराबा करने वाले ज्यादातर लोगों का कोई मजहब, कोई धर्म नहीं होता। मार्क्स कहते हैं कि धर्म सताए हुए आदमी की आह है, हृदयहीन समाज का हृदय है, वह असन्तोष की अभिव्यक्ति है और जो असन्तोष के विरुद्ध है, उसकी भी अभिव्यक्ति है। धर्म के आधार पर कबीर ने, जायसी ने, सूर ने, रहीम-रसखान ने मनुष्य की मुक्ति के लिए संघर्ष किया है। बहुत से लोगों ने धर्म के आधार पर अपनी आजादी की लड़ाई लड़ी है। इसलिए धर्म की भूमिका हमेशा प्रतिक्रियावादी ही नहीं होती। अतः एक विशेष सामाजिक-ऐतिहासिक सन्दर्भ में धर्म क्या रूप लेता है—यह देखना चाहिए, और साथ ही यह भी कि धर्म की सामाजिक भूमिका को कौन किस तरह इस्तेमाल कर रहा है। इसको पहचाने बिना धर्म का नकार भी अन्ध वैज्ञानिकतावाद होगा।

(प्रभात खबर, 3 मार्च, 1990 में 'धर्मनिरपेक्षता बनाम धर्म' शीर्षक से पहली बार एवं पुस्तक 'आलोचना के रचना पुरुष : नामवर सिंह', सं. भारत यायावर में 'साम्प्रदायिकता का सवाल' शीर्षक से पुनः प्रकाशित)

भारतीय लोकतंत्र और फासिज़्म

कल (28 मार्च, 1998) आप लोगों में से कई लोगों की तरह मैं भी कुछ देर तक दूरदर्शन पर अपने लोकतंत्र की झलक देखता रहा। एक वह लोकतंत्र है, दूसरा उनके बरक्स ये साहित्यकारों का लोकतंत्र है। वहाँ कितनी सहिष्णुता थी और कितने लोगों में थी? शोरगुल ज्यादा हो रहा था, किसी को लोग सुन रहे थे, किसी को नहीं सुन रहे थे। इन दो दिनों में, लोकतंत्र का नजारा संसद में आपने देखा होगा, मैंने भी देखा है। यहाँ साहित्य में दूसरा लोकतंत्र है। छाती ठोंक कर रामकमल (राय) जी कह सकते हैं कि मैं प्रगतिशील नहीं हूँ, मार्क्सवादी नहीं हूँ, बावजूद इसके मैं कमला प्रसाद के प्यार में आया हूँ और अपनी बात कह रहा हूँ। बड़े धैर्य के साथ, सहिष्णुता के साथ सभी लोगों ने उन्हें सुना। उन्होंने भी सुना, जो छाती ठोंक कर कह रहे थे कि मैं मार्क्सवादी हूँ और प्रगतिशील हूँ। साहित्य में इतना लोकतंत्र है कि एक आदमी आलोचना के अवसान की घोषणा करता है और दूसरा कहता है कि आलोचना में अवसान तो बिल्कुल नहीं है। दोनों बातें कही जा रही हैं और सुनी जा रही हैं।

मुझे लगता है कि आज साहित्य में हमारी संस्कृति की जो लोकतांत्रिक परम्परा है, वह अधिक प्रबल है, शक्तिशाली है, जीवित है। जवाहरलाल नेहरू के जमाने में संसद कैसी थी। वामपन्थी विचारों के लोग, जिन्होंने कहा था कि आजादी झूठी है, वे भी जीत कर संसद में आए थे। भूपेश गुप्ता ने कहा कि हम अपने बल पर आए हैं, आपकी कृपा से संसद में नहीं हैं। संसद में वे लोग बोलते थे और टोके नहीं जाते थे, सुने जाते थे। यह वही संसद है। दो दिनों से मैं देख रहा था कि जरा सी बात पर लोगों का उछलना-कूदना शुरू हो जाता था। उछलने-कूदने वालों को मालूम था कि वह पार्टी विश्वास मत प्राप्त करेगी। कोई दुविधा नहीं रह गई थी। फिर भी इतना शोरगुल और हंगामा हुआ कि स्पीकर को कार्यवाही बीच में रोक देनी पड़ी। एक आलोचक के नाते मेरे लिए यह चिन्ता का विषय था। साहित्य में तो लोकतंत्र मजबूत हो रहा है लेकिन जिस भारतीय जीवन पर यह साहित्य टिका हुआ है, उसमें लोकतंत्र कितना झीने तार पर रखा हुआ है। यह देखिए।

भर्तृहरि के शब्दकोष में कहा गया है कि 'कालो न यातः वयमेव यातः।' काल नहीं बीतता है, हम बीतते हैं। उस दृष्टि से देखें तो दो हजार ईस्वी के आसपास, जिसके दो साल बाकी हैं, इस देश में वह चीज घटित हो रही है, जिसकी कल्पना हमने सन् 48 में नहीं की थी। उन्होंने भी नहीं की जिन्होंने राष्ट्रपिता की हत्या की थी। वे नहीं जानते थे कि वे लोग एक दिन दिल्ली की गद्दी पर बैठेंगे। यह हुआ है पचास साल में। कभी नहीं सोचा था कि जो शक्तियाँ राष्ट्रपिता गाँधी की हत्या करने वाली हैं, वहीं पचास वर्षों में केन्द्र में गद्दी पर बैठेंगी। ये मेरे लिए चिन्ता की चीज है। यह चिन्ता एक आलोचक के नाते है। हिन्दी में और अन्यत्र भी आलोचना की चिन्ता के केन्द्र में साहित्य होता था, साहित्यिक पुस्तकें होती थीं। लेकिन, स्वयं साहित्य की चिन्ताएँ, समाज और राजनीति की चिन्ताएँ हुआ करती थीं। साहित्यिक पुस्तकों के माध्यम से मूल चिन्ता समाज, साहित्य और देश की संस्कृति की हुआ करती थी। यह हमारी परम्परा रही है। उन्नीसवीं शताब्दी के उत्तरार्द्ध में हिन्दी के पहले आलोचकों प्रेमघन और बालकृष्ण भट्ट का नाम लिया जाता है। ये दोनों आलोचक पुस्तकों की और साहित्य की चिन्ता तो करते थे लेकिन उनके माध्यम से देश की चिन्ता भी थी कि अंग्रेजी राज्य से हम कैसे मुक्त हों। भट्ट जी ने हिन्दी 'प्रदीप' का पूरा का पूरा अंक निकाला था। 'सच्ची समालोचना' नामक लेख लिखा था।

हम समझते थे कि फासिज़्म की शक्तियाँ दूसरे महायुद्ध के साथ खत्म हो गईं। हिटलर और मुसोलिनी अब दुबारा नहीं आएँगे। ऐसी आशा जगी थी। ये नहीं सोचा था कि इसी शताब्दी में हुई समाजवादी क्रान्ति इसी शताब्दी में खत्म हो जाएगी। शताब्दी खत्म नहीं हुई, सोवियत समाजवाद खत्म हो गया। मैं सोवियत समाजवाद कह रहा हूँ, क्यूबा अभी है, चीन अभी है। सोचा था कि समाजवाद और अभी बढ़ेगा। छठे हिस्से से दुनिया का एक तिहाई हिस्सा समाजवादी होगा और ये लगा कि फासीवाद खत्म हो गया, अब हिटलर और मुसोलिनी नहीं होंगे। शताब्दी खत्म होने के पहले हिन्दुस्तान में जिन्हें हम फासिस्ट कहते रहे, वे ताकतें सत्ता में आएँगी। उपनिवेशवादी देशों में आजाद होने में पहली बड़ी ताकत थी हिन्दुस्तान। उसके बाद दुनिया के दूसरे देश आजाद हुए। सबसे पहले वहीं राष्ट्रीय स्वाधीनता संग्राम या राष्ट्रीय मुक्ति आन्दोलन कामयाब हुआ। तथाकथित तीसरी दुनिया का यह देश सबसे पहले आजाद हुआ और इसके बाद तो एक कड़ी बनती गई। अफ्रीका आजाद हुआ, लैटिन अमेरिका के देश आजाद हुए। इस शताब्दी के उत्तरार्द्ध में इतनी बड़ी क्रान्ति हुई जिसे कहते हैं कि तीसरी दुनिया के देश आजाद हुए। उसी तीसरी दुनिया में जो देश पहले आजाद हुआ, उसी देश में सबसे पहले फासिज़्म का उदय हुआ। सम्प्रदायवाद का सहारा लेने वाली ऐसी शक्तियाँ केन्द्र में सरकार बनाती हैं और

लोकतांत्रिक तरीके से बनाती हैं। इस देश में कम्युनिस्ट पार्टी भी लोकतांत्रिक तरीके से सत्ता में आई थी। अब तक तो यह समझते थे कि कम्युनिस्ट पार्टी क्रान्ति करके सत्ता में आती है। हिन्दुस्तान में ही, गाँधी के देश में ही सम्भव हुआ कि केरल में पहली कम्यूनिस्ट सरकार बनी और लोगों ने कहा कि लोकतांत्रिक तरीके से कम्युनिस्ट सरकार आई है। अब स्वतंत्रता का नाश करने वाली शक्ति लोकतांत्रिक तरीके से ही सत्ता में आती है। उसके भी दो एजेण्डे हैं। एक प्रत्यक्ष और एक प्रच्छन्न है। हिटलर और मुसोलनी के भी दो एजेण्डे थे।

मेरी सिर्फ यही चिन्ता नहीं है। मेरी चिन्ता दूसरी है। जिन शक्तियों के विरुद्ध देश के बुद्धिजीवी साहित्यकार और मध्यवर्ग का बहुत बड़ा तबका था और गाँव की जनता भी जिस पर अपना यकीन नहीं जमाती थी, जिसकी विचारधारा में जनता की कोई आस्था नहीं थी, केन्द्र में जिसके एक या दो मेम्बर बड़ी मुश्किल से हुआ करते थे, वहाँ स्थिति यह बनी कि लोग कहने लगे कि इनको मौका दीजिए। लोग कहने लगे कि बी. जे. पी. वाले चाहे जितने खराब हों, अटल जी बड़े सज्जन आदमी हैं। इलाहाबाद के एक बड़े प्रगतिशील लेखक ने मुरली मनोहर जोशी के बारे में कहा कि जितने लोग खड़े हैं उसमें कम-से-कम ये सुशिक्षित आदमी हैं, सुसंस्कृत आदमी हैं, इसलिए इनको वोट देना चाहिए। इस तरह बुद्धिजीवियों की समझ बदली है। अब लोग फर्क करना भूल गए हैं। जवाहरलाल नेहरू विश्वविद्यालय के पुराने समाजवादी लोगों ने 'एकेडेमिक्स फॉर अटल बिहारी वाजपेयी' नाम की कमेटी बनाई और कहा कि अटल जी सज्जन और उदार आदमी हैं, सहिष्णुता और उदारता को लोगों ने इतना बड़ा मान लिया कि भूल ही गए कि पीछे से तार खींचने पर चलने वाली कठपुतली में मुखौटा लगाने वाली ताकत कोई और है। बुद्धिजीवियों में यह सब देखकर मुझे तनिक भी आश्चर्य नहीं हुआ। इतिहास के विद्यार्थी के नाते मैं जानता हूँ हिटलर जब सत्ता में आया था, तब टी. एस. इलियट जैसा संवेदनशील आधुनिकतावादी कवि उसका समर्थन कर रहा था। मुसोलिनी का गुणगान भी लोगों ने किया था। रवीन्द्र नाथ ठाकुर जब इटली जा रहे थे तो उन्होंने उससे मिलना तय किया था। जवाहरलाल नेहरू तक को धोखा हो गया था। लेबर पार्टी के चेयरमैन पोलिटिकल साइंस के प्रोफेसर हेलावस्की ने चेतावनी दी जवाहरलाल नेहरू को कि ये गलती मत करना।

अपभ्रंश में कहा गया है कि प्रायः मुनियों को भी भ्रान्ति हो जाया करती है। इसमें महत्वपूर्ण शब्द है प्रायः, कभी-कभी नहीं। प्रायः इण्टलेक्चुअल्स को और बड़े-बड़े साहित्यकारों को, साहित्यकारों में आधुनिकतावादी साहित्यकारों को फासिज़्म के बारे में भ्रम हुआ था। डब्ल्यू. बी. ईट्स (उस आयरलैण्ड का रहने वाला, जिसे ब्रिटिश साम्राज्यवाद ने गुलाम बनाया था) जैसे आदमी फासिज़्म में सहानुभूति रखने वाले हो गए थे। टी. एस. इलियट भी थे। यहाँ बाद में आए थे, पहले लेफटिस्ट थे।

उस समय पापुलीफ्रंट के समर्थक ऑडेन और स्टीफेन स्पेंडर जब ये एंटी कम्युनिस्ट हुए तो आप जानते हैं कि "जो तेरे बज्म से निकला वो परेशां निकला।" फिर वे *कू-ए-यार* से निकले तो *सू-ए-यार* चले। निर्मल (वर्मा) जी कम्युनिस्ट पार्टी से निकले, कुछ सवालों पर मतभेद में निकले तो अन्त में जाकर बी. जे. पी. के समर्थक बने।

बिना आवेश में आए हुए, ठण्डे ढंग से, एक चिन्ता मुझे कुरेद रही है कि कल आधुनिकतावादी फासिज़्म के समर्थक थे, आज उत्तर आधुनिकतावादी भारत में उसका समर्थन कर रहे हैं। निर्मल जी आज आधुनिकतावादी नहीं हैं। वो आधुनिकतावाद को एक एल्यूजन मानते हैं। जैसे कि मार्क्सवाद उनके लिए एल्यूजन है। और वो इतने डिसइलूज्ड हो गए हैं कि हर तरह के आधुनिकतावाद और मार्क्सवाद सहित आधुनिकतावादी विचारधाराओं से इतने मुक्त हो चुके हैं कि हर चीज उन्हें संदिग्ध मालूम होने लगी। आस्था की चीज अगर रह गई है तो हिन्दू धर्म का वह लोक, वह नहीं जो सचमुच कभी था और रहा होगा, वह जिसे एक सम्प्रदायवादी पार्टी खास ढंग से पेश करती है, जिसका एक बहुत बड़ा नेता स्वयं कहता है कि मैं कोई धार्मिक नेता नहीं हूँ, हिन्दू धर्म तो मेरे लिए राजनीति है। यह किसी और ने नहीं श्री लालकृष्ण अडवाणी ने 1992 में कहा था। मेरे लिए हिन्दू धर्म नहीं है, मैं धार्मिक नेता नहीं हूँ। मैं पॉलिटीशियन हूँ और हिन्दू धर्म का अर्थ मेरे लिए हिन्दू पालिटिक्स है। उस हिन्दू धर्म की हिमायत करने वाले लोग आज दिखाई पड़ रहे हैं। तुलसीदास के सामने पुरोहित वेद बेचने वाले के रूप में थे। तुलसीदास ने लिखा था 'पौरोहिति कर्म अति मंदा, बेचहिं वेद धरम दुहि'। एक लम्बी परम्परा है। 'वैदिक हिंसा हिंसा न भवति' भारतेन्दु हरिश्चन्द्र ने लिखा है। धर्म के साथ पाखंड इस देश में कितना प्रचलित था इसका एक लम्बा इतिहास है। कालिदास ने इसके बारे में लिखा है। बाल्मीकि ने लिखा है, उपनिषदों में चर्चा है और तो और गीता में है–"प्रज्ञावादन्स भाषते"। इस लम्बी परम्परा में अब लोगों को धर्म के नाम पर अध्यात्म ही दिखाई पड़ता है। अपनी सारी परम्परा का धर्म के नाम पर सत्यनाश हुआ है।

शायद धर्म के नाम पर जितना खून बहाया गया है उतना किसी रजनीति के नाम पर नहीं बहाया गया है। खून के धब्बे इतिहास के पन्नों पर मिलेंगे आपको। हिन्दी में एक किताब छपी थी जिसको आज बहुत से लोग भूल गए हैं–भगवत शरण उपाध्याय की 'इतिहास के पन्नों पर खून के धब्बे' और जो छींटे थे वो राजनीति के आधार पर डाले गए हैं कि धर्म के नाम पर, उस किताब को पढेंगे तो पता चलेगा।

आलोचक के नाते ये मेरी चिन्ता का विषय है। मैं देखता हूँ कि हिन्दी के कवियों, कहानीकारों, उपन्यासकारों और नाटककारों की भी ये चिन्ता है। मैं उन कविताओं, कहानियों, उपन्यासों को पढ़कर अनुभव करता हूँ कि हमारे साहित्य में

एक बहुत बड़ा तबका है, जिसमें लगातार इसकी चिन्ता है। ये देश इस समय कहाँ जा रहा है। 1992 से पहले और बाद में जो कहानियाँ लिखी गई हैं, उनको आप पढ़ें। जो कविताएँ लिखी गई हैं, उनको आप पढ़ें। जो नाटक खेले गए हैं, 'सहमत' की ओर से, उनको आप पढ़िए। ये आकस्मिक नहीं है। आज मैं अपने बाद की पीढ़ी के दो नौजवान आलोचकों अजय तिवारी और जीवन सिंह के व्याख्यानों को ध्यान से सुन रहा था। ये दोनों जो घोषित रूप से अपने को आलोचक कहते हैं और आलोचक हैं, उनकी चिन्ता आप देखें। दोनों ने आज व्याख्यान में किस विषय की चिन्ता की। जीवन सिंह, अजय तिवारी और उन जैसे और युवा आलोचकों को ज्यादा चिन्ता अपने इस लोकतंत्र की है जो लोकतंत्र यूरोप में किसी समय नस्लवाद के कारण, नस्ली फासिज़्म के कारण खतरे में पड़ा था। वो फासिज़्म आज हिन्दुस्तान में, इस धर्मप्राण देश में, धर्म का मुखौटा लगा कर आया है। शताब्दी के अन्त की इतनी चर्चा करने वाले लोग हैं। इस प्रसंग में वे आधुनिकता और न जाने क्या-क्या आध्यात्मिक और हवाई बातें करते हैं, उनके मुँह से मैंने ये कभी नहीं सुना। आलोचना और जनतंत्र पर जो गोष्ठियाँ भोपाल में हुई थीं, उन गोष्ठियों में कभी उनको भारतीय जनतंत्र की चिन्ता नहीं थी। लोकतांत्रिक तरीके से फासिस्ट शक्तियाँ सत्ता में आई हैं। उनके अवसरवाद की ओर लोगों का ध्यान नहीं जा रहा है। अपने घोषणा पत्र को दरकिनार करके और राष्ट्रीय एजेण्डा नाम का एक एजेण्डा कायम किया है। कल पूर्व लोकसभा अध्यक्ष पी. ए. संगमा का व्याख्यान सुना। किस ऊँचाई से एक ट्रॉइवल आदमी विचार कर रहा था। उसने बताया कि राष्ट्रीय एजेण्डे में और प्रच्छन्न एजेण्डे में क्या और कैसी चीजें रखी गई हैं। इतनी बारीकी से उसने विचार किया था।

1967 में मैंने 'आलोचना' पत्रिका का पुनः प्रकाशन किया था। चौथा आम चुनाव हुआ था और पहले अंक में लम्बी चर्चा मैंने छापी थी, 'चौथे आम चुनाव के बाद का भारत' डॉ. रामविलास शर्मा से मैंने अनुरोध करके उसमें लिखवाया। वे अग्रणी हैं, बड़े अनुभवी, पढ़े-लिखे, विद्वान और इस समय हिन्दी आलोचना के शीर्ष पुरुष हैं। उनका एक वाक्य उसमें छपा था और मेरे मन में आज फिर गूंजने लगा है, उन्होंने लिखा—'इस देश में अगर कभी फासिज़्म आएगा तो उसकी जिम्मेदारी मुख्यतः वामपन्थ की होगी।' यह 1967 में रामविलास शर्मा ने कहा था। आपके सामने मैं फिर दोहराना चाहता हूँ कि इस देश में यदि फासिस्ट शक्तियाँ केन्द्र में सत्ता में आई हैं, उसकी बहुत बड़ी जिम्मेदारी वामपन्थ पर है। एक वामपन्थी नेता, एक बड़ी वामपन्थी पार्टी के महासचिव की छवि मीडिया के जरिए किस रूप में आई है। जोड़-तोड़ करने वाले आदमी के रूप में। यानी वो कम्युनिस्ट नहीं है। एक दलाल या एजेण्ट की, 'जोकर' की छवि किसने बनाई? किसी वामपन्थी पार्टी का महासचिव

इस छद्म वाला कभी नहीं रहा है। आप कहते हैं कि हम इसे आने नहीं देंगे। इस वाक्य ने सच पूछिए तो बहुत व्यापक सहानुभूति इन पार्टियों को दी। क्यों नहीं आने देंगे आप। लोकतांत्रिक तरीके से न आने दीजिए। आप अपनी संख्या बढ़ाएँगे नहीं, आम जनता की सहानुभूति आपके साथ आएगी नहीं। आप इतनी जल्दी भूल गए कि संयुक्त मोर्चा आप बना सकते हैं, वो नहीं बना सकते। उन्होंने बना के दिखा दिया कि वे आपसे ज्यादा बड़ा संयुक्त मोर्चा बना सकते हैं। उन्होंने किसी समय कहा था कि सात आदमियों की कमी है वरना हम तो 1998 से पहले, इस चुनाव से पहले सरकार बना लेते। उन्होंने कहा कि उसी मोर्चे से हम तोड़ेंगे और आपके मोर्चे का एक हिस्सा तोड़ दिया आन्ध्र प्रदेश में।

बर्तोल्त ब्रेख्त वामपन्थी लेखक थे, कम्युनिस्ट। 'लाइफ ऑफ गैलीलियो' नाम का उनका एक नाटक है। उस नाटक में उन्होंने कहा कि सत्य को, वैज्ञानिक सत्य को खोजना बहुत बड़ी बात है, लेकिन उसकी हिफाजत करना हमारी ज्यादा बड़ी जिम्मेदारी है। मैं कहना चाहता हूँ कि आपने लोकतांत्रिक तरीका, संसदीय प्रणाली स्वीकार की है, जो समाजवादी नहीं है, बल्कि एक शुद्ध बुर्जुआ लोकतंत्र है। उस बुर्जुआ लोकतंत्र के अपने तरीके हैं। अपने नियम हैं। फासिस्ट शक्तियाँ यदि बुर्जुआ लोकतंत्र की नैतिक, अनैतिक, सारी चीजें स्वीकार कर सकती हैं तो आप केवल अपने दिखावे के लिए कि आप बड़े भारी नैतिक हैं, बड़े शुद्धतावादी हैं, जबकि आम छवि आपकी वैसी ही बनती है जैसे कि उनकी है। सबको लगभग मालूम हो गया है कि आप भी सभी राजनीतिक दलों की तरह हैं। इतना ही है कि वामपन्थी लोग पैसा नहीं लेते, लेकिन ये तो नहीं है कि वामपन्थी लोग उसी तरह से जोड़-तोड़ नहीं करते। एक बड़ी वामपन्थी पार्टी के महासचिव ने साबित कर दिया कि जोड़-तोड़ वे भी करते हैं। रहा भ्रष्टाचार उसको किसने देखा, वो तो अण्डर हैण्ड होता है। बुर्जुआ लोकतंत्र का अपना गणित है, अपना तौर-तरीका है। एक बात और। वामपन्थी दल यदि अपना विस्तार नहीं कर रहे हैं तो उसमें नेतृत्व का कोई निहित स्वार्थ है, क्योंकि जैसे ही विस्तार करेंगे, तो कुछ लोगों का एकाधिकार खत्म हो जाएगा। कोई कारण नहीं कि आप पचास साल से जहाँ के तहाँ खड़े हैं—'राई घटै न तिल बढ़ै'। आप समुद्र हैं। उसमें भी कभी-कभी साइक्लोन आ जाता है, लेकिन आप तो इतने बँधे हुए हैं कि आपमें कभी परिवर्तन भी नहीं होता। ये वो पार्टी है जो डाइनिज्म और डायलेक्टिकल मटेरियलिज्म की बात करती है पर समुद्र की तरह बँधी हुई है। नदी की तरह नहीं है जहाँ बाढ़ भी आती है। आप जहाँ के तहाँ हैं, आपका विकास क्यों नहीं होता? जिन्दगी भर हमें संयुक्त मोर्चा की बात सिखाते रहे कि आप एक व्यापक लोकतांत्रिक संयुक्त मोर्चा बनाइए। हम लोग तो बनाते रहे—कमला प्रसाद ने तो साहित्य में बना के दिखा दिया। हमको कहते रहे कि संयुक्त मोर्चा करो और स्वयं

संयुक्त मोर्चा नहीं कर सके। सैद्धान्तिक संकीर्णता को ये लोग पवित्रता और शुद्धता कहते रहे। ये चिन्ता की चीज है।

मैं ये कहना चाहूँगा कि इस समय शताब्दी के अन्त में भारत में धर्म का मुखौटा लगाकर आने वाला फासिज़्म केवल भारत के लिए संकट नहीं है। साम्राज्यवाद के इससे तालमेल ग्लोबलाइजेशन के काल में बहुत निकट में होंगे। मैं आपको बताए देता हूँ। जर्मनी में जब फासिज़्म आया था तो साम्राज्यवाद के साथ उसने बाकायदे हाथ मिलाकर विनाश किया था। ये आज भारत में धर्म का मुखौटा लगाकर आया है। मैं केवल इशारा कर रहा हूँ। हन्टींग्टन ने केवल दो लेख लिखे थे, 'क्लैश ऑफ सिविलाइजेशन' और उसके बाद लिखा था अमेरिका पर। *मार्म* जिसने कहा था कि अब तो विचारधारा खत्म हो गई। कोल्ड वार खत्म हो गया है। भावी युद्ध, सभ्यताओं के संघर्ष के रूप में होगा। सभ्यता से उसका मतलब है पाँच बड़े-बड़े धर्मों ईसाइयत, इस्लाम, बौद्ध, हिन्दू और कन्फ्यूशियस से। मुख्य जोर उसका था कि सबसे बड़ा खतरा इस्लाम है। ये अमेरिकी साम्राज्यवाद ने भी कहा है कि दुनिया के लिए सबसे बड़ा खतरा इस्लाम है। ये वह आइडियोलॉजी है जो हमारे देश के हिन्दू सम्प्रदायवाद के बिल्कुल अनुकूल पड़ती है कि इस्लाम भारत के लिए सबसे बड़ा खतरा है। अमेरिका के लिए सबसे बड़ा खतरा इस्लाम है, क्योंकि सद्दाम हुसैन बार-बार उभरता है। ये जो इराक पर हमला हो रहा है वो उसी 'सभ्यता के क्लैश' की बानगी है। तेल है, तेल की धार देखिए। मैं तेल की धार देखता हूँ। इसलिए कोई आश्चर्य नहीं कि इनमें तालमेल हो। जैसे जर्मनी में फासिज़्म साम्राज्यवाद की सह पाकर आया था—साम्यवाद को रोकने के लिए, समाजवाद को रोकने के लिए। हिन्दुस्तान में उसी तरह से धर्म का मुखौटा लगाकर के ये जो फासिज़्म आया है और यही इस समय बहुत उदार मालूम हो रहा है। ये कविता लिखता है। कविता लिखने वाला, उदार दृष्टिकोण वाला आधुनिकतावादी, कवियों-साहित्यकारों और उत्तर आधुनिकतावादी विचारकों को बहुत अच्छा लगता है। कोई आश्चर्य नहीं होगा यदि बहुत जल्दी इसका साम्राज्यवाद से, अमेरिकी साम्राज्यवाद से गठबन्धन हो।

यह इतना बड़ा खतरा है कि हम लोगों की सारी चर्चाएँ आउट डेटेड मालूम होंगी कि हम लोग किन चीजों पर किन किताबों पर उलझे हैं। पन्त बड़े हैं कि निराला बड़े हैं। अरुण कमल अच्छा लिखते हैं कि अशोक वाजपेयी अच्छा लिखते हैं। ये सारी टुच्ची घटिया चीजों पर बहस कराना चाहते हैं कि आलोचक वही काम करे। दुनिया में बड़े आलोचकों ने सभ्यता, संस्कृति और देश के संकट का सामना किया है। साहित्य से, इतिहास से, रचनाओं से। एक आलोचक के नाते मैं समझता हूँ कि आज इस शताब्दी के अवसान पर भारत जिस बिन्दु पर खड़ा है वह भारत के लिए नहीं दुनिया के लिए बहुत बड़ा खतरा होने वाला है, ये मेरी चिन्ता है। इसलिए कहना

चाहता हूँ कि ये चिन्ता यदि प्रबुद्ध लोग नहीं करेंगे, प्रगतिशील लेखक नहीं करेंगे, जनवादी लेखक नहीं करेंगे और इन सभी संगठनों के विचारों से समर्थ लोग नहीं करेंगे। फिर कौन करेगा? भाई रामकमल राय और दूसरे तमाम लोगों के लिए कहूँगा कि उस दिन हमीं नहीं मारे जाएँगे, हमीं जेल नहीं जाएँगे, आप भी हमारे साथ जाएँगे, आप बचेंगे नहीं। इसलिए खड़े होने की जरूरत है। राजनीति में कांग्रेस के साथ हाथ मिलाएँ या न मिलाएँ, लेकिन साहित्य की दुनिया में छुआछूत और बँटवारा नहीं हुआ है। तोड़ा है हम लोगों ने इस पचास साल में। इसलिए मैं कहना चाहता हूँ कि ये वो सवाल हैं जो नींव खराब कर देने वाले हैं।

(रीवा, 29/03/1998, 'सम्मान : कमला प्रसाद' के अवसर पर 'शताब्दी का अवसान : भारतीय लोकतंत्र और हिन्दी आलोचना' विषय पर आयोजित परिसंवाद में दिया गया भाषण। वसुधा-42 में 'भारतीय फासिज़्म भारत के लिए ही नहीं दुनिया के लिए बहुत बड़ा खतरा है' शीर्षक से प्रकाशित)

फासिस्ट हिन्दुत्व और प्रगतिशील विचारधारा

हमारे भारतवर्ष में न मालूम कहाँ-कहाँ से लोग आए, जाने किन-किन धर्मों को मानने वाले थे, उनके बीच धार्मिक मतभेद होते हुए भी हम लोग साथ-साथ रहने को अभ्यस्त हो चले थे। एक ही गाँव में हिन्दू भी हैं, मुसलमान भी हैं, ईसाई भी हैं। आर्य हैं, द्रविड़ हैं। सदियों से लड़ते-झगड़ते, साथ रहते हुए हम लोगों को एक आदत सी पड़ गई थी। इतना बढ़िया दूध बना, लेकिन ऐसी खटाई डाली कि सारा का सारा दूध फट गया। ये चीज़ क्या एक दिन में हुई है? इस पर गौर किया जाना चाहिए कि ये चीज़ कैसे बनते-बनते आज इस बिन्दु पर आ पहुँची है कि जहाँ कोई एक खौफनाक भूत की तरह से दिखाई पड़ती है। खासतौर से प्रगतिशील लेखकों को इसकी जाँच करनी चाहिए कि क्यों जब 1923 में हिन्दुत्व की पुस्तक लिखी गई थी, उस समय ये फासिस्ट हिन्दुत्व प्रभावशाली क्यों नहीं हुआ?

इसके लिए सबसे बड़ी उपजाऊ ज़मीन थी 1947। देश का विभाजन हुआ था। हिन्दू-मुसलमान मारे गए। जाहिर है कि उस समय हिन्दुत्व को पनपने की ज़मीन थी। विद्वेष सबसे ज्यादा था। खून बहा था। क्यों 1947 के बाद एक भी हिन्दुत्ववादी चुन करके पार्लियामेन्ट में नहीं आया था? श्यामाप्रसाद मुखर्जी को जवाहरलाल नेहरू ने, जानते हुए भी कि यह हिन्दुत्ववादी हैं, हिन्दू महासभा के आदमी हैं (बाद में उन्होंने जनसंघ बनाया) मन्त्रिमंडल में लिया। क्यों नहीं बढ़कर के वे एक से सौ हुए? चौथे आम चुनाव में जब सम्मिलित सरकारें राज्यों में बनी थीं क्यों उस समय हिन्दुत्व प्रबल नहीं हुआ। क्यों पहली बार जब 1977 में चुनाव हुआ और जब जनता पार्टी सरकार बनी और उससे पहले जे. पी. आन्दोलन के दौरान इन्हें रिस्पेक्टीबिलिटी मिली—राज्यों में तथा केन्द्र में ये आए। लेकिन तब भी इस लायक नहीं थे कि वो भूमिका बन सके। क्यों? 1973 की इमरजेन्सी एक ऐसी घटना है कि देश का इतिहास वहाँ से बदलता है 1973 में जब अमेरिका ने चिली में अयेंदे की सरकार को हटाया। अन्तर्राष्ट्रीय दृष्टि से भी 1973 महत्वपूर्ण है, केवल राष्ट्रीय दृष्टि से नहीं। अमेरिका का आक्रामक रुख आप ध्यान दें! क्यूबा पर बहुत आजमाया उन्होंने, कामयाबी नहीं मिली। क्यों 1973 में मिली? इसकी गहराई से जाँच की जानी चाहिए।

दुनिया के नक्शे पर अमेरिका के वर्चस्व की शुरुआत 1973 में हुई और उसके बाद वियतनाम युद्ध—मैं सिर्फ इतिहास नहीं बताना चाहता। 1973 एक घटना है विश्व इतिहास में और भारत के इतिहास में, जहाँ से भारतीय अर्थतंत्र, राजनीतितंत्र, लोकतंत्र में एक बहुत बड़ा परिवर्तन होता है। वहाँ से वो लहर चली है। हर देश का इतिहास कहीं-न-कहीं विश्व में घटित होने वाले परिवर्तनों के साथ बँधा और जुड़ा हुआ है। अकेले भारत को रखकर के न देखें। प्रगतिशील लेखकों की नजर सारी दुनिया के साहित्य यानी विश्व साहित्य पर होती है। वे इसको भी परिप्रेक्ष्य में रखते हैं और साथ ही अपने देश और भाषा के साहित्य में काम करते हैं। ग्लोबल भी हम हैं और लोकल भी हम हैं। हम जानते हैं कि हमारी लड़ाई का मोर्चा एक लोकल भी है और एक ग्लोबल भी है। क्यों अन्ततः 1991 की विश्वनाथ प्रताप सिंह की सरकार में, उस स्थिति में 'रथ-यात्रा' निकली थी? बाबरी मस्जिद के विध्वंस के बाद थोड़ी देर के लिए धक्का लगा। कुछ राज्यों के चुनावों में मात खाई बी.जे.पी. ने। फिर 1998 में वो स्थिति पैदा हुई जहाँ सारी विरोधी पार्टियाँ गठबन्धन नहीं बना सकीं। कांग्रेस कामयाब नहीं हुई, कामयाब हुई भारतीय जनता पार्टी।

मैं इस सवाल के जवाब में, इसीलिए कहना चाहता हूँ कि बहुत से प्रगतिशील लेखक और यहाँ की समाजवादी विचारों वाली पार्टियाँ भ्रम में हैं। बार-बार कहते रहते हैं कि ये क्षणिक है, ऊपरी है, इसको हराया जा सकता है और अपने मन को समझाने के लिए कहते हैं—नहीं देखते आप? 14 राज्यों में अभी कांग्रेस है, केन्द्र में भले ही सरकार बना ले, नहीं देखते कि वेस्ट बंगाल में अब भी हम हैं। पंचायत चुनाव जीत कर आए हैं। ये सब सतही बातें हैं।

साहित्य में और मार्क्सवाद में विश्वास करने वाले लोग मानते हैं कि ये सुपर स्ट्रक्चर है। संस्कृति, साहित्य, राजनीति—ये तो ऊपरी ढाँचा है। अन्तोनियो ग्राम्शी भी यही सोचते थे और उनका भी यही ख्याल था। इटली में जब मुसोलिनी की पार्टी बनी और ताकत में आ रही थी तो उनको लगा कि ये ऊपरी ढाँचा है। फासिज़्म को आसानी से हराया जा सकता है। इटली के, कम्युनिस्ट पार्टी के संस्थापक अन्तोनियो ग्राम्शी बहुत बड़े विचारक थे। दुनिया में मार्क्स के बाद अब भी अगर किसी आदमी का मार्क्सवादी विचारकों में स्थायी महत्व है और जिनका महत्व दिन-पर-दिन बढ़ता जा रहा है, तो वह अकेला ग्राम्शी है। 1926 में वो चुने गए थे इटली की पार्लियामेन्ट में। मैं इसलिए कह रहा हूँ कि बहुत से मार्क्सवादी सोचते हैं कि हम भी पार्लियामेन्ट में बैठे हुए हैं, हम भी सांसद हैं। वो भी सोचता था कि सांसद होने के कारण हमको पार्लियामेन्ट्री इम्यूमिनिटी मिली हुई है, मैं गिरफ्तार नहीं किया जा सकता। जब नवम्बर, 1926 में वो गिरफ्तार कर लिए गए, जब जेल गए,

तब ग्राम्शी की आँख खुली कि फासिज़्म के खिलाफ़ कोई चूँ करने वाला नहीं था। ग्राम्शी जेल चले गए, कोई विरोध करने वाला नहीं मिला। तब उनको लगा कि ये फासिस्ट हुकूमत ऊपरी ढाँचा नहीं है, इसकी जड़ें बहुत गहरी हैं और कहीं-न-कहीं दबी हुई, जो इसके पीछे है, वो मुसोलिनी की ताकत है। आशावाद भ्रम था।

इस देश के मार्क्सवादी, उदारपन्थी, विचार करने वाले कांग्रेसी सब सोचेंगे कि सांस्कृतिक राष्ट्रवाद, सांस्कृतिक चीज है, ऊपरी ढाँचा है, कुछ दिनों के लिए है। लगाए हुए हैं आशा। जैसे कुछ बहुत बीमार कैंसर का मरीज या हार्ट का मरीज आखिरी दिन तक समझता रहता है कि कौन जाने कि चमत्कार हो ही जाए। लोग सोचते हैं कि अगले आम चुनाव में सम्भव है आ पाएँ पॉवर में। अनेक राज्यों में आशा टिकी हुई है। राजस्थान पर, मध्यप्रदेश पर। क्या यह तरीका है इतिहास को देखने का? आज की राजनीति को देखने का? एक झूठी आशा में जीने का? लोग आमतौर से कहा करते हैं कि आशा ज्यादा दुःखदायी होती है। निराश आदमी ज्यादा लड़ाई करता है। ग्राम्शी का मशहूर मुहावरा था—अन्धकार का निराशावाद, संकल्प का आशावाद। आशावादी हों लेकिन बुद्धि के स्तर पर विचार करते समय। हमें 'पैसीमिस्ट इन थॉट एण्ड ऑप्टीमिस्ट इन विल' होना होगा। इसलिए हिम्मत जरूर हम रखें, लेकिन सोच-विचार करते समय सन्देह-शंका तथा अपनी समझ के बारे में बार-बार जाँचते-परखते हुए। निराशा में ज्यादा गहराई आती है। ग्राम्शी ने जेल में अपने जीवन का सबसे महत्वपूर्ण काम किया।

मैं कहना चाहता हूँ कि आज के हिन्दुत्व की फासिस्ट लहर, जो 1920 में थी, कामयाब नहीं हुई एक विशेष क्षण में। उस विशेष क्षण को मैं नेशनल पॉयथालॉजी कहूँगा। हार्ट की गड़बड़ी और ब्लडप्रेशर के बावजूद पूरे फिजिक का एक पर्टीक्यूलर मूवमेन्ट होता है, तब हार्ट अटैक होता है। इस पूरे शरीर की बनावट में कुछ रिश्ते बनते रहते हैं और पॉयथालॉजी में एक क्षण आता है, तब वही चीज कैंसर के रूप में अन्तिम लक्षण के रूप में प्रकट होती है, ब्रेन हेमरेज के रूप में आती है। हमारे राष्ट्रीय जीवन में 1920 में राष्ट्र गाँधी के असहयोग आन्दोलन के सामने एकजुट हो गया। कहीं हिन्दुत्व-विन्दुत्व नहीं चला। जवाहरलाल नेहरू ने 1947 के बाद विकास का एक रास्ता चलाया, तो नेहरू के जमाने में यह हिन्दुत्व नहीं चल सका। इन्दिरा जी ने कोशिश की, 1969 के आस-पास, बांग्लादेश में लड़ाई के बाद दुर्गा भी बनी थीं, लेकिन कुल मिलाकर के स्वयं उन्होंने इमरजेन्सी के जमाने में हिन्दुत्व का सहारा लिया। संजय गाँधी जैसा आदमी आया। आपने जिसको पैदा किया वो ही भस्मासुर के रूप में बढ़ते हुए आज आपको दिखाई दे रहा है। चालाक आचार्यों ने खुद देखा कि हिन्दू कार्ड के बल पर हम पावर में रह सकते हैं। तो लीजिए फिर हिन्दू कार्ड। इसे वो क्या खेलेंगे जिनकी वो ही काट है।

बहुत से लोग ये समझते हैं कि सांस्कृतिक राष्ट्रवाद एक विचारधारा, एक दर्शन है इसलिए विचार की धारा तो पलटनी चाहिए। हमारे अत्यन्त आदरणीय प्रभाष जोशी जी एक अभियान चलाते हुए घूम रहे हैं कि ये तो हिन्दू हैं ही नहीं, असली हिन्दू तो हम हैं। ये भूल जाते हैं कि यही लड़ाई तो करपात्री जी ने शुरू की थी। एक किताब लिखी है करपात्री जी ने, आर.एस.एस. के गोलवलकर के खिलाफ, और पूरी किताब में कहा है कि गोलवलकर दूर-दूर तक न तो हिन्दू शास्त्र को जानता है, न हिन्दू शास्त्र की बात करता है। वह हिन्दू है ही नहीं, हिन्दू हम हैं। विचारधारा के साथ करपात्री जी के साथ हमारे सारे मतभेद हों, लेकिन करपात्री जी शास्त्र के आचार्य तो थे, विचार के स्तर पर वे लड़ते रहे। लेकिन देखा आपने, करपात्री जी को लोग भूल गए हैं और गोलवलकर का नाम आज लोगों की जुबान पर है। कम्युनिस्ट भी समझते हैं कि फासिज़्म एक विचारधारा है और विचारधारा के नाम पर हमारे पास सेक्युलरिज़्म है। सेक्युलरिज़्म के नाम पर हम लड़ेंगे। लड़कर देख लिया। पलटकर उन्होंने कहा कि—ये छद्म धर्मनिरपेक्ष हैं, सच्चे धर्मनिरपेक्ष तो हम हैं। इस क्रम में देखें! वहाँ कोई विचार नहीं है। लाठी भाँजने वाले, शाखा लगाने वाले, उनका दिमाग लाठी में बसता है। यहाँ भी ग्रे मैटर बहुत कम होता है, पढ़ने-लिखने में बहुत ज्यादा दिलचस्पी नहीं है। किसी हिन्दुत्ववादी को मैंने पढ़ा-लिखा विद्वान नहीं देखा। चाहे वो हिन्दू धर्म के बारे में हो, राजनीति के बारे में हो, उनके बारे में सारी शिकायतें की जा सकती हैं, लेकिन ये नहीं कहा जा सकता कि पढ़े-लिखे हैं। ऐसे लोगों से आप समझें कि इनके हाथ में विचार की तलवार है? जी नहीं! विचार इन्दिरा गाँधी के पास भी नहीं था, विचार महात्मा गाँधी के पास था, विचार जवाहरलाल नेहरू के पास था। इनके पास विचार नहीं है।

श्रीकान्त वर्मा ने कभी लिखा था कि 'कोशल में विचारों की कमी है। कोशल अब अधिक दिन नहीं टिकेगा।' हिन्दुत्वादियों की ताकत विचार नहीं है। ये बहुत ही व्यावहारिक, प्रेक्टीकल, प्रॉगमैटिक हैं। कार्यकलाप और संगठन—उनका न नियम है, न संविधान है, न कानून है, न कोई मेनीफेस्टो है। लेकिन संगठन है। संघ है। उनके बरक्स हम लोग कितने बिखरे हुए हैं—यह हम जानते हैं और आप भी जानते होंगे। लेकिन वे हैं और उन्होंने फौज तैयार की है। यही फासिस्ट तरीका हिटलर की जीत का कारण था। एक इन्स्टीट्यूशन बिल्ड किया है—शिशु मन्दिर। और जाने कौन-कौन से और हैं। यहीं आदिवासियों के बीच में देखें। हर शहर में शिक्षा संस्थाओं के चैनल। काशी हिन्दू विश्वविद्यालय में भी कभी शाखा लगती थी, कुलपति श्रीमाली ने उखाड़ दिया। बाद में देखा तो फिर शाखा लग रही है। काशी हिन्दू विश्वविद्यालय के वाइस चांसलर की हिम्मत थी कि शाखा न लगने दें। श्रीमाली ने वह भवन जिसमें आर.एस.एस. वाले अपना सामान रखा करते थे, खुदवाकर फिंकवा दिया था। भवन

अब नहीं है, लेकिन शाखा लग रही है। मैं कभी-कभी घूमते हुए सड़क से निकलता हूँ तो देखता हूँ। कुछ लोग दिखाई पड़ते हैं, अभी-भी। इसलिए उनकी ताकत विचार नहीं है। उनसे विचार के धरातल पर अगर आप लड़ेंगे तो आप हवा में तलवार भाँजेंगे। लड़ाई ज़मीन के स्तर पर होगी। जिस प्रकार मजदूर संगठन, किसान संगठन एक ज़माने में लड़ा करते थे। विचार हमारे पास है। हम लोग 'यूनिटी ऑफ थ्योरी एण्ड प्रेक्टिस' की बात बहुत करते हैं, लेकिन अन्त तक यह यूनिटी दिखाई नहीं पड़ती है। अन्त तक हम थ्यौरी-ही-थ्यौरी बघारते रहते हैं, प्रेक्टिस कहीं दिखाई नहीं पड़ती है।

हम लोगों से विचारों के बारे में भी चूक हुई है। जेल में रहते हुए ग्राम्शी ने एक और विचार किया कि इस फासिज़्म की जड़ें क्या आज में हैं? 1920 में मुसोलिनी क्या अचानक पैदा हो गया है? जैसे हमारे यहाँ उन्नीसवीं शताब्दी में समाज सुधार आन्दोलन, राजा राममोहन राय, स्वामी विवेकानन्द, रामकृष्ण परमहंस, दयानन्द सरस्वती हुए थे। उसी तरह से वहाँ भी मैजिनी के जमाने में रिजारोमेन्टो था, वहाँ भी एक नवजागरण हुआ था। इटली में जहाँ तेरहवीं शताब्दी में एक रिनेसाँ हुआ था, फिर उन्नीसवीं शताब्दी में भी उनके यहाँ रिजारोमेंटो हुआ था। जैसे हमारे यहाँ तेरहवीं शताब्दी में भक्ति और सन्त आन्दोलन हुआ था और फिर उन्नीसवीं शताब्दी में राजा राममोहन राय का नवजागरण हुआ था। अपनी प्रिजन डायरी में ग्राम्शी ने उसकी जाँच की। उसने देखा कि वह जो राष्ट्रवादी विचारों वाला नवजागरण था, फासिज़्म के बीज उसी नवजागरण में मौजूद हैं। हम लोग भी देख रहे हैं, क्योंकि जब विवेकानन्द का इन्होंने गुणगान करना शुरू किया और कन्याकुमारी में जिस ठाठ से विवेकानन्द रॉक का जो मन्दिर बना है, तो विवेकानन्द से वे प्रेरणा ले रहे हैं। तो कुछ तो होगा विवेकानन्द में, तभी तो ले रहे हैं। राममोहन राय का क्यों नहीं बनाते? रामकृष्ण परमहंस का नहीं बनाएँगे। यद्यपि रामकृष्ण परमहंस तो विवेकानन्द के गुरु थे। रामकृष्ण नहीं होते तो विवेकानन्द भी नहीं होते लेकिन रामकृष्ण परमहंस तो बंगाल में हँसता हुआ पागल सा बाबा है जो बापू की तरह से दिखाई पड़ता है, हिन्दू-मुसलमान में कोई फर्क जिसको नहीं मालूम होता। तो रामकृष्ण इनके काम के नहीं। पूरा चरित्र रामकृष्ण का आप पढ़ें तो पता लगेगा कि रामकृष्ण और विवेकानन्द दोनों बहुत अलग हैं। विवेकानन्द ज्यादा मिलीटेण्ट हैं। उनकी ग्रन्थावली में अनेक तत्त्व ऐसे हैं जिसके कारण इनको विवेकानन्द अपने निकट लगते हैं। कुछ बातें इनको दयानन्द सरस्वती में भी मिलती हैं। वेद की एक नई व्याख्या उन्होंने की थी। उन्होंने कहा—वेद में संसार का ज्ञान-विज्ञान सब कुछ है। वेद में टेलीफोन भी मौजूद है। वेद में बेतार भी मौजूद हैं। वेद में जहाजरानी भी है। तो सुन के बड़ा अच्छा लग रहा है कि पश्चिम में जो

आज दिखाई पड़ रहा है उसका मूल स्रोत तो हमारे यहाँ वैदिक युग में ही हो चुका था। ये रिलायबल स्टेटमेन्ट है, और यहीं से फण्डामेंटिलिज्म की ओर जाने की वृत्ति हमें मिली।

संक्षेप में मैं कहना चाहता हूँ अतीत की महान प्रतिभाओं की 'ग्रेट ट्रेडीशन' होने के बावजूद हमारी महान परम्परा की महानता आम जनता वाली नहीं है। बल्कि वो महान परम्परा उच्च वर्ग और उच्च वर्ग के लोगों की महान परम्परा है—ग्रेट ट्रेडीशन ऑफ ईलीट—जिसको आजकल कुछ लोग ब्राह्मणवादी कहते हैं। ब्राह्मणवादी नहीं, भद्र वर्ग की, शिष्ट लोगों की, उच्च वर्ण-उच्च वर्ग के लोगों की महान परम्परा है। जिस महान परम्परा से कबीर जैसे लोग बाहर हैं। आदिवासी बाहर हैं, दलित बाहर हैं, स्त्रियाँ बाहर हैं। इस महान परम्परा में सारे प्रगतिशील तत्व हम लोगों ने मार्क्सवाद के सहारे ढूँढ़ लिए। डॉ. रामविलास शर्मा ने सन् 1857 के बारे में लिखा तो बताया कि उसमें फ्रांस की राज्य क्रान्ति का भी तत्व है और सोवियत रूस की समाजवादी क्रान्ति के भी बीज हैं। हमने सोचा कि परम्परा को इस्तेमाल वो लोग भी कर रहे हैं, फासिस्ट हिन्दुत्ववादी भी कर रहे हैं, तो हम भी क्यों न परम्परा का इस्तेमाल करें। अकबर इलाहाबादी ने कहा था, 'बूट डासन ने बनाया हमने एक मजमूं लिखा, मेरा मजमूं चल न पाया उनका जूता चल गया।' उनकी परम्परा की व्याख्या चल गई। ज्योतिष भी ले लिया उन्होंने। हर जगह संस्कृत पढ़ाई जा रही है। इटली में भी हुआ था लेटिन का पुनरुद्धार। इन लोगों के जमाने में हुआ था। जैसे हमारे यहाँ संस्कृत का हो रहा है। बोलियाँ मर रही हैं और आप लेटिन को देवभाषा का दर्जा देते चले जा रहे हैं। इसलिए हम लोगों ने देखा कि राजनीतिक दृष्टि से परम्परा उपयोगी है। तो हम लोगों ने अपनी परम्परा से वो अच्छी-अच्छी बातें, प्रगतिशील बातें चुनकर के नवजागरण का ऐसा भव्य रूप पेश किया कि इसके आधार पर हम इसका मुकाबला करेंगे। लेकिन जैसा मैंने कहा कि—'मेरा मजमूं चल न पाया उनका जूता चल गया।'

ग्राम्शी ने पहली बार कहा कि परम्परा के नाम पर आप उसमें से उपयोगी तत्व चुनेंगे, तो जो बचे हुए तत्व हैं, वे तत्व खत्म नहीं हो जाएँगे। दूसरा आदमी उसी परम्परा से आपके विरुद्ध तत्व ढूँढ़ेगा। राजनीतिक दृष्टि से उपयोगी चीज़ें चुनकर हम परम्परा को परस्पर विरोधी रूप में उपयोग करते हैं। यह नहीं हो सकता कि अपनी महान परम्परा में से सुविधा के लिए कुछ तत्व आप ढूँढ़े तो दूसरे लोग उसके विरुद्ध तत्व नहीं ढूँढ़ेंगे। हिन्दी में हमारे अत्यन्त श्रद्धेय वरिष्ठ अग्रजों में डॉ. रामविलास शर्मा ने नवजागरण की एक ऐसी तस्वीर दी है, उसमें सारे तथ्य उसी जनजागरण के अन्दर से ढूँढ़कर दिखाए जा रहे हैं, तो लग रहा है कि सारे हिन्दुत्व के मूल बीज भी उसी जनजागरण में भरे पड़े हैं।

हमारे बड़े पुराने मित्र विष्णुकान्त शास्त्री रामविलास जी के अनन्य भक्त थे। बड़ी श्रद्धा उनकी रही है। क्यों? इसलिए कि वो तुलसीदास को भारत का सर्वश्रेष्ठ कवि और प्रतिनिधि कवि मानते हैं और दूसरा 1857 को मानते हैं, साथ ही हिन्दी नवजागरण में हिन्दी जाति की और जाति की संस्कृति की इतनी महिमा गाते हैं। बंगलादेश जब मुक्त हुआ था तब वो भी बड़े उत्साहित होकर बंगलादेश गए थे। शास्त्री जी ने एक पूरी किताब लिखी थी, तुलसी के बारे में। ऐसी अनेक चीज़ें मिलती हैं जो आज के ज़माने में आपको असुविधाजनक लगेंगी। प्रगतिशील लेखक संघ के दिनेश कुशवाह ने, जो आजकल रीवा में हैं, तुलसीदास के एक दोहे की ओर मेरा ध्यान आकर्षित किया। मैंने भी दोहावली पढ़ी थी, लेकिन मेरा ध्यान इस ओर नहीं गया था। तुलसीदास सोलहवीं शताब्दी में लिख रहे हैं कि 'अविदित महिमा वेद की, तुलसी किए विचार। जे निंदक निंदित भए, विदित बुद्ध अवतार॥' बौद्ध धर्म खत्म हो चुका था। सत्रहवीं शताब्दी में बाबा फिर बुद्ध को मार रहे हैं। मरी हुई चीज़ को मार रहे हैं। क्या ज़रूरत पड़ी थी? आप 'रामकथा' लिखने चले थे, बुद्ध को छोड़ देते। एक अवतार आपको मिल गए थे, बख्श देते आप बुद्ध को। नहीं–'जे निंदक निंदित भये, विदित बुद्ध अवतार'–तो तुलसीदास ये भी कहते हैं। और विचित्र बात है–बुद्ध के बारे में अपनी 'भारतीय संस्कृति' वाली पुस्तक में रामविलास जी ने जो टिप्पणियाँ की हैं, वो राहुल जी से अलग टिप्पणियाँ हैं। और राहुलजी के बारे में अनेक आलोचनाओं में बार-बार ये कहा गया कि ये मार्क्सवादी नहीं थे, ये बौद्ध थे। इसलिए मैं यह कहना चाहता हूँ कि फिर लड़ो उस अतीत के इतिहास से। हमें नहीं भूलना चाहिए कि इतिहास एक हद तक काम आता है। इतिहास आपके लिए लड़ेगा नहीं। आजकल एन.सी.ई.आर.टी. की किताबों को लेकर के सारे इतिहासकार लड़ाई कर रहे हैं। बाल की खाल निकाल रहे हैं। क्या पाया उन्होंने, क्या जीता? इसलिए ये जो आज के ज़माने की लड़ाई है वह अतीत और पुरखों के नाम पर नहीं लड़ी जा सकती। आप ये नहीं कर सकते कि दादाजी ने घी खाया था हमारे हाथ सूंघ लीजिए। हम आपके हाथ की ताकत देखेंगे। आपके दादा ने कितना घी खाया था, इससे काम नहीं चलेगा।

एक दौर था जब कहा जाता था कि प्रगतिशील लोग अपनी परम्परा को नहीं जानते। इसलिए दुश्मनों को जवाब देने के लिए हम लोग इस पर तुल गए। 'प्रगति और परम्परा' नाम की किताब लिखी गई है। तो इन लोगों ने सोचा कि हम परम्परा-द्रोही, परम्परा-वंचित, परम्परा का तिरस्कार करने वाले माने जा रहे हैं, इसलिए बार-बार इतना ज़ोर दिया कि प्रगति करना छोड़ करके हम केवल परम्परा की पूजा करने लगे हैं, प्रगतिशील हो गए हैं। नई चुनौतियाँ अनदेखी रह गईं। नतीजा ये हुआ कि एक समाजवाद नाकामयाब हुआ तो पूँजीवाद को ही हमने ठेका

दे दिया कि उत्पादन के नए साधन, नई व्यवस्था पूँजीवाद करेगा—क्या समाजवाद एक नए समाज की परिकल्पना नहीं कर सकता। हमने मान लिया है कि उदारीकरण और विनिवेश आदि सुधारों के अलावा अर्थतंत्र में कोई विकल्प नहीं है। कांग्रेस ये मानती है। यशवन्त सिन्हा या जसवन्त सिंह वो ही बोली बोल रहे हैं जो अन्तर्राष्ट्रीय मुद्रा कोष, वर्ल्ड बैंक ने डिक्टेट की है, जो मनमोहन सिंह ने शुरू की थी। वो ही गीत ये गाते चले जा रहे हैं। हम लोग साम्राज्यवाद के दिए हुए प्रोग्राम को अमेरिकी साम्राज्यवाद को लागू कर रहे हैं जैसे इसका कोई विकल्प ही नहीं हो। राजनीति में भी हम लोग सोचते हैं कि और कोई मॉडल हो। लेखक, साहित्यकार तो इस सृष्टि को बनाने वाले ब्रह्मा को चुनौती देता है, तुमने ये दुनिया बनाई है देखो! मैंने अपनी कविता और उपन्यास के द्वारा एक नई दुनिया बनाई है। इक़बाल ने कहा कि—तुमने चाँद और तारे बनाए हैं रोशनी के लिए और मैंने भी दीया बनाया है, मैंने एक नई दुनिया बनाई है। आनन्दवर्धन ने कहा—साहित्यकार भी एक प्रजापति होता है। नई सृष्टि बनाने वाला विधाता होता है। साहित्यकार के धर्म में है कि हमारी जो ज़िन्दगी है, उसके समानान्तर एक बेहतर ज़िन्दगी, जो दुनिया है उस दुनिया के समानान्तर, एक ऐसी दुनिया पेश करेंगे, जो उससे खूबसूरत हो, इससे बड़ी हो, सुन्दर हो, नई हो। प्रगतिशील लेखकों के ऊपर ये अतिरिक्त दायित्व है कि कविता और कहानी के द्वारा वह सपना, जीवित रखें। हम वो दुनिया बनाएँगे। तभी सम्भव है कि आम जनता के बीच एक चेतना जगेगी और इस धरती पर अर्थतंत्र में, राजनीतितंत्र में एक नया विकल्प उभरेगा और समाज में एक नया समाज बनाने की दृष्टि और ताकत मिलेगी।

(झारखंड प्रगतिशल लेखक संघ के राज्य अधिवेशन में दिया गया उद्घाटन भाषण, वसुधा-68 में प्रकाशित)

संस्कृति का सवाल : फासीवाद और भूमंडलीकरण

आज संस्कृति नष्ट हो रही है। उसे नष्ट करने में बहुत बड़ा हिस्सा उनका है, जिन्हें अंग्रेजी में आप एन.आर.आई. 'नॉन रेजिडेन्ट इण्डियन' कहते हैं, जो टेक्नालॉजी या भव्य आकर्षण से अमेरिका के सिलिकन वैली में जाकर बसे हैं। ये यहाँ रह के उतने हिन्दू नहीं थे लेकिन वहाँ जाके बहुत हिन्दू हो गए हैं। उनके रुपए से विश्व हिन्दू परिषद् नाम की संस्था बनी है, जिसने इस देश में हिन्दुत्व की आक्रामक राजनीति नए सिरे से शुरू की। जब कोई आदमी अपने 'घर' से 'बेघर' होता है तो 'घर' के साथ ऐसा ही सलूक करता है।

हिटलर के जमाने में भागे हुए यहूदियों की बहुत बड़ी तादाद अमेरिका गई और उन लोगों ने लड़ाई खत्म होने के बाद इजराइल नाम का एक राज्य बनाया। वह इजराइल केवल फिलिस्तीन के ही नहीं बल्कि पूरे एशिया के दिल में छूरे की तरह बना हुआ है। अजीब बात है कि जिस इजराइल से जवाहरलाल नेहरू के जमाने में कोई रिश्ता नहीं था, आज वहीं इजराइल सबसे प्यारा दोस्त बन गया है। हम लोग आज बहुत सारी चीजें इजराइल से सीखने की कोशिश कर रहे हैं और यासेर अराफात, क्योंकि मुसलमान है, पराया हो गया है। ये संस्कृति बदली है कुछ ही वर्षों में। इसमें जो भूमिका अदा करने वाले हैं, वे बेघर हैं। यह 'डायस्पोरा' लोगों की बहुत बड़ी पूँजी है। अखबारों के माध्यम से आप लोगों को मालूम होगा कि अयोध्या में मन्दिर बनने जा रहा है। वह जिस पैसे और पत्थर से बन रहा है, उसका पैसा कहाँ से आ रहा है? मैं जानना चाहता हूँ। आपने दिया? मैंने दिया है? यह आखिर किसके पैसे से हो रहा है? अपना पैसा जब लगता है तब विद्यालय बनता है, महाविद्यालय बनता है, शिक्षा और संस्कृति के विकास के केन्द्र बनते हैं। लेकिन जब पराया पैसा लगता है तब जो चीज बनती है वह कहना चाहिए, खून की नींव पर बनती है।

बाबा तुलसीदास ने "दोहावली" में एक दोहा लिखा है :

'रामायण अनुहरत सिख, जग भयो भारत रीति।
तुलसी सठ को को सुनै, कलि कुचाल की प्रीति॥'

यहाँ 'रामायण' रामचरितमानस के लिए नहीं, बाल्मीकि के 'रामायण' के लिए है। शिक्षा दी जाती है कि 'रामायण' का अनुसरण करो। अनुसरण के माने हैं कि भरत और राम ने एक-दूसरे के साथ जैसा व्यवहार किया, वैसा व्यवहार करो। आखिर, 'रामायण' यही तो है! एक माँ ने वरदान माँग कर राम को बनवास दिलवा दिया तथा भरत को राजगद्दी। भरत उस राजगद्दी को छोड़ कर राम को मनाने वन में जा रहे हैं और जब वह नहीं ही लौटते तो उनकी खड़ाऊँ लेकर आते हैं। उनके नाम पर खड़ाऊँ राज कर रही है और भाई बैठा हुआ चौदह वर्षों तक राम की तरह जंगल में रह रहा है–

चंचरीक ज्यों चंपक बागा। तेहि बन बसत भरत पुरनि रागा।

राम वहाँ तपस्या कर रहे हैं, भरत यहाँ तपस्या कर रहे हैं और फिर उसी भाई को गद्दी लौटा देते हैं। 'रामायण' बताता है कि भाई-भाई के बीच कैसा प्यार होना चाहिए। लेकिन लोग हैं कि 'जग भयो भारत रीति।' यहाँ भारत माने 'महाभारत।' 'महाभारत' में भाई-भाई के बीच क्या हुआ? एक-दूसरे का गला काटा। नतीजा क्या निकला? सारे कौरव मारे गए। अन्त में पाण्डव भी राज नहीं कर सके। सभी हिमालय में गल गए। वंश नष्ट हुआ। बड़ी मुश्किल से एक परीक्षित बचा जो राजा बना। और बचा द्रोण का पुत्र अश्वत्थामा जो बाहर का था। न कौरव था न पाण्डव। वही बचा और इस प्रकार केवल घृणा जीती रही, अश्वत्थामा के रूप में।

तुलसीदास जी कहते हैं कि–'रामायण और भरत सिख, जग भयो भारत रीति।' लेकिन वे यह भी कहते हैं कि मेरे जैसे सठ की बात कौन सुनेगा? जब बाल्मीकि को कोई नहीं सुनता तो तुलसी जैसे मूर्ख को, सठ को कौन सुनेगा! उस महाकवि की सीख के बावजूद महाभारत घटता रहा है। तुलसी इसी देश की संस्कृति की बात कर रहे हैं। भाई वही नहीं जो एक पेट से पैदा हुआ हो। भाई वह भी है जो भारत माँ की कोख से पैदा हुआ है। धर्म कोई भी हो। उसके पुरखे कभी आए रहे होंगे, बाहर से। आज किन्हीं कारणों से महाभारत की स्थिति पैदा हुई है। तुलसीदास पूछते हैं कि संसार कैसे चलेगा?

आम तौर पर संस्कृति की चर्चा वो लोग करते हैं जो नहीं जानते कि हमारी संस्कृति क्या है? वह संस्कृति के आधार ग्रन्थ 'रामायण' और 'महाभारत' को नहीं जानते-समझते। वह वेद की बात करते हैं जिसके मंत्रों का वह ठीक से उच्चारण तक नहीं कर सकते। कुछ पंडितों को बुला लिया करते हैं, एहतियातन। कहते हैं न कि "शेख की दावत में मय का काम किया।" अर्थात् एहतियातन कुछ मँगा ली जाएगी। लेकिन खुद नहीं देखा उसे, जो सहज, सम्पूर्ण भारत की अपनी विभूति है, जिसके बारे में उत्तर-दक्षिण का कहीं कोई विवाद नहीं है–'रामायण' और 'महाभारत'। और उस महाकवि का कहना है कि जो महाभारत में नहीं वह कहीं नहीं है।

भाई-भाई के धर्म के अलावा एक पड़ोसी का भी धर्म होता है। पड़ोसी यानी अगले द्वार का पड़ोसी (Next door neighbour)। गाँवों में कहते हैं– सौ सगोतिया न एक पड़ोसी। आफत-विपत आई नहीं कि खट्ट से दौड़ कर आता है। अतः पड़ोसी से सम्बन्ध ठीक रखना चाहिए। लेकिन हम लोग? अपने पड़ोसी देशों से शाश्वत दुश्मनी बनाए हुए हैं। कोई-न-कोई बहाना बनाकर हम कहते हैं कि हम बात नहीं करेंगे। अरे भाई, झगड़ा भी होता है, बातचीत भी बन्द होती है। पड़ोसी है तो न्यूनाधिक यह भी होगा। मेरे गुरुदेव कहा करते थे कि संस्कृत शब्द 'अरि' के दो अर्थ हैं–अरि माने शत्रु और अरि माने पड़ोसी। भोजपुरी में एक कहावत है–

जोतिहऽ कम जनइह ढेर, ठीक से बन्हिह आरी
ऐहू पर जो ना उपजै त दिहऽ घाघ के गारी।

यहाँ आरी माने 'डांड़ा'। इस प्रकार पड़ोस में जो बात छिपी हुई है, वह है पड़ोसी का धर्म। इस पड़ोसी के धर्म को समझना–निभाना चाहिए।

हमारा आदर्श था–वसुधैव कुटुम्बकम। वसुधा तो दूर रही, संस्कृति के नाम पर पड़ोसी का धर्म भी नहीं निभ पा रहा है। संस्कृति किताबों में होती है, किताबी नहीं होती। यह व्यवहार और आचरण की चीज है। हमारे यहाँ 'संस्कृति' शब्द अँग्रेजी के 'कल्चर' का अनुवाद है। हम विद्वान लोग कल्चर वगैरह की बात करते हैं। पढ़िएगा 'समकालीन सोच'। सम्पादक पी. एन. सिंह ने संस्कृति पर एक विशेषांक निकाला है। अपने सम्पादकीय में वो बहुत सारी बातें कह गए हैं जिन्हें दोहराने की जरूरत नहीं। लेकिन एक पूरा लेख विद्वान लोगों के लिए है। बुद्धिजीवियों के बीच विमर्श तो होना ही चाहिए। हमारे यहाँ एक पुराना शब्द है 'धर्म', जिसे आज के सेक्युलर दौर में कुछ लोग 'संस्कृति' कहते हैं। अंग्रेजी में भी 'कल्चर' शब्द पहले नहीं था। यह जर्मन 'कुल्टुर' से बना है, जो फ्रांस से होता हुआ अंग्रेजी में गया है। 'कल्चर' आरम्भ में एग्रिकल्चर का हिस्सा था। रवीन्द्र नाथ टैगोर के प्रमाण पर आचार्य नरेन्द्र देव इसकी परिभाषा दिया करते थे–चित्तभूमि की खेती। एग्रिकल्चर और कल्चर में अन्तर यह है कि खेती इस जमीन की मिट्टी पर होती है और कल्चर चित्तभूमि में होती है। इसलिए चित्तभूमि को जोतो, बनाओ, पानी दो, बीज डालो। उसमें जो संस्कार-विचार पैदा होते हैं, उसका समवेत नाम है–संस्कृति। आधुनिक युग में जब धर्म का वर्चस्व कमजोर पड़ने लगा तो लोग 'धर्म' शब्द से लजाने लगे और उसका स्थान 'संस्कृति' ने लिया। लेकिन भाव वही है। 'धर्म' भी 'संस्कृति' जैसा ही व्यापक था। धर्म में भी दर्शन, संगीत आदि आते हैं। ध्रुपद, खयाल, भजन आदि धर्म से जुड़े हैं। सूफी संगीत क्या है? जैन, बौद्ध, शैव और वैष्णव धर्मों आदि ने हमारी 'स्थापत्य-कला' को गहराई से प्रभावित किया। साहित्य को भी गहराई से प्रभावित किया है। हमारे देश का ही नहीं, समूचे विश्व में साहित्य, कलाएँ, संगीत, स्थापत्य इत्यादि एक

लम्बे दौर में किसी-न-किसी धर्म से प्रभावित—संस्कारित रहे हैं। इस प्रकार एक जमाने में जिसे 'धर्म' कहते थे, आधुनिक युग में उसे ही सेक्युलर रूप देकर, 'संस्कृति' कहने का चलन है।

यह सेक्युलर युग धर्म की बू से बचता है, क्योंकि धर्म के नाम पर बहुत हत्याएँ हुई हैं, बहुत सारे धर्मयुद्ध हुए। इसमें ईश्वर (देवता) इत्यादि का भी झमेला है। अतः इस धरती की ऐहिक, इहलौकिक बात को संस्कृति से जोड़ा गया। लेकिन धर्म और संस्कृति में एक बात सामान्य है और वह है 'सत्यम् वद्, धर्मम् चर'। धर्म आचरण की वस्तु है, व्याख्यान देने की चीज नहीं है। इसीलिए 'महाभारत' में धर्मध्वजी लोगों के खिलाफ एक बात साफ-साफ कही गई है—'यो चरेत् धर्म न धर्मः धर्मध्वजे ध्वजगो भवे'। महाभारत के अन्त में, स्वर्ग जाने से पूर्व यह बात भीष्म ने युधिष्ठिर से कही। वे धर्मध्वजी लोग धार्मिक नहीं हैं, जो धर्म को ध्वजा की तरह फहराते रहते हैं। धार्मिक वह है—'यो चरेत् धर्मः', अर्थात् जो धर्म का आचरण करता है। राम-नाम जपने वाले दूसरों की नींद हराम करते हैं। यहाँ तो मौन जाप की परम्परा है, जबान पर नाम नहीं आता। यह आचार की चीज है। इसी प्रकार संस्कृति पर चर्चा करने वाले लोग प्रायः घोर असांस्कृतिक पाए जाते हैं। बिस्मिल्ला खाँ, सम्भव है, सांस्कृतिक व्याख्यान न दे पावें, लेकिन वह शहनाई बेहतर बजा सकते हैं। अतः जो संस्कृति रटे उससे सावधान हो जाना चाहिए। धर्मध्वजी की ही तरह संस्कृतिध्वजी भी होते हैं। गुजरात में जिन लोगों ने दंगा किया था, वो सांस्कृतिक राष्ट्रवाद का जयगान करने वाले लोग थे। अतः जब वे लोग संस्कृति की बात करते हैं, तो लगता है कि संस्कृति मानो छुरा, खंजर, तलवार इत्यादि का नाम हो। राष्ट्रीय स्वयं सेवक संघ के लोग अपने को सांस्कृतिक संगठन कहते हैं। उसी संगठन से जुड़े लोगों ने गाँधी की हत्या की और उसे 'गाँधी वध' कहा। उन्होंने 'हत्या' नहीं 'वध' किया था, जैसे रावण-वध, मेघनाद वध। अतः संस्कृति के नाम पर क्या किया जा रहा है, इसे ठीक से देखने-समझने की जरूरत है।

सरदार पूर्ण सिंह ने बहुत पहले एक लेख लिखा था 'आचरण की सभ्यता'। सभ्यता आचरण की होती है, आचार ही वह मजबूत खूंटा है, जिससे व्यक्ति और उसका समाज मर्यादित और परस्पर सम्बद्ध रहते हैं। हमारे गुरुदेव आचार्य हजारी प्रसाद द्विवेदी ने एक जगह लिखा है कि हमारे मध्यदेश (यू.पी., बिहार वगैरह) में विचार आपके चाहे जो हों, उस पर बहस नहीं होती है। एक ही घर में एक सदस्य कम्युनिस्ट है, दूसरा सोशलिस्ट, तीसरा कांग्रेसी और चौथा कोई अन्य विचार का हो सकता है। जो विचार रखना है रखो, लेकिन आचार घर की अपनी परम्परा के अनुसार ही करना होगा। आचार में कोई छूट नहीं। इसी कारण पुराना जो कठोर हिन्दू धर्म था, उसमें भी विचार-विभिन्नता स्वीकार्य थी, लेकिन आचार में कोई छूट नहीं

थी। खान-पान, शादी-ब्याह, तीज-त्यौहार इत्यादि में सब एक जैसे थे। लाल झण्डा फहराओ चाहे तिरंगा। जाति-व्यवस्था अब टूट रही है या जिसे तोड़ने की कोशिश की जा रही है, यह अच्छी बात है। यह इसी आचार की ताकत पर खड़ी रही है या है। बच्चा बड़ों को प्रणाम करता है, उन्हें आदर देता है, लोगों को प्यार देता है तो लगता है कि बच्चा संस्कारी है। अगर वह लफंगा निकल जाए तो हम समझते हैं कि संस्कारच्युत है। हमारे यहाँ दो ही शब्द चलते हैं—सद्व्यवहार और संस्कार।

'समकालीन सोच' के सम्पादकीय में पी. एन. सिंह ने लिखा है कि नई टेक्नालॉजी के साथ नई संस्कृति आई है। यह नई टेक्नालॉजी क्या कर रही है, कैसे कर रही है, इसके दुष्परिणाम क्या हैं, इसका अन्दाजा आपको अभी नहीं है। निर्णायक रूप से कुछ भी कहना जल्दबाजी होगी। लेकिन इतना निश्चय है कि इस टेक्नालॉजी के चलते किसी की 'प्राइवेसी' नहीं बचेगी। इन्टरनेट पर दुनिया भर की बकवास हो रही है। सभ्यता का एक बहुत बड़ा क्षेत्र सार्वजनिक होता है। यहाँ सभी लोग मिलते-जुलते हैं। लेकिन व्यक्ति के जीवन का एक ऐसा भी कोना है जिसकी 'प्राइवेसी' अपरिहार्य है। पुरुष से अधिक नारी को इसकी जरूरत है। टेक्नालॉजी के वर्तमान समय में किसी की कोई 'प्राइवेसी' बचने वाली नहीं है। अब सर्विलेन्स के जरिए, यंत्र के जरिए सब कुछ जान लेना सम्भव है। कहीं जाने की जरूरत नहीं है। अब किसी सी.आई.ए., के.जी.बी. या आई.एस.आई. की जरूरत नहीं है। आपके घर में क्या हो रहा है, इसका पता आसमान से ही चल जाएगा। जब अमेरिका ने इराक पर हमला किया तो उसे आकाश से ही मालूम था कि इराक में कौन-सी चीज कहाँ है? वहाँ किसी जाँच-दल की आवश्यकता नहीं है। वैसे इराक में सद्दाम ने तो खुद इंतजाम कर भी रखा था, बहुत कुछ जमीन के भीतर। हमारे यहाँ तो सब कुछ खुला है। हम तो एकबारगी 'बल्नरेबल' हैं, असुरक्षित हैं, अमेरिका को एक-एक इंच जमीन का पता है, राई-रत्ती सब मालूम है। अतः अब न देश की "प्राइवेसी" बचने वाली है और न व्यक्ति की। हम सभी चाहते हैं कि पाँच मिनट के लिए ही सही, हम अकेले हों, मेरे सिवाए वहाँ अन्य कोई न हो, जहाँ मेरा भगवान हो या मेरी प्रेमिका हो या मेरा बच्चा हो। लेकिन टेक्नालॉजी के चलते इसके भी बड़े हिस्से का ग्लोबलाइजेशन किया जा रहा है।

इतना ही नहीं इस अमेरिकी दौर में अब संस्कृति की आड़ में, फायदावाद के नाम पर, हथियार पैदा किए जा रहे हैं। अमेरिका तो अब सिर्फ हथियार बनाता है। उसकी सारी समृद्धि, सारी सम्पत्ति हथियार की कमाई पर टिकी है। जब हथियार बहुत होंगे तो इन्हें इस्तेमाल भी करना ही पड़ेगा। किसी मंच पर नाटक में अगर पिस्तौल टंगी है तो वह कभी-न-कभी दबेगी और इस नाटक में हत्या होगी। हथियार है तो इस्तेमाल भी होगा। अन्यथा इसमें जंग लगेगा और बेकार हो जाएगा। आज

की टेक्नालॉजी युद्ध केन्द्रित है, अर्थात् युद्ध इसमें अंतर्निहित है। औद्योगिक स्तर पर हथियार जब से बनने लगे हैं, तब के बाद दो-दो विश्वयुद्ध हुए हैं। भला हो समाजवादी ताकतों का कि तीसरा युद्ध रुक गया। फिर भी अमेरिका के हाथ में खुजली होती रही है और उसने कोरिया में और फिर वियतनाम में युद्ध छेड़ा। लेटिन अमेरिका तो अमेरिकी युद्ध-नीति का शाश्वत शिकार है। अमेरिकी इराक पर एक हमला कर चुके थे लेकिन मन नहीं भरा और दूसरा खूंखार हमला किया। आज इराक के साथ जो हो रहा है, कल किसी और देश के साथ होगा। यह युद्ध की संस्कृति है। यद्यपि दोनों शब्द एक-दूसरे के विरोधी हैं। युद्ध में पहली हत्या संस्कृति और संस्कार की होती है। मनुष्य पशु की तरह लड़ता है। देख रहे हैं कि अमेरिका इराक में कैसे लड़ रहा है। फिर गुजरात के दंगों को आपने देखा ही है। यह कत्ल और खून की संस्कृति है। इस प्रकार युद्ध एक घटना नहीं है, यह एक जंजीर है। इसी जंजीर से कहीं-न-कहीं जुड़ा है गुजरात भी।

1939-45 का युद्ध हुआ। हिटलर ने आत्महत्या की और मुसोलिनी मारा गया। हमने समझा था कि अच्छा हुआ। लेकिन हिटलर तो पैदा होते रहते हैं। फासीवाद तो रक्तबीज है। बुश के चेहरे में हिटलर छुपा बैठा लगता है। अतः यह इराक युद्ध विश्वयुद्ध की भूमिका हो सकता है। लेकिन इस बार युद्धभूमि बदलेगी। हिटलर की लड़ाई पश्चिमी योरप में लड़ी गई थी। अब अमेरिका की कोशिश है कि इसे दक्षिण-पूर्वी एशिया में लड़ा जाए। पहले दोनों युद्धों में अमेरिका प्रमुख किरदार नहीं था। आज अमेरिका पहलकर्ता और प्रमुख किरदार है। किसी-न-किसी बहाने दुनिया के हर कोने में वह जंग छेड़ रहा है। अब की बार जमीन एशिया बनेगा और अगर बनी तो भारत भी नहीं बचेगा। लेकिन आज जो लोग अपने ही देश के भाइयों, यहीं के रहने वालों को दुश्मन समझते हैं, उन्होंने अमेरिका की निन्दा, भर्त्सना जितनी की जानी चाहिए थी, नहीं की। क्षमा कीजिएगा, प्रतिपक्ष के नेता ने भी नहीं किया। इसलिए हम शर्मिन्दा हैं। दुनिया के बुद्धिजीवी, साहित्यकार, सारी जनता अमेरिका के समक्ष त्राहि-त्राहि कर रही है और भर्त्सना भी कर रही है। सबसे कमजोर आवाज इस देश की सरकार की है। ऐसा होना नहीं चाहिए। इस देश में अलख जगाने की जरूरत है। सद्दाम जितना बुरा हो, लेकिन दुनिया की किसी बड़ी ताकत को यह हक नहीं कि उस पर वहाँ की जनता को आजाद करने का बहाना बनाकर आक्रमण करे। हमें आजाद करने के लिए हमारे ऊपर किसी ने हमला नहीं किया। हमने अपनी आजादी की लड़ाई खुद लड़ी थी। लेकिन अमेरिका इस तर्क को नहीं मानता। उसे लड़ना है और इसके लिए इराकी जनता एक बहाना है।

इतिहास के वर्तमान दौर में युद्ध और असहिष्णुता खूब बढ़ी है। जरा-जरा सी बात पर पिस्तौल, ए.के.-47 जैसी मारक चीजें खट से निकाल ली जाती हैं। इसका

इस टेक्नालॉजी संचालित नए पूँजीवाद से गहरा रिश्ता है। टेलीविजन पर देखिए। घर-घर में कैसा कल्चर परोसा जा रहा है। बच्चे क्या सीख रहे हैं? औरतों का नंगा शरीर बेचा जा रहा है। आज के कामिक्स कैसे हैं? शहरों में विज्ञापनों की यह होड़ पहले कहाँ थी? 1969 में जब पहली बार रूस (मास्को) गया था तो पूरे रास्ते में वहाँ एक भी विज्ञापन नहीं दिखा था। आश्चर्य होता था। इतना अच्छा शहर और एक भी विज्ञापन नहीं। और अब? रेलवे प्लेटफार्म, रेल के अन्दर, हवाई जहाज में अन्दर और बाहर, जहाँ देखो वहाँ विज्ञापन। बिल्कुल "हममें तुममें खड़ग खम्भ में, सब जग, व्यापे राम" की तरह। इसका आदमी के दिल-दिमाग पर क्या असर होगा? किस संस्कृति में वह पल-बढ़ रहा है? इसे उपभोक्ता संस्कृति कहते हैं। भोजन में स्वाद महत्वपूर्ण नहीं है, बस भोजन, बिल्कुल ऐश की तरह। पुराने रईस भी खाना-खिलाना जानते थे। और आज? हम लोगों की शादी-ब्याह की दावतें कैसी हो रही हैं? यह पूरी संस्कृति अब गाँव में चली गई है। पहले कहते थे—"घर में जी लगता नहीं, सहरा से घबराता है जी"। शहर छोड़कर गाँव जाने का मन करता था। आज तो वहाँ भी आग लगी हुई है। जो शहर में है वह गाँव में भी पहुँच गया। कुल मिलाकर यह बड़ा संकट है और इसके मूल में टेक्नालॉजी है। हम आप एक दिन में नहीं बदले हैं, एक पुरानी कहावत है—"हम वै रहे, तुम वै रहे, हम कछू के कछू मन हवै।" हम आप वही हैं लेकिन कुछ ऐसा हो गया है, कुछ ऐसी हवा बदल गई है कि सब कुछ वही रहते हुए भी पूरी-की-पूरी संस्कृति बदल गई है। प्रश्न है—कैसे इसका प्रतिरोध किया जाए, लड़ा जाए?

(05 अप्रैल 2003, गाजीपुर में दिया गया भाषण, 'समकालीन सोच' में प्रथम प्रकाशन, परिचय-5 में 'संस्कृति और समालोचना' शीर्षक से पुनः प्रकाशित)

भूमंडलीकरण और साम्प्रदायिकता

हम जब संस्कृति कर्म पर बात कर रहे हैं तो उसका एक सिरा है, जो अभी-अभी ताजा घाव है। बड़ौदा में पेंटिंग से शुरू हुई बात चलते-चलते वेलेण्टाइन डे तक आ गई है। हबीब तनवीर के रंगमंच के खिलाफ प्रतिक्रियाएँ व्यक्त की गई थीं। देश में उपन्यासों को जलाने की बात होती है, कविताओं को फाड़ देने की बात होती है—बहुत दूर तक फैला हुआ है यह जाल। इस पूरी प्रतिक्रिया में कुछ दुश्मन साफ नजर आते हैं। इन लोगों ने संस्कृति को 'काली टोपी' और 'खाकी पेण्ट' में रिड्यूस कर दिया है। यह पहचान में आ जाता है। साफ़। उनकी कार्यवाहियों से निपटने की प्रतिक्रियाएँ बड़े व्यापक रूप में हुई हैं। लेकिन एक डर है और वह ज्यादा खतरनाक है कि जिनके सिर पर काली टोपी नहीं है और जो खाकी पैण्ट वाले नहीं हैं—उनके अन्दर भी ऐसी प्रवृत्तियाँ मौजूद हैं। जो अपने को सेक्यूलर कहते हैं, सेक्यूलरिज्म का दावा करते हैं उनमें भी ऐसी चीज़ें पाई जाती हैं। कई राजनीतिक पार्टियों ने कभी मर्यादा के नाम पर, नैतिकता के नाम पर बड़े व्यापक पैमाने पर ऐसी कार्यवाही की है। ऐसी बहुत सारी चीज़ों को मैंने देखा है। बहुत संजीदा किस्म के लोगों को देखा है। कई रंगों और कई शक्लों में उस तरह की प्रवृत्ति घुस आई है, जिसे समझने की ज़रूरत है।

यह प्रवृत्ति हमेशा मज़हब की शक्ल में नहीं आती, सुरुचि के नाम पर भी आती है। सुशिक्षित पढ़े-लिखे लोगों में उसकी एक शक्ल होती है, जो साफ हो जाती है—'आप क्या पहनें, क्या न पहनें? औरतों की पोशाक के बारे में—कौन पोशाक? कितनी दूर तक उसका कट हो, कितनी दूर तक न हो? किस रंग का पहने? सिर ढँके रखे कि न ढँके रखे? कई देशों में—इस तरह से मज़हब के ठेकेदार काम करते हैं। यही ईरान में हुआ है। मुस्लिम देशों में, पाकिस्तान में देखे गए नए उभार में बहुत सारी चीज़ें पुराने जमाने की नहीं हैं। ग्लोबलाइज़ेशन के इस दौर में मार्केट इकोनामी के आने के बाद आप देखें। कई फिल्मों को पहले बर्दाश्त कर लेते थे। अब नहीं करते। नैतिकता के बारे में मैं जानना चाहूँगा कि उधर से क्या प्रतिक्रियाएँ आती हैं। 'समलैंगिकता' (होमोसेक्सुएलटी) को पश्चिम में अधिकार मान लिया गया है, कानूनी

तौर पर स्वीकार कर लिया गया है। जहाँ से ये नई अर्थव्यवस्था आई है, उसके साथ ये आश्चर्य नहीं कि हमारे देश में भी इस तरह की माँग आएगी कि समलैंगिकता का अधिकार होना चाहिए। तब मैं देखूँगा कि शाखा वाले, जहाँ बड़े पैमाने पर ब्रह्मचर्य सिद्धान्त बना दिया गया है, वे उस समय क्या कहते हैं। इस नए अर्थतंत्र के साथ कुछ नए नैतिक मूल्य बन रहे हैं। यह युवा पीढ़ी और पुरानी पीढ़ी के बीच में टकराव के रूप में आ सकता है। एक घर के अन्दर दो पीढ़ियों के बीच में फाँक पड़ सकती है और वो परीक्षा की घड़ी होगी। इसलिए संस्कृतिकर्मियों की चर्चा केवल सांस्कृतिक कृतियों तक सीमित नहीं है, बल्कि सम्पूर्ण जीवन पद्धति और रोज़मर्रा की ज़िन्दगी से जुड़ी हुई है। किताबों से, रंगों से, मंच से बाहर भी आचार नाम की चीज़ है। उस आचार में बहुत बड़ा परिवर्तन हो रहा है।

अनेक लोगों का ख्याल है कि संस्कृति के नाम पर भूमंडलीकरण के द्वारा एक अपसंस्कृति बड़े पैमाने पर आ रही है जिसका गहरा असर घर में, आपके चूल्हे तक है। ज्यादातर लोग आजकल बाहर ही खाना पसन्द करते हैं। यहाँ से लेकर के पति-पत्नी के रिश्ते, माँ-बेटे के रिश्ते—ये तमाम चीज़ें उससे जुड़ी हुई हैं। ये केवल दो या दो खेमों के बीच के आपसी रिश्ते की चीज़ नहीं है। इसका ताल्लुक केवल मन्दिर से, मस्जिद से या चर्च से नहीं है। जब हम संस्कृति की बात करते हैं तो संस्कृति को हम कुछ खास चीज़ों तक महदूद न करें। यह मामला केवल सांस्कृतिक कृतियों, किताबों, फिल्मों, नाटकों तक सीमित नहीं है। इसका गहरा असर हमारी राजनीतिक पार्टियों की नियमावली आदि चीज़ों पर पड़ा है। पार्टियों का 1947 से पहले जो स्वरूप था, उसके अन्दर आचार संहिता थी, लोकतांत्रिकता थी, वह धीरे-धीरे सिकुड़ती चली जा रही है। हमारी सबसे बड़ी पार्टी राष्ट्रीय कांग्रेस वही कांग्रेस नहीं रह गई है। क्षमा कीजिएगा, कम्युनिस्ट पार्टियाँ भी वही पार्टियाँ नहीं रह गई हैं। स्वयं उनका अपना गठन, आन्तरिक ढाँचा बदला है। उस संस्कृति का निर्वाह वहाँ भी नहीं है। जो क्रान्तिकारी पार्टियाँ हैं, उनके अन्दर भी वह सब नहीं रह गया है। जो अपने को अतिक्रान्तिकारी कहते हैं, मैं तो कहता हूँ कि उनके बीच में भी नहीं रह गया।

यह बहुत बड़ा दवाब नए अर्थतंत्र के साथ और इस मार्केट इकोनॉमी के साथ आया है। पूँजीवाद अपने साथ ही परस्पर होड़ का कल्चर लाया है। कलाकारों की भी होड़ है। हर चीज़ में फ़ायदा देखना है। विनोबा जी ने तो कभी एक लेख लिखा था कि हर आदमी की जुबान पर होता है—हमें क्या फायदा? कुछ भी करते हैं तो पहले सोचते हैं क्या फायदा होगा? मसलन, आप यहाँ आए हैं तो क्या फायदा? काहे के लिए वक्त बर्बाद करें? किसी से मिलते हैं, किसी के घर जाते हैं तो सोचते हैं कि उसमें फायदा क्या होगा? क्या मुनाफा होगा? हर चीज़ को हम मुनाफे पर मापने

लगे हैं। कुछ लोग हैं जिन्होंने संस्कृति को 'सांस्कृतिक राष्ट्रवाद' के नाम पर फ़ायदे की प्रवृत्ति में महदूद कर दिया है। व्यापक पैमाने पर अगर देखें तो यह लड़ाई हर रचनाकार अपनी रचनाओं में लड़ रहा है—कविता, कहानी, उपन्यास लिखते हुए। अच्छे उपन्यास, अच्छी कविताएँ व्यापक गहरी सांस्कृतिक चिन्ता से निकली हुई महत्वपूर्ण रचनाएँ होती हैं। स्वयं उनके अन्दर एक नया जीवन, एक नई दुनिया होती है, जिसके अपने नियम हैं।

साहित्य के आन्तरिक नियमों की चर्चा भी कुछ लोग करते हैं और समझते हैं कि यह शुद्ध कलावाद है। लेकिन सचाई यह नहीं है। कालिदास ने कहा था। आनन्दवर्धन ने उद्धृत किया कि काव्य संसार जो बहुत अपार है, जिसकी कोई सीमा नहीं है, उसका नियंता, नियम बनाने वाला स्वयं रचनाकार है। कोई दूसरा उसको नहीं बना सकता। वह इस काम को किसी संविधान के अनुसार नहीं करता है, उसका अपना नियम है, अपना विधान है। दिक्कत यह है कि इस आन्तरिक विधान में हस्तक्षेप दिन-प्रतिदिन बढ़ता चला जा रहा है। ये नाजुक मामला है। बढ़ते हुए सामाजिक दबाव के बीच तनी हुई रस्सी पर चलने वाली स्थिति है। एक ओर हमारा दायित्व है, समाज की समस्याएँ हैं, गरीब हैं, दलित हैं, स्त्रियाँ हैं। उनकी सम्पूर्ण व्यथा, करुणा, वेदना और उनका गुस्सा है। उसके बीच सांस्कृतिक कर्म की बहुत बड़ी जिम्मेदारी है।

अपनी पार्टी के सिलसिले में पार्टी अधिकारियों ने बर्टोल्ट ब्रेष्ट से कहा कि अब हमारे दफ़्तर में लोग नहीं आते हैं। इस पर उन्होंने कहा कि इसीलिए नहीं आते कि तुम्हारे पास सारे सवालों के जवाब हैं। इसलिए अब ऐसी सूची बनाओ, जिनके जवाब हमारे पास नहीं हैं, तब शायद कुछ लोग आना शुरू कर देंगे। इसलिए मसीहा लोग हैं—साधु-सन्त, महात्मा या ऐसे लोग होते हैं जिनके पास तमाम सवालों के जवाब होते हैं। सामाजिक के पास नहीं होते। आज ज़रूरत इस बात की है कि उन सवालों को देखें कि कहाँ कठिनाइयाँ हैं, कहाँ जूझना ज्यादा ज़रूरी है? क्योंकि साहित्य में हर पाँच साल के बाद चुनाव नहीं होता कि हर चुनाव के लिए एक नई रणनीति बना लें और तालमेल बैठा करके चुनाव जीत लें, आगे आने वाले अपना निपटते रहेंगे। हमारे सामने बहुत लम्बी लड़ाई है। तमाम हल ढूँढ़ने वाले बराबर मिलेंगे। किताबें जलाने वाले लोग मिलेंगे। पहली बार नहीं जलाई जा रही हैं। पहले भी जलाई गई हैं। रचनाकारों और कलाकारों की हत्याएँ भी की गई हैं। अभी बहस में हम लोग बड़ी आसानी से बगैर सोचे-विचारे फासिज़्म शब्द इस्तेमाल कर देते हैं। बड़ा आसान है किसी पर ठप्पा लगा देना कि फासिस्ट है।

अनजाने ही इस दौर में हर आदमी कहीं-न-कहीं अपने ही भीतर अंकुरित होते हुए उस फासिस्ट को नहीं देखता है। और ये दुनिया के पैमाने पर हो रहा है। मैं

कहूँ कि संस्कृति को खतरा या इस पर आक्रमण केवल अपने देश में ही नहीं हो रहा, बल्कि जो बहुत विकसित देश हैं, वहाँ भी उतना ही गहरा खतरा है। कई-कई शक्ल में आ रहा है। सबसे कठिन है पहचानना। और इसमें आधार बन रहा है मज़हब और धर्म। खुद अमेरिका के भीतर, इंग्लैण्ड के भीतर इसी शक्ल में है। जो यूरोप हिटलर, मुसोलिनी से लड़ चुका है, उस यूरोप के देशों में भी यह प्रवृत्ति किसी-न-किसी शक्ल में दिखाई पड़ रही है। क्रिश्चियनिटी में बहुत कट्टर खूंखार लोग पैदा हो रहे हैं। इंग्लैण्ड में मौजूद हैं। उसकी चपेट में अगर हमारा देश आता है जो बहुत बड़ा देश है तो खतरनाक है। इसको रोकने के लिए हमारे पास बहुत तत्व हैं। हमारी परम्परा में, हमारे स्वाधीनता संग्राम में और सबसे ज्यादा हमारे लोकजीवन में समरसता की जड़ें मजबूत और गहरी हैं। वह हमारी सबसे बड़ी ताकत है। उन चीज़ों को पहचान करके और फिर उसके लिए काम करके हम मुकाबला कर सकते हैं।

बड़ी दिलचस्प बात भारत से शुरू हुई थी, जब माननीय अर्जुनसिंह जी ने इसे मधुमक्खियों का छत्ता कहा था और यह भी कि इसे छेड़ना ही पड़ेगा। उस समय अगर वह मधुमक्खी का छत्ता था, तो उसमें मधु भी था, अब मक्खियाँ ही रह गई हैं, मधु गायब है। और मक्खियाँ भी मक्खियाँ होतीं तो शायद उनको आसानी से प्रयत्न करके भगा दिया जाता। बड़े तालाब के किनारे मच्छरों की तादाद बढ़ती जा रही है। इतनी बड़ी तादाद है कि उन मच्छरों का इन्तजाम करना तात्कालिक ज़रूरत है। इसलिए तात्कालिक तौर पर ऐसी चीज़ों को रोकने के लिए एक प्रोग्राम हमारे पास होना चाहिए। एक लम्बी लड़ाई है, उस लम्बी लड़ाई के लिए दूसरे तरह के कार्यक्रम होना चाहिए। कुछ फौरी कार्यक्रम होते हैं, जो तुरन्त किए जाने चाहिएँ। ज़मीनी तात्कालिक लड़ाई की फौरी तैयारियाँ करनी होंगी, बाकी समस्याएँ उसके साथ चलेंगी।

नए कलाकारों की, कवियों की, साहित्यकारों की इतनी नई फसल पैदा हुई है कि उनका सामना करना उनके वश में नहीं है। उनके पास तो साहित्यकार नहीं हैं, ऐसे साहित्यकार जिनका साहित्य में कोई नाम लेने वाला हो। कोई रंगकर्मी, कोई चित्रकार नहीं है। भोंड़े चित्रों की पूँजी है उनके पास। अपठनीय अशक्त कविताएँ हैं। कोई नाटक नहीं है। आज आप भारत भवन में भले न जाएँ, बुलाने पर न जाएँ लेकिन हमारे पास इसी मध्यप्रदेश में संस्कृति की एक बहुत समृद्ध दुनिया है। मैंने कहा कि उन मच्छरों के लिए और वहाँ की असांस्कृतिक कार्यवाही के लिए उनका ही अपना संसार हो सकता है जिसके मालिक वे खुद हों। उनके साथ बैठना भी साहित्यकार और संस्कृतिकर्मी अपनी ताकत बर्बाद करना समझते हैं।

(भोपाल 26/05/2007, 'अभिव्यक्ति की आजादी के सवाल पर संस्कृतिकर्मियों का परस्पर संवाद' में)

शिक्षा : विचारधारा बनाम वैज्ञानिक मिजाज

हमें उत्तर प्रदेश और मध्य प्रदेश की भूतपूर्व भाजपा सरकारों का कृतज्ञ होना चाहिए कि उन्होंने शिक्षा में विचारधारा के सवाल को सीधे ढंग से एजेंडा पर ला दिया। इसके पहले शिक्षा सम्बन्धी बहस आमतौर पर शिक्षा के स्तर या आधुनिकीकरण जैसे सवालों पर ही होती रही है। यहाँ तक कि शिक्षा मंत्रालय को जब मानव संसाधन विकास मंत्रालय में बदल दिया गया तो लगा कि अब किस प्रकार का समाज तंत्र हम बनाने जा रहे हैं, जिसमें शिक्षा तो होगी साधन और मनुष्य बन जाएगा संसाधन। बहरहाल, कांग्रेस की 'राष्ट्रवादी' 'सेकुलर' सरकार ने विचारधारा को शिक्षा के सन्दर्भ में बहस को मुद्दा नहीं बनने दिया। कहने की आवश्यकता नहीं कि सबसे चतुर सरकार और सबसे चालाक राजतंत्र वही है जो शिक्षा के क्षेत्र में विचारधारा को मुद्दा बनने ही न दे। इस लिहाज से अच्छा ही हुआ कि पाठ्य पुस्तकों के साम्प्रदायिकीकरण के बहाने शिक्षा में विचारधारा का सवाल बहस के एजेंडा पर आया।

इतिहास की पाठ्य पुस्तक हो या भाषा की—साम्प्रदायिक विचारधारा के प्रभाव को काटने का तरीका क्या है? बहुत से लोगों को लगता है कि यदि पाठ्य पुस्तकों में सही तथ्य और 'उचित पाठ' दे दिए जाएँ तो समस्या हल हो सकती है। लेकिन कोई भी विचारधारा पाठ्यक्रम के रूप में ही सक्रिय हो ऐसा नहीं है। विचारधारा तो पढ़ाने के तरीके में भी व्याप्त होती है। हम-आप अपने अनुभव से जानते हैं कि, बहुत अच्छी पुस्तक हो—एकदम 'हार्मलेस' और 'पाजिटिव'—उसे पढ़ाएगा तो शिक्षक ही। शिक्षक का अपना परिवेश है। संस्कार हैं। सो जाँचकर देख लीजिए कि 'राम की शक्ति पूजा' जनसंघी तरीके से पढ़ाई जा सकती है या नहीं। बहुत सेकुलर इतिहास लिखकर दे दीजिए और देख लीजिए कि उसे स्कूल में एकदम उलटे ढंग से पढ़ाया जा सकता है या नहीं!

समस्या यह है कि कुछ लोगों को जहाँ भी धर्म सम्बन्धी कोई बात पाठ्य पुस्तकों में नजर आती है, उन्हें लगता है कि यह तो सेकुलर राष्ट्रवाद के खिलाफ है, इससे तो साम्प्रदायिकता उत्पन्न हो जाएगी। जब हम लोग एन सी ई आर टी की पाठ्य

पुस्तकें तैयार कर रहे थे तो हमारे सामने समस्या थी कि पुस्तकों में प्रार्थना रहे या नहीं। पहले एक प्रार्थना स्कूलों में चलती थी जिसे रामनरेश त्रिपाठी ने लिखा था, ऐसा बताते हैं। त्रिपाठी जी सेकुलर थे, गाँधीवादी थे। वह प्रार्थना इस प्रकार थी :

'हे प्रभो आनंददाता ज्ञान हमको दीजिए
शीघ्र सारे दुर्गुणों को दूर हमसे कीजिए
लीजिए हमको शरण में हम सदाचारी बनें
ब्रह्मचारी, धर्मरक्षक और वीरव्रतधारी बनें।'

तो क्या, 'धर्मरक्षक' शब्द और 'आनंददाता प्रभो' से ज्ञान माँगने के कारण ऐसी प्रार्थनाएँ पाठ्य पुस्तकों से हटा दी जाएँ? उचित तो यह है कि प्रार्थना भी रहे, धर्म की बात भी रहे। लेकिन बुनियादी वस्तु है कि छात्रों में खुलापन, जिज्ञासा, 'आलोचना बुद्धि' विकसित हो। वैसे भी क्या छात्र इतने भोले होते हैं कि पाठ्य पुस्तक में रख देने भर से किसी बात को प्रमाण मान लें। पाठ्य पुस्तक में छप जाने भर से कोई बात वेद वाक्य नहीं हो जाती। ईमानदार अध्यापन का तात्पर्य ही यह है कि विवेक की कसौटी पर परखे बिना किसी उक्ति को प्रमाण न माना जाए।

'सेमिनार' का 400वाँ अंक 'शिक्षा की विचारधारा' पर केन्द्रित था। उसमें एक अत्यन्त महत्वपूर्ण लेख था, 'एकलव्य' के सी. एम. सुब्रह्मण्यम् और रश्मि पालीवाल का। उन्होंने पाठ्य पुस्तकें तैयार करने के 'एकलव्य' के अनुभव के आधार पर कुछ बहुत प्रासंगिक बातें कही थीं। उन्होंने बताया कि हमने अपनी पाठ्य पुस्तकों में साम्प्रदायिक विचारधारा को सेकुलर विचारधारा से काटने की कोशिश नहीं की। वजह यह कि जैसे ही आप साम्प्रदायिक इतिहास के खिलाफ सेकुलर इतिहास खड़ा करें, तो उसके अपने दस सवाल हैं। 'अकबर दि ग्रेट', 'गोल्डन एज' जैसे विशेषणों से पैदा होने वाला वीरपूजा का भाव आलोचनात्मक विवेक के मार्ग में बाधक ही होता है। सही तरीका एक किस्म की वीरपूजा के खिलाफ दूसरे किस्म की वीरपूजा उत्पन्न करना नहीं, बल्कि छात्र के मन में स्वयं व्यक्तियों, घटनाओं और तथ्यों का मूल्यांकन करने का साहस पैदा करना है। 'एकलव्य' की पुस्तकों ने यह काम करने का प्रयत्न किया है—साम्प्रदायिकता के विरुद्ध 'सेकुलर' विचारधारा को खड़ा करके नहीं, बल्कि छात्रों में प्रश्नाकुलता पैदा करने का प्रयत्न करके।

पाठ्य पुस्तकों में पाठ से कहीं ज्यादा महत्वपूर्ण होता है पाठ पर तैयार किया गया अभ्यास का प्रश्न। भाजपा की साम्प्रदायिक विचारधारा का प्रतिवाद करने के लिए 'धर्मनिरपेक्ष' इतिहास, पाठ्य पुस्तकों के जरिए छात्रों तक पहुँचाने से कहीं बेहतर है कि जिज्ञासा और प्रश्नाकुलता को बढ़ाने का प्रयत्न किया जाए। बहस विचारधारा पर नहीं, इस पर होनी चाहिए कि प्राथमिक कक्षाओं से ही छात्र को आलोचनात्मक सवाल पूछने की आदत कैसे पड़े। सवाल पूछने की यह आदत किसी

चालू विचारधारा के नाम से नहीं जताई जा सकती। जिसे 'साइंटिफिक टेम्पर' या वैज्ञानिक मिजाज कहते हैं, वही मिजाज इस आदत के मूल में है। किसी भी विचारधारा के घातक प्रभावों की गहरी काट ऐसे वैज्ञानिक मिजाज के जरिए ही की जा सकती है–विचारधारा के खिलाफ विचारधारा को अड़ाकर नहीं। इसलिए आज यह नारा होना चाहिए कि शिक्षा को विचारधारा से मुक्त रखो।

इस देश में ज्ञान को पवित्र माना गया है। न हि ज्ञान सदृशं पवित्रमिह विद्यते। ज्ञान की इस पवित्रता की रक्षा तभी हो सकती है जब शिक्षा की 'स्वायत्तता' को स्वीकार कराया जाए और उसे किसी भी राजकीय विचारधारा से मुक्त रखा जाए।

(हंस, अक्टूबर, 1993)

अपसंस्कृति के दौर में भारतीय संस्कृति

'संस्कृति' शब्द ऐसा खतरनाक है कि *गोयबल्स* का हाथ इसका नाम सुनते ही पिस्तौल पर चला जाता था। भारतीय संस्कृति का नाम सुनते ही कई तरह की प्रतिक्रियाएँ हो सकती हैं। गर्व का भी अनुभव हो सकता है। लेकिन आज माहौल कुछ ऐसा बन गया है कि भारतीय संस्कृति का नाम सुनते ही दहशत का माहौल भी पैदा होता है और बहुत से लोग अपने बाल-बच्चों, घर-गृहस्थी आदि-आदि को खतरे में महसूस करने लगते हैं।

अपसंस्कृति की चर्चा पत्र-पत्रिकाओं, अखबारों में रोज हो रही है। मैं हिन्दी पर तरस खाऊँ या अखबार वालों पर तरस खाऊँ। मैं पूछना चाहता हूँ कि यह 'अपसंस्कृति' क्या है जिसके दौर से हम गुजर रहे हैं! निश्चय ही इसमें यह भाव है कि शुद्ध या उच्च कोटि की एक संस्कृति है और उसके साथ कोई ऐसी अधम कोटि की संस्कृति आ गई है जिसे हम 'अपसंस्कृति' कहना पसन्द करते हैं। शब्द रागात्मक है। लगभग उन्नीसवीं शताब्दी का दौर रहा होगा जब संस्कृति अभिजन वर्ग की सुरुचि, जिसको मैथ्यू आर्नल्ड के शब्दों में कहें तो स्वीटनेस और लाइट, माधुर्य और प्रकाश का प्रतीक हुआ करती थी। कुछ ऐसा संयोग घटित हुआ कि ऐंथ्रपॉलजी (नृतत्वशास्त्र) ने संस्कृति के उस गरिमामय प्रभामंडल को छीनकर उन्नीसवीं सदी के उत्तरार्द्ध और बीसवीं सदी में स्थपित कर दिया कि संस्कृति हर जनसमूह की हो सकती है और जनसमूहों की संस्कृतियाँ बराबर हो सकती हैं। इसमें सवाल छोटे-बड़े का नहीं है। आदिवासियों की और नितान्त पिछड़े इलाके में रहने वाले लोगों की भी संस्कृति है। इसलिए संस्कृति कोई विकसित बुद्धिजीवियों की ही नहीं होती, बल्कि जिनको हम बहुत ही पिछड़ा हुआ समझते हैं, जो आज भी आदिम युग में रह रहे हैं, उनकी भी संस्कृति होती है। सिर्फ ये ही नहीं, संस्कृति हर जनसमुदाय की होती है और सबका दर्जा बराबर है। बल्कि संस्कृति रोजमर्रा की जिन्दगी का, जीने का पूरा का पूरा ढंग है। ये केवल ललित कलाओं और सांस्कृतिक कृतियों तक सीमित नहीं है। इस धारणा के चलते संस्कृति का प्रभामंडल छिन जाने के बाद यह केवल वृहत्तर जन समुदायों तक ही सीमित नहीं रही, बल्कि अब पॉलिटिकल कल्चर होती

है, बिजनेस कल्चर होती है, डेस्पॉटिक कल्चर भी हो सकती है, होमोसेक्सुअल कल्चर भी हो सकती है। 'कल्चर' का ऐसा पटरा कर दिया गया है कि आप इसके पहले कोई भी विशेषण लगा सकते हैं, अर्थात् भ्रष्टाचार की भी संस्कृति हो सकती है। इसलिए इतने बड़े पैमाने पर संस्कृति का अवमूल्यन या अर्थापकर्ष होने के बाद भी अभय कुमार दुबे अगर इस दौर में यह सोचते हैं कि हम अपसंस्कृति के दौर से गुजर रहे हैं तो दरअसल कहना यह चाहिए कि संस्कृतियों के कई स्तरों के दौर से गुजर रहे हैं। शब्द हिन्दी में नया-नया चला है। मुझे ये कहना चाहिए कि 'आया नहीं ये लफ्ज हिन्दी जबां के बीच'। यह शब्द हिन्दी जबां के बीच मुश्किल से दो दशकों से आया है। अँग्रेजी के अनुवाद से ही आया होगा। और अनुवाद से आने के बाद, जो हश्र होना चाहिए हर शब्द का, इसका भी हुआ है।

मुझे लगता है कि कम-से-कम आज के माहौल में देश में आर्थिक लड़ाई भी संस्कृति के क्षेत्र में ही लड़ी जा रही है। संस्कृति अब स्वीटनेस और लाइट यानी माधुर्य और प्रकाश की दुनिया नहीं रह गई है, बल्कि एक युद्ध का क्षेत्र है। युद्ध का यह क्षेत्र कभी-कभी लगता है कि धर्मक्षेत्र-कुरुक्षेत्र है जिसमें इसी देश के कौरव और पांडव लड़ रहे हैं। एक तरह से वह पानीपत भी है, जहाँ शायद ये चौथी लड़ाई लड़ी जा रही है, जहाँ तथाकथित नव उपनिवेशवादी, साम्राज्यवादी विदेशी आक्रमणकारियों और सांस्कृतिक आक्रान्ताओं के हमलों के विरुद्ध आर्थिक, राजनीतिक एवं सांस्कृतिक स्तर पर ये देश संघर्ष कर रहा है। इसलिए संस्कृति एक युद्धक्षेत्र हो गई है, और उस क्षेत्र में विचारणीय यह है कि जिसे हम अपसंस्कृति कह रहे हैं, वह क्या है; और उसके विरुद्ध हम जिस भारतीय संस्कृति को खड़ा करने की कोशिश कर रहे हैं वह क्या है? इन दोनों के बीच जो संघर्ष चल रहा है वह क्या है? 'अपसंस्कृति' जैसे गोलमोल भावात्मक रागात्मक शब्द का जहाँ तक मैं समझ सका हूँ उसका एक अर्थ सम्भवतः कहीं-न-कहीं हमारे मन में भूमंडलीकरण या उस बाजार की संस्कृति है, जिसे कभी-कभी 'कंज्यूमर कल्चर' भी कहते हैं। उस उपभोक्ता संस्कृति को ही शायद हम अपसंस्कृति का नाम देने की कोशिश कर रहे हैं। शब्द है तो अर्थ होगा ही। कहा जाता है हल्दी और अर्थ चाहे जहाँ लगाएँ लग जाएँ। इस अपसंस्कृति का उस उपभोक्ता संस्कृति या बाजार की संस्कृति से शायद अर्थ एक हो सकता है। और हम उसका खतरा महसूस कर रहे हैं।

किसी जमाने में इस संस्कृति की कड़ी आलोचना पश्चिम के समाजशास्त्रियों ने की थी। फ्रैंकफर्ट स्कूल के एडोर्नो, हॉर्खाइमर, मारकूज आदि लोगों ने 'कल्चर इंडस्ट्री' नाम से इस संस्कृति की कड़ी और गहरी आलोचना की थी, जिसका एक लम्बा इतिहास है। इसका हलका-सा आभास हमारे ही देश में, जब गाँधी जी ने 'हिन्द स्वराज' लिखा था, तब मिला था। यद्यपि उन्होंने 'संस्कृति' शब्द का प्रयोग नहीं किया

था, शायद तब तक यह शब्द ठीक-ठीक आया भी नहीं था। रवीन्द्रनाथ ठाकुर ने यह 'संस्कृति' शब्द निकाला था, उन दिनों बहुत दिनों तक सभ्यता और संस्कृति ये दोनों शब्द कभी-कभी एक-दूसरे की आलोचना के रूप में चला करते थे, सभ्यता को हम एक भौतिक उत्कर्ष की चीज मानते थे। ऐंग्लो-सैक्सन शब्द था सिविलिज़ेशन और कल्चर, जर्मन 'कुल्टुर' ज्यादा प्रचलित जर्मनी में था। एक लम्बा इतिहास है कि 'कल्चर इंडस्ट्री' के नाम पर 'उपभोक्ता संस्कृति' और 'मास कल्चर' की गहरी आलोचना की गई थी। हम लोग इन चीजों को दुहराने के बजाए इस पर विचार करें कि इस देश में सचमुच अपसंस्कृति का कितना असर पड़ा है। असर केवल शहरों तक है, या इसका प्रसार गाँवों तक है, हो रहा है, कितना हुआ है–समाजशास्त्रियों ने अध्ययन किया होगा। जब शहर आज जैसा शहर नहीं था तो उर्दू शायरी में गालिब ने कहा था कि

'वो शहर में है तो हमें क्या गम,
जब उठेंगे ले आएँगे बाजार से जाके दिलो-जां और'

तो शहर और बाजार का एक निश्चित अर्थ था कि जहाँ दिल और जान भी बिकता है और जरूरत पड़े तो अपने माशूक के लिए खरीद कर हम ले आ सकते हैं। इसलिए शहर के बारे में विचार का एक लम्बा इतिहास है। शहर और बाज़ार, इन दोनों चीज़ों के खिलाफ एक घोर प्रतिक्रिया संवदेनशील लोग बराबर व्यक्त करते रहे हैं। इसके लिए हमें फ्रैंकफर्ट स्कूल के लोगों से सबक लेने की कोई जरूरत नहीं है। हमारी परम्परा में गाँधी जी ने 'हिन्द स्वराज' में इस औद्योगिक सभ्यता की आलोचना की थी, उसका इतिहास भी हमारे सामने है।

सच्चाई यह है कि इस बीच इस दौर में केवल मात्रा सूचक परिवर्तन नहीं हुआ है। नई उदारीकरण की नीति के कारण बाजार किस हद तक असरदार हुआ है–यह विचारणीय है। पहले तो उसका दायरा सीमित था, अब आपके घर के अन्दर घुसकर ड्राइंगरूम, बेडरूम तक उस बाजार का प्रवेश होता हुआ दिखाई पड़ रहा है। वह संपूर्ण जीवन-पद्धति को प्रभावित कर रहा है। यह अपसंस्कृति इतनी गहराई तक हमारी रोजमर्रा की जिन्दगी में असर डाल रही है कि इसकी आलोचना सभी कर रहे हैं।

इस आलोचना से निकलने वाले निष्कर्ष अलग-अलग दिशाओं में जाते हैं। उसी बाजार की संस्कृति के विरोध का एक रूप परम्परा की शुद्धता की रक्षा करने में दीखता है। इसे किसी जमाने में कला और साहित्य की शुद्धता और उसकी स्वायत्तता के रक्षक कवियों-कलाकारों ने उन्नीसवीं सदी में यूरोप में भी अपनाया था। भारतीय संगीत–क्लासिकी नृत्य और क्लासिकी संगीत की शुद्धता और स्वायत्तता की रक्षा करने वाले लोग रहे हैं। साहित्य की, कविता की दुनिया में एक अच्छा-खासा समुदाय है। भले ही वे अल्पसंख्यक हों, वे रक्षा करते रहे हैं। सवाल यह है कि इस अपसंस्कृति

की आलोचना जिस तरह से स्वायत्तता और शुद्धता के रक्षक साहित्यकार और कलाकार कर रहे हैं, क्या आप उसे सही समझते हैं? क्या आप समझते हैं कि ये उससे लड़ सकेंगे और उनका लड़ना सही है?

शुद्धतावादी साहित्यकारों-कलाकारों की तरह ही 'भारतीय संस्कृति' के 'रक्षक' भी अपसंस्कृति के उतने ही गहरे आलोचक हैं। अपसंस्कृति की आलोचना भाजपा के लोग भी करते हैं, आरएसएस के लोग भी करते हैं। वे अपसंस्कृति के समर्थक नहीं हैं। जिस जगह से वे आलोचना करते हैं उसकी एक बेहतरीन मिसाल अभी सामने आई है एवं इस तरह की चीज लोकप्रियता भी प्राप्त करती है। वह है 'हम आपके हैं कौन' जैसी फिल्म। यह लोकप्रिय फिल्म के रूप में राष्ट्रीय पुरस्कार प्राप्त कर चुकी है। इसे हर तरह के लोगों ने देखा है। मुझे आश्चर्य (थोड़ा-सा, हलका-सा ही) हुआ कि जेएनयू में पढ़ने वाली प्रबुद्ध वामपन्थी विचारों वाली हमारी एक शिष्या ने पूरे विस्तार से लेख लिखकर उसकी जितनी तारीफ हो सकती थी, की। शायद इसलिए तारीफ की हो कि हिन्दी की छात्रा होने के कारण उसे अच्छा लगा कि उसमें तुलसीदास के 'रामचरित मानस' के उन मूल्यों की प्रतिष्ठा की गई है, जिन पर भारतीय समाज को गर्व है, जो शाश्वत मूल्य माने जाते हैं—परिवार के, घर के, घरेलू रिश्तों के। अब आप देखें कि इस अपसंस्कृति के दौर में एक यह भी रुझान है कि बहुराष्ट्रीय कम्पनियों और बाजार के द्वारा जो विकृत मूल्य आ रहे हैं, जिसको कभी-कभी लोग सेक्स और हत्या की संस्कृति भी कहते हैं, इसके विरुद्ध हम एक दूसरी प्रतिक्रिया कर सकते हैं कि इस दौर में भी हमारे कुछ पारिवारिक मूल्य हैं। भरत जैसा भाई जहाँ हो, राम जैसा पति हो, सीता ऐसी नारी हो, जो पुरुष के कहने पर, और सन्देह करने के बाद भी, अग्नि परीक्षा देने के लिए तैयार हो। ये पुराने पारिवारिक मूल्य हैं, जिन्हें हम अच्छी तरह जानते हैं, पुरुष प्रधान समाज के, पेट्रिआर्कल मूल्यों की खान हैं, उन मूल्यों की ओर इस रूप में ध्यान नहीं जाता है और विचित्र बात यह है कि हमें ये भारतीय संस्कृति के मूल मंत्र दिखलाई पड़ते हैं। उसी फिल्म में एक ओर सीधी-साधी लड़की चाहने वाले लोग हैं जो सादगी के जीवन को आदर्श जीवन मानते हैं। लेकिन उसी में बच्चा होने पर जो जश्न मनाया जाता है, सारे के सारे पटाखे उसी तरह छूटते हैं, लाखों रुपए पानी की तरह बहते हैं।

यानी पुराने पारिवारिक मूल्य और नई उपभोक्ता संस्कृति दोनों सहअस्तित्व में निवास करते हैं। दोनों में कोई विरोध दिखलाई नहीं पड़ता। इसलिए अपसंस्कृति की आलोचना की एक दूसरी जमीन ये भी है कि ये माना जाए कि पुराने भारतीय पारिवारिक मूल्य स्थिर और आजमाए हुए हैं। ये ही आज काम आ सकते हैं। कांग्रेस राजनीति में स्टेबिलिटि का नारा देती है कि ये पार्टियों के मोर्चे मिली-जुली सरकारें चलचलाव वाली हैं, स्टेबिलिटि तो कांग्रेस ही दे सकती है। एक ओर राजनीति में

स्टेबिलिटि का नारा देना और दूसरी ओर संस्कृति के क्षेत्र में और सांस्कृतिक मूल्यों में स्टेबिलिटि का नारा देना। घरेलू मूल्य ही, पुराने ही, स्टेबिल हैं, चिराचरित हैं, हजारों वर्षों से आजमाए हुए हैं। वे ही आज काम आ सकते हैं–यह गौरतलब है। मुझे फिराक गोरखपुरी की एक रुबाई याद आती है। इस तथाकथित उपभोक्ता संस्कृति के दौर में अतीत के मूल्यों से चिपकने के रूप पर फ़िराक ने कहा था–

दामन उनका माज़ी से अटका सौ बार
खाया हठधर्मियों पे झटका सौ बार
माज़ी के दोश पर गए थे चढ़ने
माज़ी ने उठा उठा के पटका सौ बार।

इसलिए इस दौर में जो लोग माज़ी के दोश पे चढ़ने चले हैं कि उसके कंधे मजबूत हैं, टिकाऊ हैं और उन कंधों पर चढ़कर खड़े रह सकेंगे–'माज़ी ने उठा-उठा के पटका सौ बार'। इसलिए अपसंस्कृति के विरुद्ध यह एक दूसरा मोर्चा है। क्या आप उस स्थिरता के कायल हैं? अपसंस्कृति की आलोचना करते हुए आप उसका सहारा लेना चाहते हैं। या कोई तीसरा रास्ता भी है जिस पर बुद्धिजीवी, लेखक और अन्य लोग जमाने की रफ्तार के साथ विश्लेषण करते हुए ज्यादा रियलिस्ट, प्रेग्मैटिक रूप में, लेकिन साथ ही उस यूटोपिया को ध्यान में रखते हुए जो गाँधी, नेहरू के सपनों के साथ जुड़ा हुआ है, भारतीय संस्कृति को लेकर चल सकते हैं?

बाजार की संस्कृति के साथ एक और चीज आई है। एक जमाने में हम लोग 'यूनिटी इन डाइवर्सिटी' की बात किया करते थे। आजादी की लड़ाई के दौरान भी कहते थे, मानते थे। हम इस देश को बहुभाषी, बहुधर्मी और बहुसंस्कृतियों का देश मानते थे और मानते हुए भी हम कहते थे कि फिर भी इनके बीच एक ऐसी भारतीय पहचान है, राष्ट्रीय पहचान है जिसका विकास करने की जरूरत है। हम इसका विकास करने की प्रतिज्ञा करते थे। इस बीच मैं देख रहा हूँ कि जोर (या बल) थोड़ा बदल गया है। उदारीकरण के दौर में अब नए बुद्धिजीवी यूनिटी की बात कम करते हैं। ऐन्थ्रपॉलजी की नई परिभाषा कहती है कि हर जनसमुदाय की संस्कृति होती है और सारी संस्कृतियाँ बराबर हैं। मल्टीनेशनल्स के साथ एक मल्टीकल्चरलिज्म भी आया है और इस देश में हम अब बहुलता पर ज्यादा बल देते हैं। पहले यूनिटी पर बल था और जिसका आइना हमारा संविधान है। उस संविधान को बदलने के साथ, स्टेट-सेंटर रिलेशनशिप के इस नये दौर में 'हम बहुसांस्कृतिक देश हैं' यह कहने का चलन बढ़ा है अर्थात् मल्टीकल्चरलिज्म पर ज्यादा जोर है। विचित्र बात है कि यह अमेरिका में भी कहा जा रहा है। लेकिन वहाँ के लोग भी अच्छी तरह जानते हैं कि अमेरिका में मल्टीकल्चरलिज्म एक मिथ है। यह प्रोग्राम हो सकता है, लेकिन वास्तविकता नहीं है। उस देश में बहुत से देशों से लोग गए हैं। खुद वहाँ के मूल

निवासी भी मौजूद हैं। लेकिन एक 'अमेरिकन वे ऑफ लाइफ' है, उसमें एक 'होमोजिनिटी' है, जिसको अमेरिका ने इम्पोज किया है। क्या उसके तहत 'मल्टीकल्चरलिज्म' जैसी चीज हो सकती है?

देश में बहुसंस्कृतियों पर जोर देना कि सारी संस्कृतियाँ समान हैं, कोई छोटी कोई बड़ी नहीं है, अपने आप में बहुत सहिष्णुता का, उदारता का पर्याय है। लेकिन विचित्र बात यह है कि जब से इसकी चर्चा चली है, सहिष्णुता घटी है, उदारता कम हुई है। इस बहुसंस्कृतिवाद के चलते हुए तनाव ज्यादा बढ़ा है। हम लोग लगभग भूलते ही जा रहे हैं कि भारत में बहुत दिनों तक साथ-साथ रहने के कारण, चाहे वो आर्य या द्रविड़ भाषाओं को बोलने वाले जनसमुदाय रहे हों, चाहे आदिवासी रहे हों, चाहे हिन्दू, मुसलमान, पारसी और ईसाई रहे हों—इनके मेल-जोल से एक ऐसा प्रयोग हुआ था जिसमें एक भारतीय संस्कृति का विकास हुआ था। मैं तो याद दिलाने के लिए कहूँगा कि संस्कृति केवल वेदों-पुराणों-स्मृतियों-धर्मग्रन्थों ने नहीं बनाई थी, बल्कि इसी देश में पन्द्रहवीं-सोलहवीं शताब्दी में, जिसे भक्ति आन्दोलन कहते हैं, उसने इसको बनाने में अपनी भूमिका निभाई थी। भक्तों ने साहित्य ही नहीं रचा था, नृत्य रचा था, वास्तुशास्त्र रचा था, मूर्तिशास्त्र की रचना की थी। कुल मिलाकर जब वे कहते थे कि 'कबहुंक हौ यह रहनि रहौंगो' तो 'रहनि' जो है वह 'वे आफ लाइफ' थी। एक ऐसा जीवन था, जहाँ कुल मिलाकर शायद पहली बार अभिजन और लोक की खाई कम हुई थी, मिटी थी और लोक संस्कृति के आधार पर, लोक परम्पराओं के आधार पर, एक संस्कृति विकसित हुई थी। ऐसा नहीं था कि तब शहर नहीं था, ऐसा नहीं था कि तब वाणिज्य नहीं होता था, बावजूद इसके उसके विरुद्ध एक संस्कृति विकसित हुई थी।

मैं ब्यौरे में न जाकर केवल जिक्र करना चाहूँगा कि इसलिए संस्कृति के इस दौर में जिसे अपसंस्कृति का दौर कहा जा रहा है, ये हमला जिस रूप में आया है इसे तय करना पड़ेगा। लगभग दुनिया का हर देश, इस भूमंडलीय एकीकरण का, ग्लोबलाइजेशन का हिस्सा बनने के लिए अभिशप्त है। इसका दबाव, जाहिर है, तथाकथित तीसरी दुनिया के देशों को सबसे ज्यादा भुगतना पड़ेगा, क्योंकि उपभोक्ता-माल पेप्सी या ऐसी चीजों के लिए, बड़ा बाजार जरूरी है। पश्चिमी देशों का बाजार उनके लिए काफी नहीं होगा। सम्भव है कि अपना 60-70 फीसदी से ज्यादा माल बेचने के लिए वे इसी को बाजार बनाएँगे। इसलिए सबसे ज्यादा उसका भार और बजन यहीं पड़ेगा। वे पारम्परिक देश, जो ट्रेडिशनल सोसाइटीज कहलाती हैं, उनकी संस्कृतियों पर भी सबसे ज्यादा और गहरा दबाव होगा। सम्भव है कि इसके अच्छे परिणाम बाद में दिखाई पड़ें, लेकिन बुरे परिणाम अभी से दिखने शुरू हो गए हैं। तनाव ज्यादा सांस्कृतिक स्तर पर होगा, जिससे हमारा राजनीतिक,

सामाजिक जीवन भी अछूता और अप्रभावित नहीं रह सकता है। मैं इसका अधिकारी नहीं हूँ, लेकिन तीसरा रास्ता कौन है ये हल ढूँढने के लिए सवाल छोड़े जा रहा हूँ कि इससे निजात नहीं है। तय करना है कि कम से कम पीड़ा के साथ, कम से कम विकृतियों के साथ, हम इस दौर में इस नए सांस्कृतिक हमले का मुकाबला कैसे कर सकेंगे। मैं इतना ही कहना चाहता हूँ कि यह संघर्ष केवल संस्कृतिकर्मियों का नहीं है, बल्कि यह संस्कृति समूचे जीवन को, अर्थतंत्र को और राजनीति को लपेटे हुए है। जब तक समूचा समाज एक नए प्रोग्राम के साथ एकजुट नहीं होगा, तब तक केवल बुद्धिजीवियों और कलाकारों का विरोध अभिजनवादी (इलीटिस्ट) होकर रह जाएगा। शायद वह अरण्यरोदन भी होगा और किसी सामूहिक कर्म की दिशा में हमें अग्रसर नहीं कर सकेगा।

('समय चेतना' के प्रवेशांक के लोकार्पण के अवसर पर दिया गया वक्तव्य। पहली बार समय चेतना, अगस्त 1995 में 'बहुसंस्कृतिवाद की समस्याएँ' शीर्षक से प्रकाशित।)

साम्प्रदायिकता और धर्मनिरपेक्षता से परे?

कुछ दिन पहले एक युवा लेखक स्वयं प्रकाश की कहानी पढ़ी थी : 'पार्टीशन'। कहानी कुर्बान भाई की है। सन् सैंतालीस के बँटवारे में जो दंगे हुए उसमें अपना सब कुछ खो देने के बाद भी वे पाकिस्तान न गए, इधर-उधर भटकने के बाद अन्त में एक कस्बे में 'थोड़ा-सा अपनापन, थोड़ी-सी सामाजिक सुरक्षा, थोड़ा-सा आत्मविश्वास और थोड़ी-सी सहजता उन्होंने अर्जित की। कुछ पढ़े-लिखे रोशन खयाल युवकों के सम्पर्क में आकर पुराने मजहबी दायरे से निकले ही थे कि हिन्दू समाज ने उन्हें उनकी औकात समझा दी और वे फिर उसी मजहबी दायरे में वापस जाने के लिए मजबूर हो गए। लतीफ भाई उनकी मदद के लिए आ पहुँचे और देखा गया कि टोपी पहनकर दोनों मस्जिद की तरफ चल दिए। इससे पहले कुर्बान भाई किसी से कह रहे थे—आप क्या खाक हिस्ट्री पढ़ाते हैं? कह रहे हैं पार्टीशन हुआ था, हुआ था नहीं, हो रहा है; जारी है।'

जिस तरह एक कुर्बान भाई मुसलमान होने पर मजबूर किए गए उसी तरह इस बीच कोई भगवान दास भी हिन्दू हुए ही होंगे, पर संयोग से ऐसी कोई कहानी पढ़ने को नहीं मिली। कहानी की कमी हकीकत ने अलबत पूरी कर दी, और समाचार-पत्रों में एक दिन अचानक यह पढ़ने को मिला कि सच्चिदानन्द वात्स्यायन अज्ञेय कोई दर्जन भर लेखकों के साथ 'जय जानकी जीवन यात्रा' पर निकल पड़े हैं और इस क्रम में वे अयोध्या से जनकपुर तक जाएँगे। ऐसी ही यात्रा 'कहाँ है द्वारिका' की जिज्ञासा के साथ द्वारिका धाम की भी सम्पन्न हुई। जो अज्ञेय को 'असाध्य वीणा' बजाते हुए सुन चुके हैं उन्हें 'आँगन के पार द्वार' के बाद अयोध्या के पथ पर अज्ञेय को देखकर आश्चर्य नहीं हुआ, किन्तु जिनके मन में अनीश्वरवादी 'शेखर' के जनक और 'रैडिकल ह्यूमनिस्ट' अज्ञेय की प्रतिमा सुरक्षित है वे इस नए रूप से चकित अवश्य हुए होंगे। रहस्यवादी अज्ञेय हिन्दू हुए हैं। हिन्दू होने में उन्हें काफी प्रयास करना पड़ा है और अब अपने आप को हिन्दू कहने में गर्व का अनुभव होता है। अब वे स्पष्ट शब्दों में कहते हैं कि भारतीय परम्परा में...धर्मनिरपेक्ष न सिर्फ हम हो नहीं सकते, हमें होना चाहिए भी नहीं, होने की कोशिश भी नहीं करनी

चाहिए। (नवभारत टाइम्स, 23 सितम्बर 1984)

एक समय था जब शेखर ने उद्धत स्वर में कहा था : "मैं ईश्वर को नहीं मानता; मैं प्रार्थना भी नहीं मानता" लेकिन तब शेखर बच्चा था और बात भी 1941 की है : स्वाधीनता प्राप्ति से पहले की। यह वह युग था जब हिन्दी के अधिकांश प्रमुख लेखक धर्मनिरपेक्षरता के लिए संघर्ष करना राष्ट्रीय कर्तव्य समझते थे। भारतेन्दु के साथ हिन्दी में नवजागरण की जो लहर फैली उसका मुख्य स्वर मध्य युगीन धार्मिक रूढ़ियों के विरुद्ध संघर्ष करते हुए साहित्य में मानववाद की प्रतिष्ठा था। महावीर प्रसाद द्विवेदी ने नास्तिकता का आरोप झेलते हुए भी 'सरस्वती' के माध्यम से उस ज्ञानकाण्ड का प्रसार किया जिसमें वैज्ञानिक दृष्टि और बुद्धिवाद पर विशेष बल था। रामचन्द्र शुक्ल ने 'विश्व प्रपंच' के नाम से अर्न्स्ट हैकेल की पुस्तक के अनुवाद के साथ अपनी लम्बी भूमिका के द्वारा इस वैज्ञानिक दृष्टि को पुष्ट किया। प्रेमचन्द 'गोदान' में मेहता के मुँह से साफ शब्दों में कहते हैं—"जो यह ईश्वर और मोक्ष का चक्कर है इस पर तो मुझे हँसी आती है। यह मोक्ष और उपासना अहंकार की पराकाष्ठा है, जो हमारी मानवता को नष्ट किए डालती है। जहाँ जीवन है, क्रीड़ा है चहक है, प्रेम है, वहीं ईश्वर है और जीवन को सुखी बनाना ही मोक्ष है और उपासना है।" हजारीप्रसाद द्विवेदी ने 'कबीर' के माध्यम से अपना पक्ष स्पष्ट करते हुए कहा कि "आजकल सर्व धर्म समन्वय से जिस प्रकार का भाव लिया जाता है वह कबीर में एकदम नहीं था, सभी धर्मों के बाह्याचारों और अन्तर संस्कारों में कुछ न कुछ विशेष देखना और सब आचारों, संस्कारों के प्रति सम्मान की दृष्टि उत्पन्न करना ही यह भाव है। कबीर इनके कठोर विरोधी थे। उन्हें अर्थहीन आचार पसन्द नहीं थे, चाहे वे बड़े-से-बड़े आचार्य या पैगम्बर के ही प्रवर्तित हों या उच्च-से-उच्च समझी जाने वाली धर्म पुस्तक से उपदिष्ट हों। बाह्याचार की निरर्थक पूजा और संस्कारों की विचारहीन गुलामी कबीर को पसन्द नहीं थी।"

स्वाधीन भारत ने जब धर्मनिरपेक्षता को संवैधानिक स्तर पर राष्ट्रीय लक्ष्य के रूप में स्वीकार किया तो उसके मूल में भारतीय नवजागरण और राष्ट्रीय जागरण की वही चेतना प्रेरक शक्ति थी जिसकी अभिव्यक्ति हमारे साहित्य में हुई थी। स्वाधीन भारत के साहित्य में धर्मनिरपेक्षता की उस भावना का विकास रुद्ध तो नहीं हुआ, किन्तु कुछ आधुनिकतावादी लेखकों के द्वारा अवरोध उपस्थित करने का प्रयास अवश्य हुआ। अज्ञेय के परवर्ती साहित्य में व्यक्त होने वाला धार्मिक रुझान उसी प्रयास का एक अंग है। आरम्भ में आधुनिकतावाद ने प्रश्नमूलक बौद्धिक और वैज्ञानिक दृष्टि का आभास दिया और ऐसा प्रतीत हुआ कि उसमें आस्था से अधिक अनास्था पर जोर है। किन्तु जिस त्वरा से आधुनिकतावादी लेखक आस्था की खोज में किसी धार्मिक विश्वास की शरण लेने के लिए अग्रसर हुए उससे आधुनिकतावाद

सम्बन्धी आरम्भिक भ्रम दूर हो गया। धर्मवीर भारती का 'अंधायुग' इस धार्मिक आस्था की दिशा में पहला प्रयास था। इस काव्यनाटक में कृष्ण के नाम पर ईसाइयत के 'प्रभु' की अवतारणा ने इस धार्मिक आस्था के उस पश्चिमी स्रोत का उद्घाटन कर दिया जिसे शुद्ध भारतीयता के आवरण में छिपाने की कोशिश की जा रही थी।

यों तो साम्राज्यवाद शुरू से ही अन्य पिछड़े देशों के साथ भारत में भी धार्मिक पुनरुत्थानवाद को संगठित करके अपना शोषण चक्र जारी रखने के लिए प्रयत्नशील था, किन्तु दूसरे महायुद्ध के बाद इस धार्मिक पुनरुत्थान का संगठन और भी अधिक आवश्यक हो गया, क्योंकि यह कम्युनिज्म-विरोध का सबसे प्रभावशाली अस्त्र था और इसके द्वारा नव स्वाधीन देशों में सोवियत संघ के प्रभाव तथा आर्थिक विकास को रोकने में मदद मिलती थी। यह धार्मिक पुनरुत्थानवाद एक ओर राजनीति में प्रतिक्रियावादी राजनीतिक संगठनों के रूप में प्रकट हुआ तो दूसरी ओर साहित्य में इसकी अभिव्यक्ति एक विशेष प्रकार के औपनिवेशिक आधुनिकतावाद के रूप में हुई। यह आकस्मिक नहीं है कि हिन्दी के जो आधुनिकतावादी लेखक धार्मिक आस्था अथवा धार्मिक संवेदना पर जोर देते हैं वे उसी सांस में कम्युनिज्म और सोवियत संघ का भी विरोध करते हैं।

हिन्दी के आधुनिकतावादी लेखकों की धार्मिक आस्था में 'आधुनिकता' इतनी ही थी कि वह फ्रांसीसी अस्तित्ववाद तथा जापानी 'जेन' बौद्धमत से प्रेरित थी। वैसे इन दोनों विचारधाराओं में निहित धर्म काफी पुराना था, किन्तु औद्योगिक दृष्टि से विकसित देशों में प्रचलित होने के कारण वह 'आधुनिकता' का आतंक उत्पन्न करने में समर्थ था।

कालक्रम में जैसे-जैसे एशिया, अफ्रीका और लैटिन अमरीका के देश स्वाधीन होते गए और वियतनाम युद्ध में अमरीकी मुलम्मा उतर गया, शीतयुद्ध का जोर कम हुआ, अस्तित्ववाद और जेन बौद्धमत का उपयोग समाप्त हो गया और उनके स्थान पर पश्चिम के अपराधबोध से ग्रस्त चित्त में 'तृतीय विश्ववाद' (थर्ड वर्ल्डिज्म) की विचारधारा उत्पन्न हुई। यह 'तृतीय विश्ववाद' एक प्रकार से उन्नीसवीं सदी के 'प्राच्यवाद' (ओरिएंटलिज्म) का ही नया संस्करण है। पश्चिम के औद्योगिक दृष्टि से विकसित देशों के संवेदनशील लेखकों के लिए तथाकथित 'तीसरी दुनिया' के देश मुक्तिदूत प्रतीत हुए। तीसरी दुनिया की वन्य प्रकृति, आदिम संस्कृति, धार्मिकता, सामुदायिक जीवन पद्धति, स्वतः स्फूर्तता और तनावहीनता को विकसित देशों के संकट से ग्रस्त लेखकों ने रामबाण समझा। उनके लिए यह एक प्रकार से 'प्रति-संस्कृति' (काउंटर कल्चर) है जो औद्योगिक संस्कृति के विरुद्ध विद्रोह के साथ ही एक विकल्प भी प्रस्तुत करती है। वैसे इस 'तृतीय विश्ववाद' की सृष्टि पश्चिम ने अपनी आवश्यकता के लिए की, किन्तु केवल उपयोग-मूल्य ही न था, बल्कि पश्चिम

को इसके 'विनिमय मूल्य' का भी एहसास हुआ। फलतः यह विचारधारा शीघ्र ही पिछड़े देशों को निर्यात की गई और कहने की आवश्यकता नहीं कि भारत इस 'तृतीय विश्ववाद' की विचारधारा को आयात करने में पीछे न रहा।

आपातकाल और उसके बाद भारत में इस विचारधारा के सबसे प्रबल प्रचारक निर्मल वर्मा हैं। 1968 में प्राग-प्रवास के दौरान सोवियत कम्युनिज्म से मोह भंग होने के बाद से ही निर्मल जी को एक स्थानापन्न आस्था की तलाश थी। संयोग से इसी बीच सोल्जेनित्सिन को सोवियत संघ से निकाल दिया गया। सोल्जेनित्सिन ने सोवियत संघ में विकसित समाजवाद की कटु आलोचना के साथ एक विशेष प्रकार के पूर्व स्लाव गौरव युक्त धार्मिकता का उद्घोष किया। आपातकाल ने निर्मल जी को जैसे सोल्जेनित्सिन के साथ तादात्म्य का अवसर प्रदान कर दिया और वे हिन्दी में सोल्जेनित्सिन के नैतिक जेहाद की भूमिका में उतर पड़े। अज्ञेय ने अयोध्या, जनकपुर, द्वारिका की यात्रा की, तो निर्मल जी अमृत घट की खोज में प्रयाग के कुम्भ मेला में गए और लौटकर 'सुलगती टहनी' शीर्षक यात्रा वृत्तान्त लिखा। इस धार्मिक यात्रा के बाद से 'कान्हा-किसली' अभयारण्य में शेर देखने गए। फिर सिंगरौली जैसे पिछड़े इलाके में औद्योगिक निर्माण से उत्पन्न होने वाले 'सांस्कृतिक विस्थापन' की विभीषिका देखने गए और इन स्थानों की प्रत्यक्षानुभूति से जो ज्ञानोदय हुआ उसका मार्मिक विवरण प्रस्तुत किया। निर्मल जी की ये यात्राएँ अज्ञेय की यात्राओं से अनेक बातों में विशिष्ट हैं। किन्तु सबसे बड़ी विशेषता यह है कि उन्होंने ये यात्राएँ अकेले कीं क्योंकि जीसस ने अपना सलीब अकेले ढोया था। कुल मिलाकर उन्होंने यही आभास दिया कि उन्हें जिस 'धार्मिक बोध' की उपलब्धि हुई है वह उनके अपने प्रत्यक्ष अनुभव का परिणाम है, पर उनके निष्कर्षों को देखें तो अधिकांश वही हैं जो रूसी लेखक सोल्जेनेत्सिन के हैं। इसे रहस्यवाद का चमत्कार ही कहना चाहिए कि उसका अनुभव होता तो हर एक को अलग-अलग है, किन्तु उसका स्वरूप एक सा ही होता है।

आकस्मिक नहीं कि गाँधी शान्ति प्रतिष्ठान के अहिंसा विद्यालय द्वारा आयोजित व्याख्यान माला में निर्मल जी ने वही बात कही जो उनसे पहले अज्ञेय ने कही अर्थात् 'सेक्युलरिज्म' या धर्मनिरपेक्षता अर्थहीन है। वैसे उन्होंने इसके साथ धर्मावलंबन का भी विरोध किया किन्तु अन्ततः इन दोनों के ऊपर एक विशेष प्रकार के 'धार्मिक बोध' की हिमायत की। किन्तु यह धार्मिक बोध कोई अमूर्त और अनाम धर्म नहीं, बल्कि मूलतः हिन्दू धर्म ही है। इसका स्पष्टीकरण उनके एक अन्य लेख में हो जाता है जिसका शीर्षक है 'क्यों भारतीय संस्कृति को जीवित रखना जरूरी है?' इस लेख में उनकी मान्यता है कि ईसाई, इस्लाम और सिख धर्म जहाँ अपने आदर्श से स्खलित होने पर प्रतिष्ठानगत संकीर्णता अर्थात् साम्प्रदायिकता के शिकार हो जाते हैं वहाँ

हिन्दू धर्म के साम्प्रदायिक होने की आशंका नहीं है क्योंकि वहाँ कोई प्रतिष्ठान नहीं है। निष्कर्ष यह कि अन्तिम शरण हिन्दू धर्म।

इस प्रकार स्वातंत्र्योत्तर भारत में आधुनिकतावादी लेखकों ने धार्मिकताबोध के द्वारा 'सेकुलरिज्म' का विरोध करके वस्तुतः अपने हिन्दूपन का आग्रह ही व्यक्त किया है जो आपाततः सम्प्रदायिक न होते हुए भी हमारी राष्ट्रीय एकता की नींव को खोखला करता है और एक तरह से अमरीकी साम्राज्यवादी षड्यंत्र में हिस्सेदार है।

(हंस, सितम्बर, 1986)

हिन्दी प्रदेश का संकट : वैश्विक परिप्रेक्ष्य

आज का संकट ग्लोबल है, नेशनल है। हिन्दी प्रदेश से बात शुरू करने पर हम वहीं अटके रह जाएँगे या गलत जगह पर पहुँचेंगे। गुजरात बाबरी मस्जिद से शुरू हुआ है। गुजरात हिन्दी प्रदेश से अलग नहीं है। ऐसे में हम कैसे केवल हिन्दी प्रदेश पर बात कर सकते हैं। पिछले एक दशक से हिन्दी प्रदेश की सारी समस्याएँ पूरे भारत से जुड़ी हुई हैं। पहले हिन्दी समाज पूरे देश की बात करता था। गाँधी ने इसीलिए यहाँ से अपना कार्य आरम्भ किया, गुजरात से नहीं। हिन्दी समाज का सोच कभी क्षेत्रीय नहीं था। मार्क्स ने कभी समाजवाद की बात एक देश में नहीं की थी। क्या मार्क्स केवल जर्मनी के लिए लड़ रहा था? हम अपने गौरव को याद करके 'गौरव-यात्रा' करेंगे, हम मुद्दे को गलत दिशा से पकड़ रहे हैं। पूँजीवाद ग्लोबल है तो समाजवाद भी ग्लोबल होगा।

राष्ट्रीय और क्षेत्रीय संकट भी नई विश्व-व्यवस्था की उपज है। इस नई व्यवस्था में विश्व बैंक, अन्तरराष्ट्रीय मुद्रा कोष, विश्व व्यापापर संगठन और अमेरिका का वर्चस्व है। इस समय साम्राज्यवाद ग्लोबल है। 11 सितम्बर की घटना ने अमेरिका को चुनौती दी। अमेरिका अजेय नहीं है। इस घटना ने एक ध्रुवीय विश्व पर प्रश्न खड़ा किया। उसने बताया कि तुम वेध्य हो, तुम्हें चुनौती दी जा सकती है। जो डरा हुआ है, वही सबको डराने की कोशिश करता है। 'कामायनी' के 'इड़ा' सर्ग में प्रसाद ने लिखा है "भयभीत सभी को भय देता, भय की उपासना में विलीन।" अमेरिका सबको डराने की कोशिश कर रहा है, पर हम भयभीत नहीं हैं। अमेरिका को इस्लामिक देशों से खतरा है। इस्लामिक देश लगभग ग्लोबल हैं। तारिक अली की पुस्तक है 'क्लैश ऑफ फंडामेंटालिज्म'। इस्लामिक देशों को देखें तो इस्लाम के अर्द्धचन्द का एक 'ऑर्क' बनता है। 'सभ्यताओं के संघर्ष' की अवधारणा में इस्लाम का खतरा सबसे बड़ा है। 11 सितम्बर के बाद अमेरिकी वर्चस्व की दहशत पैदा हुई थी। अमेरिका सूचना-क्रान्ति का केन्द्र है और सैनिक-हथियार का मालिक है। वह अपना वर्चस्व कायम करेगा। वह दुनिया में ऐसी तमाम ताकतों को बढ़ावा दे रहा है जो उसके वर्चस्व को सुरक्षित रख सकें। नस्ल के आधार पर, धर्म के आधार पर

वह राष्ट्रों को विभाजित करता है। वह लोकतंत्र की कसम खा कर लोकतंत्र को नष्ट करता है।

पिछले दस वर्षों में हमारे यहाँ हिन्दुत्ववादी शक्तियाँ प्रबल हुई हैं। इसके आन्तरिक कारण भी हैं पर अमेरिका प्रमुख कारण है। पहले हमने भारत-रूस सन्धि की थी। अब हम रूस को पूछते नहीं। अब हम अमेरिका की मदद ले रहे हैं। कश्मीर के लिए बार-बार उसके पास जाते हैं। विश्व के परिदृश्य में राष्ट्र को और राष्ट्र के परिदृश्य में शूद्र, दलित, नारी और ब्राह्मण को रख कर विचार किया जाना चाहिए।

विश्व-स्तर, राष्ट्र-स्तर या प्रदेश स्तर पर आज जो संकट है, उसका उत्तर एक व्यापक जन-मोर्चा होगा, कोई पार्टी नहीं। महात्मा गाँधी ने 'कांग्रेस' नाम ले लिया। 'कांग्रेस' एक फ्रंट था, जिसमें कम्युनिस्ट और समाजवादी यहाँ तक कि हिन्दू महासभा वाले भी थे। तब देश की स्वाधीनता का मुद्दा मुख्य था। गाँधी के मोर्चे 'कांग्रेस' में मजदूर संगठन, किसान संस्थाएँ सभी थीं। इसीलिए आजादी के बाद गाँधी ने 'कांग्रेस मोर्चा' को खत्म करने की बात कही थी। तब व्यापक जनमोर्चा द्वारा ही आजादी प्राप्त की जा सकती थी। फासिज़्म और भूमंडलीकरण के खिलाफ भी एक पार्टी नहीं लड़ सकती। एक व्यापक जनमोर्चा ही इसके खिलाफ लड़ सकता है। प्रकृति से पूँजीवाद और फासीवाद ग्लोबल है। इसका विरोध भी ग्लोबल होगा, जिसमें हमारे साथ नोम चोम्स्की भी खड़े हो सकते हैं। फासिज़्म का संकट आज राष्ट्रीय संकट है। आज मोर्चे की कहीं अधिक जरूरत है। देखना यह है कि यह मोर्चा हिन्दी प्रदेश में बन सकता है या नहीं? मुलायम सिंह और कांग्रेस आपस में नहीं मिले। भाजपा और मायावती मिल गईं। फासिज़्म ने मोर्चा बना लिया। हम एक वैकल्पिक मोर्चा कैसे बना सकते हैं? अभी के टुकड़ों को जोड़ कर वैकल्पिक मोर्चा नहीं बनाया जा सकता। मुख्य मुद्दा हिन्दू फासीवाद है। इस मुद्दे पर कितने लोग एक साथ हैं? सांस्कृतिक राष्ट्रवाद के विरुद्ध एक बड़ा जन सांस्कृतिक मोर्चा जरूरी है। पेशेवर (प्रोफेशनल्स) हवा बनने पर शामिल होते हैं। छोटे व्यापारी भी इस मोर्चे में शामिल होंगे। हमारे राजनेताओं के सामने विश्व और राष्ट्र का परिप्रेक्ष्य नहीं है। उनका संकुचित स्वार्थ है। मुलायम सिंह उत्तर प्रदेश में और लालू प्रसाद यादव बिहार में बने रहना चाहते हैं। दिल्ली में किसी का राज रहे और वे अपने प्रदेशों में बने रहें, ऐसा लम्बे समय तक नहीं हो सकता। मायावती को यह समझ है। हमने आज जैसा नासमझ, बेपढ़ा-लिखा 'लेफ्ट' नहीं देखा था। 'भूमंडलीकरण' पर इसका कोई बड़ा 'डॉक्यूमेन्ट' नहीं है। हिन्दी प्रदेश के विकास के लिए, इस देश के लिए कोई राजनीतिक दल चिन्तित नहीं है। मुक्तिबोध ने 'एक साहित्यिक की डायरी' में लिखा था कि किसी राजनीतिक दल के पास समाज-सुधार का कोई कार्यक्रम नहीं है। घर के बाहर कम्युनिस्ट हैं, घर के भीतर

दूसरे हैं। शादी-ब्याह पुराने ढंग से ही करेंगे। हमने परिवार नहीं बदला। बाहर दूसरी नई बातें हुईं और घर में पुरानी प्रणाली चली।

19वीं सदी का नवजागरण अधूरा रह गया। राजनीतिक प्रश्न और राजनीतिक स्वाधीनता मुख्य हो गई और सामाजिक स्वाधीनता का प्रश्न गौण हो गया। परिवार और समाज को बदलने का कार्यक्रम पूरा नहीं हुआ। समाज-सुधार के लिए बड़े स्तर पर जब तक लड़ाई नहीं लड़ेंगे, कुछ भी नहीं बदलेगा। आज सामाजिक-सांस्कृतिक सुधार की आवश्यकता है। 1949 की 'न्यू डेमोक्रेसी' के 25 वर्ष बाद माओ को चीन में सांस्कृतिक क्रान्ति की बात करनी पड़ी थी। यह दूसरी बात है कि वह 'एक्सट्रीम' पर चली गई। लेनिन भाषा, संस्कृति और नस्ल के स्थायित्व के बारे में जानते थे। गाँधी जी जिसे 'रचनात्मक कार्यक्रम' कहते थे, (औरतों के हाथों में चरखा पकड़ाना आदि) उसका 'सुधार' और 'विकास' से सम्बन्ध था। बंगाल में सुधारवादी आन्दोलन चला था, वहाँ इसीलिए आज स्थिति भिन्न है। कम्युनिस्ट सीधे 'वर्ग-संघर्ष' करते रहे। बिहार में जाति-पाँति पर कम्युनिस्ट पार्टी टूट गई। लोहिया के वर्ग-वर्ण के प्रश्न पर कम्युनिस्ट टूट गए। बिहार में भूमि-सुधार के बारे में किसी ने नहीं सोचा। महाराष्ट्र में मराठों ने यह कार्य किया। बिहार, उत्तर प्रदेश और अंशतः मध्य प्रदेश में भूमि सुधार का प्रश्न प्रमुख है। राजस्थान और मध्य प्रदेश में रियासतें थीं। बिहार और यूपी में जमींदार और तालुकेदार थे।

कांग्रेस का पतन हिन्दी प्रदेश की सबसे बड़ी गड़बड़ी है। उसने हिन्दी प्रदेश का औद्योगिक विकास नहीं किया। हिन्दी प्रदेश कृषि-प्रधान क्षेत्र बना रह गया। पहले कानपुर सबसे बड़ा औद्योगिक नगर था। कांग्रेस के पैटर्न पर सभी दल चले। चरण सिंह चाहते तो गन्ना का कोऑपरेटिव बना सकते थे। महाराष्ट्र कोऑपरेटिव सोसाइटी के कारण ही आगे बढ़ा। पश्चिमी उत्तर प्रदेश में गन्ना उद्योग है। इस उद्योग को विकसित नहीं होने दिया गया। छोटी मिलें बंद हो गईं। हिन्दी प्रदेश का आधुनिकीकरण नहीं हुआ। बिहार-यूपी में कम्प्यूटर का नाम सुनाई नहीं पड़ता। केरल में साक्षरता सर्वाधिक है। केरल के विकास का बड़ा कारण साक्षरता है। हमारे यहाँ साक्षरता नहीं बढ़ी। औरतों की शिक्षा, सार्वजनिक कार्यों में महिलाओं की भागीदारी हिन्दी प्रदेश में कम है। हमारे यहाँ सामाजिक आन्दोलन को नहीं बढ़ाया गया। दलित जातियों का दमन कम नहीं हुआ। हिन्दी प्रदेश में सम्प्रदायवाद, जातिवाद तथा स्त्रियों का पिछड़ापन है। मुस्लिम लीग का गढ़ बिहार और यूपी था। अलीगढ़ इसका केन्द्र था। दयानन्द सरस्वती का 19वीं सदी का आन्दोलन पंजाब में कामयाब हुआ, बिहार में नहीं। उनका कोई प्रभाव बिहार और यूपी में नहीं पड़ा। हिन्दी प्रदेश की ये सभी बुनियादी समस्याएँ हैं। हिन्दी प्रदेश के नेता लोहिया और जयप्रकाश नारायण हुए, कम्युनिस्ट नहीं हुए। मूल चीज़ परिवर्तन है। इसकी दो प्रक्रियाएँ हैं—'सुधार' और

'क्रान्ति'। रोजा लुक्ज़मबर्ग ने कहा था सुधार क्रान्ति का विरोधी नहीं है। कीन्स के सिद्धान्त के बाद 'कल्याणकारी राज्य' के कारण पूँजीवाद सुधर गया। पूँजीवाद अपने अन्तर्विरोधों को दूर करते हुए आगे बढ़ता गया। क्रान्ति-मोह में कम्युनिस्टों ने सुधार को महत्व नहीं दिया। सुधार भी जरूरी है। इन्होंने 'पोल जंप' को प्रमुखता दी—छलाँग लगाएँगे, चलेंगे नहीं।

साहित्य गाँवों-कस्बों की ओर लौट रहा है। अब यह नगर-केन्द्रित नहीं रहा है। सब समझने लगे हैं कि हमारी जड़ें वहीं हैं। पहले भी साहित्य में मजदूर कम थे। अब भी हैं। ट्रेड यूनियनें खत्म हो गई हैं। यह एक बड़ा कारण है। भाजपा का भी अपना मजदूर संगठन है। दत्ता सामन्त के बाद महाराष्ट्र में मजदूर संगठन खत्म हो गया। आज सारी दुनिया में मजदूर आन्दोलन नहीं है। आज बदली हुई स्थिति में सफ़ेदपोश मजदूर आ गए हैं। एक तरह से वह मध्य वर्ग है। दैनिक मजदूर आज गाँव के किसान से बेहतर स्थिति में है। उसके पास मोबाइल भी है। झुग्गी-झोपड़ियों में दिहाड़ी पर काम करने वाले मजदूरों को देखिए और खेत वाले किसानों को देखिए। मजदूरों को लेकर सााहित्य नहीं लिखा जा रहा है, तो बड़ी बात नहीं है।

मैं यह नहीं मानता कि हिन्दी में आज बौद्धिक नहीं है। साहित्यिक बौद्धिकों की संख्या अधिक है। साहित्य के बाहर भी बौद्धिक हैं। सच्चिदानन्द सिन्हा, किशन पटनायक, श्यामाचरण दुबे, पी. सी. जोशी आदि बौद्धिक साहित्य से बाहर के हैं। ये परिवर्तनकामी लोग हैं। स्वाधीन भारत में धर्मनिरपेक्ष प्रजातंत्र जो कायम हुआ तो वामपंथ में संसदीय रास्ते से परिवर्तन और बाहर से परिवर्तन की बातें होती रहीं। नेहरू के समय तक अविभाजित कम्युनिस्ट पार्टी में दोनों रास्ते बने रहे। वामपंथ ने लोकतंत्र के ढाँचे में रहते हुए भी लोकतंत्र के बाहर की 'सिविल सोसायटी' और गैर राजनीतिक संस्थाओं पर ध्यान नहीं दिया। आज 'मेम्बरशिप' की कमी हो गई है। आज वहाँ कोई प्रोग्राम नहीं है। चुनाव ही उनका प्रमुख सोच बन गया।

छोटे-छोटे संघर्षों और कार्यक्रमों की आज अधिक जरूरत है। प्रत्येक दिन कुछ-न-कुछ करते रहिए। चुनाव के अलावा भी अनेक कार्यक्रम हैं। सामाजिक कार्यक्रमों में भी दखल देना अनिवार्य है।

(बातचीत एवं प्रस्तुति : रविभूषण, प्रभात खबर, दीपावली अंक 2002 में 'फासिज़्म का संकट आज राष्ट्रीय संकट है' शीर्षक से पहली बार प्रकाशित)

एक नाटक का अन्त

सभी की नज़रें 'मुस्लिम पर्सनल लॉ बोर्ड' की मीटिंग पर लगी हुई हैं। शंकराचार्य के मसौदे पर बोर्ड क्या फैसला लेता है, इसका बेसब्री से इन्तजार है। कयास है कि रामजन्मभूमि मन्दिर के निर्माण पर बोर्ड राजी हो जाएगा। दरअसल यह सब एक नाटक अथवा फिल्म है जिसकी पटकथा पहले से लिखी जा चुकी है—'सस्पेंस' उसका एक्र हिस्सा है। परदा उठते ही मंच पर पिस्तौल दिखाई दे तो समझ लीजिए कि परदा गिरते-गिरते वह छूट चुकी होगी। यह भी एक तजुर्बेकार नाटककार का ही कहा हुआ है। इस नाटक में पिस्तौल वह राम मन्दिर ही है। बाकी सब तो इस-उस का 'डायलॉग' है क्योंकि 'डायलॉग' नहीं तो फिर नाटक क्या?

इस नाटक का आलेख बड़ी होशियारी से तैयार किया गया है। नाटक के नायक को अभी तक परदे के पीछे रखा गया है और उसके साथ ही नाटक के मुख्य उद्देश्य को भी। सबसे सक्रिय है शंकराचार्य जयेन्द्र सरस्वती और चर्चा के केन्द्र में है मन्दिर। फिर अचानक भारतीय जनता पार्टी के अध्यक्ष वेंकैया नायडू क्यों बोल पड़ते हैं कि लोकसभा के आगामी चुनाव के बाद वे रिटायर हो जाएँगे? लोकसभा का यह चुनाव किसके नेतृत्व में लड़ा जाएगा, इसे बहस का मुद्दा बनाने का श्रेय भी नाटक के इसी चरित्र को है, यह और बात है कि कुछ लोगों की नज़र में वह भूमिका एक विदूषक की है।

कौन बनेगा प्रधानमंत्री? यह सवाल मुख्य है और जवाब साफ है : जो अयोध्या नें राम मन्दिर बनवाएगा, भले ही वह लखनऊ से चुनाव लड़े या गांधीनगर से।

अगर यह बात सीधे-सीधे नहीं कही जा रही है तो इसलिए कि नाटक एकदम सपाट और बेजान हो जाएगा। इसलिए उसे रोचक बनाने के लिए थोड़ा तनाव, थोड़ा संघर्ष, थोड़ा विरोध, थोड़ा सद्भाव और स्नेह और अन्त में शान्त रस का मसाला डालना जरूरी है। गौर करें तो यहाँ साम, दाम, दंड, भेद आदि सभी विधियों का इस्तेमाल किया गया है—कहीं कुछ तो कहीं कुछ। गरज कि योजना तो सभी रसों के विनियोग की है—यहाँ तक कि वीभत्स की भी, इस शर्त के साथ कि अभी रस वीर ही रहे।

जरूरी नहीं कि नाटक में इस पूर्वलिखित आलेख का निर्वाह मशीनी ढंग से किया जाए। प्रयोग के क्रम में आलेख जहाँ-तहाँ बदला भी जा सकता है, जैसा कि अधिकांश नाटकों में होता है और इसका निर्णय अन्ततः निर्देशक करता है। और कहना न होगा कि इस नाटक का नायक ही उसका निर्देशक भी है, लेखक या लिपिक जो भी हो।

नाटक अभी 'रिहर्सल' के दौर से गुजर रहा है, इसलिए इसे रोचक बनाने के लिए एक-दो सुझाव दिए जा सकते हैं, जैसे यही कि इसमें यथास्थान कम-से-कम दो गीत जरूर जोड़े जाएँ।

एक गीत की तजवीज तो मुस्लिम पर्सनल लॉ बोर्ड ही दे सकता है क्योंकि वह मन्दिर बनाने की रजामन्दी देकर बड़ी हिम्मत का काम कर रहा है—बोर्ड इस नाटक में अल्लामा इकबाल का वह 'नया शिवाला' वाला गीत जोड़ने की सिफारिश कर सकता है। 'बादअब बामुलाहिजा' इस फिकरे के साथ कि 'ऐ बरहमन, गर तू बुरा न माने।'

सफाई में बोर्ड यह भी कह सकता है कि इकबाल तो खुद भी अपने आपको 'बरहमन' ही कहते थे और यह गीत भी उन्होंने तब लिखा था जब उनके जेहन में पाकिस्तान का तसव्वुर नहीं था। बोर्ड के इस सुझाव में वैसे भी कोई मुजायका नहीं, क्योंकि अब मन्दिर तो एक 'नया' मन्दिर ही होगा, उसे 'नया शिवाला' न कहकर 'राम मन्दिर' भले ही कहो, लेकिन उस पर यह जरूर लिखा हो :

''धरती के वासियों की मुक्ती पिरीत में है।''

इसके साथ ही अगर यह शेर भी हो तो क्या कहने।

आ ग़ैरियत के पर्दे इक बार फिर उठा दें
बिछुड़ों को फिर मिला दें नक्शे-दुई मिटा दें।

इस गीत की भाषा पर भी कोई एतराज नहीं कर सकता, क्योंकि 'ग़ैरियत' और 'नक्शे-दुई' को छोड़कर मुक्ति और 'पिरीत' जैसे संस्कृत मूल के ही हिन्दी शब्द हैं।

अन्त में एक छोटा-सा अवधी लोकगीत भी शामिल कर लिया जाए तो अवधवासियों के हृदय की तसल्ली हो जाएगी। गीत छट्ठी में गाया जाने वाला सोहर है—जुलाई 6 और दिसम्बर 26 के सर्वथा उपयुक्त। 6 को छट्ठी। संयोग से इस गीत का सम्बन्ध भी राम से है। मूल गीत को प्रस्तुत करने से पहले गद्य में उसका भाव बताना पड़ेगा और थोड़ी पृष्ठभूमि भी।

ढाक का एक छोटा-सा पेड़। घने पत्तों वाला और लहलहाता हुआ। उसके नीचे हरिनी खड़ी है। उसका मन अत्यन्त अनमन है। चरते-चरते हरिन हरिनी से पूछता है : ''हरिनी! क्या तुम्हारा चरागाह सूख गया है, या तुम पानी के बिना मुरझा गई हो?'' हरिनी जवाब देती है : ''न मेरा चरागाह सूखा है और न ही मैं

पानी बिना मुरझाई हूँ। हे हरिन, आज राजाजी के बेटे की छट्ठी है और तुम्हें वे मार डालेंगे।"

मचिया पर कौशल्या रानी बैठी हैं। हरिनी अरज कर रही है : "रानी मांस तो रसोई में सीझ रहा है, खलड़ी हमें दे देतीं। खलड़ी को पेड़ पर टाँग दूँगी और मन को समझाऊँगी। हेर-फेर खलड़ी को देखूँगी मानो हरिन अभी जीवित है।" रानी जवाब देती है : "हरिनी, अपने घर लौट जाओ। खलड़ी तो मैं न दूँगी। हे हरिनी! खलड़ी की खंजड़ी मढ़वाऊँगी तो मेरे राम उससे खेलेंगे।"

जब-जब खंजड़ी बजती है, हरिनी कान उठाकर सुनती है। हरिनी उसी ढाक के पेड़ के नीचे खड़ी है और हरिन को बिसूर रही है।

पूरा गीत तो फिलहाल देना 'सम्भव' नहीं है, लेकिन अन्त की आठ पंक्तियों के बिना उस दर्द की गहराई का पूरा-पूरा एहसास न होगा। आखिर यह नाटक कुल मिलाकर 'ट्रेजिडी' ही है। गीत के बिना तो यह प्रहसन हो जाएगा। तो हरिनी का वह गीत—

मचियै बैठी कौसिल्ला रानी, हरिनी अरज करइ हो।
रानी, मसुवा तौ सिझहीं रसोइयां, खलरिया हमैं देतिउ।।
पेड़वा से टंगबइ खलरिया, त मन समझाउब हो।
रानी, हेरि-फेरि देखबइ खलरिया, जनुक हरिना जीतइ हो।।
जाहु हरिनी घर अपने, खलरिया नाहीं देबइ हो।
हरिनी! खलरी के खजड़ी मढ़इबइ, त राम मोर खेलिहइं हो।।
जब-जब बाजइ खंजड़िया, सबद सुनि अकनइ हो।
हरिनी ठाढ़ि ढकुलिया के नीचे हरिन के बिसूरइ हो।

इस गीत के साथ ही नाटक का पटाक्षेप होता है। परदे पर ढाक के नीचे खड़ी हरिनी की छायाकृति और खंजड़ी की गूँजती गमक। खंजड़ी में लगी छोटी-छोटी झुनकियों की हलकी-हलकी झुनुक। मानो कोई हरिन फुदक रहा हो, चौकड़ियाँ भर रहा हो। रुन-झुनुक-झुनुक। डिम-डिमिक। रेणु के अंदाज में।

इसके साथ ही परदे पर उभरता नाटक का नाम कब्रिस्तान में मन्दिर
उर्फ
कौन बनेगा प्रधानमंत्री?

(सहारा समय के अंक 12-07-2003 में स्तम्भ 'यथासमय' में प्रकाशित)

वे अब रामराज्य की स्थापना करेंगे!

विश्व हिन्दू परिषद की लड़ाई अब राम मन्दिर तक सीमित नहीं है। परिषद के महासचिव प्रवीण तोगड़िया के कोषिंकोड वाले वक्तव्य को प्रमाण माना जाए तो विश्व हिन्दू परिषद का लक्ष्य अब रामराज्य की स्थापना है और इसके लिए संविधान में संशोधन भी किया जाएगा। होगा तो यह हिन्दू राष्ट्र ही, लेकिन इसमें हिन्दुओं और मुसलमानों का दर्जा बरांबरी का होगा। यह बराबरी कैसी होगी, इसे तोगड़िया ने इस तरह सुझाया है कि हिन्दुओं को अमरनाथ यात्रा के लिए वही केन्द्रीय सहायता दी जाएगी, जो हज के लिए जाने वाले मुसलमान यात्रियों को दी जाती है। इस प्रसंग में तोगड़िया गुजरात का नाम लेते तो बेहतर होता। शायद विनम्रता ने ही उन्हें अपने पराक्रम को नमूने के रूप में पेश करने से रोक लिया, वरना गुजरात में तो अपने रामराज्य का प्रयोग करने में वे सफल हो चुके हैं और कहना न होगा कि उस प्रयोग की विधि 'लोकतांत्रिक' ही थी।

लोकतंत्र में उनकी आस्था इतनी दृढ़ है कि वे राम मन्दिर कार्यक्रम को अग्रसर करने के लिए जरूरत पड़ने पर केन्द्र की सरकार को भी 'लोकतांत्रिक ढंग' से बदलने में नहीं हिचकेंगे। प्रधानमंत्री अटल बिहारी वाजपेयी से त्याग-पत्र माँगने का अभियान उसी लोकतांत्रिक ढंग का अंग है। सच पूछिए तो उन्हें केन्द्र में भी एक मोदी चाहिए—यह दूसरा मोदी भी गांधीनगर से ही आए तो क्या कहने। फिर तो पूरे भारत को रामराज्य बनाने में कोई दिक्कत न होगी। गांधी जी जो रामराज्य स्थापित न कर पाए, उसे अब 'गांधीनगर' पूरा करेगा। इसे कहते हैं अपनी धरोहर और विरासत की हिफ़ाजत का ख़याल।

फिर भी एक मुश्किल है। 'रामराज्य' सिर्फ एक संज्ञा नहीं है, बल्कि एक सपना है और वह सपना समूचे लोकमानस का है—उसे भारत में रहने वाले सभी लोग एक युग से देखते आ रहे हैं। उस सपने पर किसी व्यक्ति या परिषद् का एकाधिकार बर्दाश्त नहीं किया जा सकता। उस सपने में इतनी आग है कि उसे कोई आसानी से हड़प भी नहीं सकता। तुलसीदास के शब्दों में कहें तो "बाम्हन ज्यों उगल्यो उरगारि, त्यों हौं कलि तेरे हिए न हितैहौं।"

गरुड़ ने क्रोध में एक ब्राह्मण को निगल लिया था, लेकिन पेट में इतनी जलन हुई कि अन्ततः उसे उगल देना पड़ा। महाकवि ने भी कलियुग को चुनौती देते हुए कहा था कि तुम भी मुझे अपने अन्दर पचा न सकोगे।

तो ऐसा ही है यह राम और रामराज्य भी!

प्रवीण तोगड़िया ने तुलसीदास के 'रामचरितमानस' को पढ़ा हो या नहीं लेकिन भारत के करोड़ों लोगों को 'मानस' में वर्णित रामराज्य का पता है। तुलसीदास ने उस रामराज्य का वर्णन, और किसी से नहीं, बल्कि राम के मुँह से किया है। उसका कुछ आभास इन थोड़ी-सी पंक्तियों से हो सकता है :

बयरु न कर काहू सन कोई। राम-प्रताप विषमता खोई।
नहिं दरिद्र, कोउ दुखी न दीना। नहि कोउ अबुध, न लच्छन-हीना।।

यही नहीं, बल्कि उस रामराज्य में 'सब नर करहिं परस्पर प्रीती' और 'रहहिं एक संग गज पंचानन।' इसके साथ-साथ ''सब उदार सब पर-उपकारी'' लोग भी होंगे।

निश्चय ही उस सपने में कुछ ऐसी बातें भी हैं जो उस युग की पुरानी मान्यताओं से अनुकूलित हैं किन्तु इन सीमाओं के बावजूद प्रधानता भक्तिभाव से संचालित उच्च मानवीय मूल्यों की ही है।

गांधी जी ने तुलसीदास के उसी सपने को चार सौ साल बाद अपने युग के अनुसार अपनाया और उसे 'हिन्द स्वराज' का रूप दिया। ऐसे ज्वलन्त सपने को अपनी ज़बान पर लाने का हक उसी को है जो 'अधिकारी' है। 'अधिकारी' कौन है, यह प्रश्न तुसलीदास ने 'मानस' में बार-बार उठाया है। यहाँ अधिकारी की एक लम्बी परम्परा है—इस परम्परा के अन्तर्गत पंछियों में चांडाल समझे जाने वाले 'कागभुसुंडि' तो आते हैं, लेकिन पक्षिराज गरुड़ को वह स्थान प्राप्त नहीं है। तुलसीदास के अनुसार शिव ने रामकथा कहने का अधिकार केवल कागभुसुंडि को दिया क्योंकि उन्हें ही 'राम भगत अधिकारी चीन्हा।''

जीवन की तरह ही काव्य में अधिकारी उसी को माना गया है जो 'विमल-प्रतिभानशालिहृदयः' हो। राग-द्वेष, अपने-पराए के भाव से मुक्त। अभिनवगुप्त पादाचार्य के शब्दों में 'अधिकारी चात्र विमल-प्रतिभानशालि-हृदयः!'

सवाल यह है कि क्या रामराज्य स्थापित करने के अधिकारी विश्व हिन्दू परिषद और उसके स्वनिर्वाचित पदाधिकारी हैं? जो 'मुँह में राम बगल में छुरी' के लिए विख्यात हैं उन्हें यह अधिकार कौन दे सकता है? यह तो वैसी ही बात हुई कि रावण रामराज्य की स्थापना का दावा करे! रावण अधिक से अधिक सोने की लंका बना सकता है जैसाकि विश्व हिन्दू परिषद वाले प्रवासी भारतीयों की पूँजी से बहुमंजिली इमारतें खड़ी कर रहे हैं, लेकिन बहुभाषी, बहुधर्मी और बहुजातीय राष्ट्र का निर्माण और बात है और तय है कि यह काम उनके बूते का नहीं है। रामराज्य कोई राम

ही बना सकता है, कोई दशानन रावण नहीं, भले ही उसके पास बहुत बड़ा फौज-फाटा हो!

तोगड़िया ने भी यह दावा किया है कि उनके पास 10 करोड़ लोगों के हस्ताक्षर हैं और इसके साथ ही 119 सांसदों ने मन्दिर-निर्माण के विधेयक पर समर्थन देने का लिखित आश्वासन दिया है। इस मामले में उन्हें कांग्रेस के भी एक अच्छे-खासे हिस्से से समर्थन मिलने की उम्मीद है। इस ताकत के बल पर वे देशव्यापी विराट जन-आन्दोलन खड़ा करने की योजना बना रहे हैं। 'उग्र बुद्धि उर दम्भ विशाला' जैसी उक्ति तुलसीदास ने ऐसे ही लोगों के लिए कही होगी। लेकिन इस समय जो वातावरण है उसे देखते हुए विलियम बटलर येट्स के 'पुनरागमन' (सेकंड कमिंग) शीर्षक कविता की ये पंक्तियाँ बरबस याद आती हैं। बच्चन जी के अनुवाद में :

चीजें टूट-टूट गिरती हैं
केन्द्र सँभाल नहीं सकता है।
बड़े आज विश्वास-रिक्त हैं
और विषम कुंठा छोटों में भरी हुई है।

(सहारा समय, 19-07-2003)

तुलसीदास, हाजिर हों!

आखिर तुलसीदास भी कोर्ट में घसीट लिए गए। इलाहाबाद उच्च न्यायालय की लखनऊ पीठ में इसी 15 जुलाई 2003 को एक हलफनामा दाखिल हुआ है जिसमें यह दावा किया गया है कि अयोध्या में राम मन्दिर तोड़कर मस्जिद बनाने की बात तो तुलसीदास ही लिख गए हैं। सबूत के तौर पर आठ दोहे पेश किए गए हैं जो 'श्री तुलसी दोहा शतक' के हैं। कहा गया है कि इस पुस्तक की रचना तुलसीदास ने संवत् 1647 में की थी। इसका सर्वप्रथम प्रकाशन रायबरेली के ताल्लुकेदार बाबू राय बहादुर सिंह ने कराया। कब, यह नहीं बताया गया है और न यही कि इसका सम्पादन किसने किया। उद्धृत दोहों में एक जगह बाबर का जिक्र इस तरह आता है–

बाबर बर्बर आइके, कर लीन्हें कर वाल।
हरे पचारि पचारि जन, तुलसी काल कराल।।

दो बार जिक्र मीर बाकी का भी मिलता है, जिनमें से एक दोहा तो यही है–

दल्यौ मीर बाकी अवध, मन्दिर राज-समाज।
तुलसी रोवत हृदय हति, त्राहि-त्राहि रघुराज।।

फिर वह दोहा जिसमें मीर बाकी के साथ मन्दिर भी है और मस्जिद भी।

राम-जनम मन्दिर जहाँ, लसत अवध के बीच।
तुलसी रची मसीत तहं, मीर बाकि खल नीच।।

हलफनामा दाखिल किया है जगद्गुरु रामानन्दाचार्य स्वामी रामभद्राचार्य जी ने, जिसका पारिवारिक नाम गिरिधर मिश्र है। स्वामी जी चित्रकूट के तुलसी पीठ के संस्थापक और व्यवस्थापक हैं। तुलसी पीठ में एक मन्दिर भी है जिसमें राम-सीता, लक्ष्मण की मूर्ति है। हलफनामे से ही पता चलता है कि चित्रकूट का वह तुलसी पीठ वस्तुतः एक अखाड़ा है और स्वामी जी उस अखाड़े के रामानन्दी 'पंचान' है।

हलफनामे पर हस्ताक्षर की जगह उनके अंगूठे के निशान हैं। इसका यह अर्थ नहीं कि वे निरक्षर हैं, बल्कि 'दृष्टिहीन' हैं–बचपन से ही। कोर्ट में वे 'रामतापनीयोनिषद', वाल्मीकि रामायण आदि ग्रन्थ अपने साथ लेकर सिर्फ यह बताने के लिए गए थे कि

दृष्टिहीनता के बावजूद उन्होंने अपने अध्यवसाय से नाना ग्रन्थों का अध्ययन किया है। मन्दिर-मस्जिद विवाद में हस्तक्षेप करने के लिए वे चित्रकूट से चलकर लखनऊ पहुँचे, इसी से उनकी आस्था का आभास होता है किन्तु समुचित सम्मान के बावजूद उनके दावे की प्रामाणिकता की परीक्षा तो करनी ही पड़ेगी। यह परीक्षा उसी तरह होगी जैसे तथाकथित रामजन्मभूमि की खुदाई में प्राप्त पुरातात्त्विक सामग्री की।

प्रस्तुत प्रसंग में मुख्य प्रश्न यह है कि 'श्री तुलसी दोहा शतक' नामक कृति तुलसीदास कृत है या नहीं। यहाँ परीक्षा के लिए पुरातत्व की ही तरह एक वैज्ञानिक प्रणाली विकसित हुई है जिसे 'पाठ विज्ञान' अथवा 'पाठालोचन' कहते हैं। 'श्री तुलसी दोहा शतक' को भी इस 'पाठ विज्ञान' की प्रक्रिया से गुजरना पड़ेगा। फिलहाल सिर्फ वही बातें कही जा सकती हैं जो पहली नज़र में साफ-साफ दिखाई पड़ती हैं।

अभी तक तुलसी के नाम से लिखित पुस्तकों की संख्या अधिक-से-अधिक 52 बताई गई है। यह सूची डॉ. उदयभानु सिंह के शोध ग्रन्थ 'तुलसी काव्य मीमांसा' (राधाकृष्ण प्रकाशन, दिल्ली, द्वितीय संस्करण 2002) में सुलभ है। यह सूची अद्यतन है। इसमें 'श्री तुलसी दोहा शतक' का उल्लेख कहीं नहीं है। इस सूची में 39 पुस्तकें ऐसी हैं जिन्हें परम्परा ने एक स्वर से अप्रामाणिक करार दिया है। 'तुलसी सतसई' नाम की एक पुस्तक ऐसी है जिसे परम्परा ने तो अप्रामाणिक माना है किन्तु डॉ. उदयभानु सिंह ने उसे अर्ध-प्रामाणिक कहा है। शेष 12 पुस्तकें प्रामाणिक कोटि के रूप में मान्य हैं और उनमें भी सर्वमान्य रूप से प्रामाणिक केवल 9 पुस्तकें हैं : 1. रामचरितमानस, 2. जानकीमंगल, 3. पार्वतीमंगल, 4. गीतावली, 5. कृष्ण गीतावली, 6. विनयपत्रिका, 7. दोहावली, 8. बरवै रामायण, 9. कवितावली (हनुमान बाहुक सहित)। इनके साथ ही ये तीन पुस्तकें और हैं जिन्हें प्रामाणिक तो माना गया है किन्तु बहुमान्य रूप में : 1. वैराग्य संदीपनी, 2. रामाज्ञा प्रश्न, 3. रामलला नहछू।

नहीं है इस सूची में कहीं तो वह 'श्री तुलसी दोहा शतक', जिसे प्रस्तुत किया है अब रामानन्दाचार्य स्वामी रामभद्राचार्य जी ने। और तो और, इसका उल्लेख अप्रामाणिक ग्रन्थों की सूची में भी नहीं है। गरज कि अभी तक किसी खोज रिपोर्ट में भी यह दर्ज नहीं हुई है। यह है निष्कर्ष कम-से-कम दो सौ वर्षों की हमारी पांडित्य परम्परा का, जिसमें ग्रियर्सन जैसे विद्वान् के साथ, म.म. सुधाकर द्विवेदी जैसे संस्कृत पंडित, आचार्य रामचन्द्र शुक्ल जैसे हिन्दी समालोचक, पं. रामगुलाम द्विवेदी जैसे प्रसिद्ध रामायणी और सैकड़ों शोधकर्त्ता तथा साधु-सन्त शामिल हैं।

आश्चर्य है कि तुलसीकृत ऐसी महत्वपूर्ण कृति जो अभी तक किसी खोजी को दृष्टिगोचर नहीं हुई, वह दृष्टिगोचर हुई तो एक प्रज्ञाचक्षु स्वामी जी को, और वह भी 2003 में, जब मन्दिर-मस्जिद विवाद का मुकदमा अपने अन्तिम चरण में है। यह किसी दिव्य दृष्टि का चमत्कार नहीं तो क्या है? क्या यह वही 'दिव्य दृष्टि' है जिसकी

ओर 'रामचरितमानस' ने आरम्भ में ही संकेत किया है। 'श्री गुर पद नख मनि गन जोती। सुमिरन दिव्य दृष्टि हिय होती।'

क्या माननीय न्यायालय इस 'दिव्य दृष्टि' को प्रमाण मानेगा? यह तो अभी देखना है और इन्हीं लौकिक आँखों से!

फिलहाल एक छोटी-सी जिज्ञासा। स्वामी जी को यह ज्ञानोदय अभी क्यों हुआ? यदि उन्हें इस पुस्तक की जानकारी पहले से थी तो उसे इतने दिनों तक छिपाए क्यों रखा? लोग तो यही समझेंगे कि पुरातत्ववादियों को खुदाई में कोई मनमाफिक सामग्री नहीं मिली तो लिखित साहित्य का सहारा लिया गया है, क्योंकि मनोवांछित साहित्य रच देना बाएँ हाथ का खेल है और इस खेल की एक अच्छी-खासी परिपाटी भी है। तुलसीदास जैसे महान् कवि के साथ तो ऐसा सलूक सबसे ज्यादा हुआ।

आचार्य हजारी प्रसाद द्विवेदी ने एक समय बड़े खेद के साथ लिखा था : "इधर इस प्रकार की प्रवृत्ति बढ़ने लगी है कि तुलसीदास के साथ अपने गाँव या कुल या प्रदेश का कोई-न-कोई सम्बन्ध स्थापित कर लिया जाए। इसका परिणाम यह हुआ कि तुलसीदास के शिष्यों की 'डायरी' से लेकर उनके सगे-सम्बन्धियों के ग्रन्थ तक उपलब्ध होने लगे हैं। नए-नए दावे और नई गढ़ी हुई अनुश्रुतियाँ इतिहास-लेखक के मार्ग को निरन्तर कंटकाकीर्ण करती जा रही हैं...झूठी पुस्तकों, अर्थहीन दावों और बेबुनियाद स्थापनाओं को महत्व देने का परिणाम यह हुआ कि नित्य नवीन दावों की बाढ़ आती जा रही है।" (हिन्दी साहित्य, 1952, पृ. 221-22)

इस वक्तव्य की रोशनी में कुछ लोग 'श्री तुलसी दोहा शतक' को भी एक जाली दस्तावेज मानने के लिए विवश हो सकते हैं। शक की एक वजह तो इसका नाम ही है। तुलसी के दोहों का प्रामाणिक संग्रह 'दोहावली' है, अर्ध-प्रामाणिक संग्रह 'सतसई' है, फिर यह 'दोहा शतक' कहाँ से आ गया? शतक तो संस्कृत परम्परा के हैं जैसे भर्तृहरि के 'शतक', 'अमरुक शतक' आदि। हिन्दी में 'उद्धव शतक' बीसवीं सदी की कृति है। मध्ययुगीन हिन्दी में शतक नाम की कोई कृति नहीं मिलती। इसके अलावा 'हलफनामा' में उद्धृत एक दोहे में आया हुआ 'हिन्दू' शब्द भी पूरी कृति को संदिग्ध बना देता है। 'सिखा सूत्र से हीन करि, कल से हिन्दू लोग।' तुलसीदास ने अपनी किसी भी कृति में 'हिन्दू' शब्द का प्रयोग नहीं किया है।

स्वामी जी जगद्गुरु हैं और उन्हें पता होगा कि 'दोषावाच्या गुरोर्रपि।' इसी आधार पर श्रीचरणों में ये कुछ बातें रखी गई हैं। निश्चय ही पीड़ा के साथ। अपनी समझ से रामभद्राचार्य जी ने रामबाण ही छोड़ा है लेकिन लगा है वह राम के अनन्य भक्त तुलसीदास को। प्रस्तुत कृति को अस्वीकार करने के लिए वे कोर्ट में तो क्या आएँगे, लेकिन स्वामी जी ने उन्हें एक तरह से कोर्ट में तलब तो कर ही दिया। ये वही लोग हैं जिन्होंने महाकवि को चैन से जीने नहीं दिया, अब उन्हें मरने के बाद

भी चैन से वंचित करना चाहते हैं। कुछ-कुछ वही दशा है जिसमें एक शायर की जबान पर यह शेर आया था :

अब तो घबरा के ये कहते हैं कि मर जाएँगे।
मर के भी चैन न पाया तो किधर जाएँगे।।

और तुलसीदास भी अपने आपको यह कहने से रोक न पाए—

जीबे को न लालसा, दयालु महादेव! मोहिं
मालुम है तोहिं, मरिबेई को रहत हौं।

(सहारा समय, 02-08-2003)

वो इंतजार था जिसका...

पन्द्रह अगस्त के बारे में मैं सोचता हूँ तो सबसे पहले यही याद आता है कि उस ऐतिहासिक अवसर पर गांधी जी दिल्ली में नहीं थे। देश स्वतंत्र हो और स्वतंत्रता का स्थपति ही अनुपस्थित! क्या विडम्बना है! पर है यह तथ्य कि भारत के प्रथम प्रधानमंत्री जवाहरलाल नेहरू लाल किले पर तिरंगा फहरा रहे थे और गांधी जी दिल्ली से दूर कलकत्ता में अनशन कर रहे थे साम्प्रदायिक दंगों को रोकने के लिए। पत्रकार उन्हें घेरकर बार-बार कुछ कहने के लिए उकसा रहे थे और वे बड़ी मुश्किल से इतना ही कह पाए कि "मैं दुखी हूँ, शर्मिन्दा हूँ, किसी से कुछ भी कहना नहीं चाहता।" आखिरकार एक पत्रकार ने उनसे यह उगलवा ही लिया : "हमारी आजादी शिद्दत से लड़ी हुई लड़ाई रही है और मैंने यही चाहा कि हम इसके योग्य बनें। यह तो नहीं चाहा था कि भारत मजहबी नफरत के कारण टुकड़े-टुकड़े हो जाए। नोआखाली के साम्प्रदायिक दंगों से मुझे गहरी पीड़ा हुई है। मैंने महसूस किया है कि जो कष्ट भारतवासियों ने पहुँचाए हैं वे अंग्रेजों के उत्पीड़न से किसी तरह कम नहीं हैं। अपने लोगों के बीच आपसी सौहार्द और एक-दूसरे के लिए आदर का विकास उतना ही महत्वपूर्ण है जितना विदेशी शासन से मुक्ति।"

कहते हैं कि पंडित नेहरू जब गांधी जी को वाइसराय के साथ हुए अन्तिम समझौते की सूचना देने गए तो उनके मुँह से यह सवाल निकला—"संयुक्त भारत की कोई आशा नहीं?"

यह दर्द पंडित जी को भी था और अन्त तक उन्होंने बचे-खुचे भारत को अन्दर से जोड़े रखने की हरचंद कोशिश की और कहना न होगा कि इस काम में उन्हें कामयाबी भी मिली। लेकिन उनके बाद? और फिर आउसविश के बाद कविता लिखना बर्बरता हो न हो, गुजरात के बाद लोकतंत्र निश्चय ही बर्बरता है। गुजरात के बाद?

निस्सन्देह बहुत-सी समस्याएँ 15 अगस्त 1947 से ही पैदा हुई हैं। सलमान रुश्दी के प्रसिद्ध उपन्यास के शब्दों में कहें तो हम सब 'आधी रात की सन्तान' हैं। असली जन्मदिन जो भी हो, लेकिन एक नागरिक के रूप में हम सभी 15 अगस्त

1947 की आधी रात को ही पैदा हुए। बारह बजे रात को घड़ी की दोनों सुइयों को नमस्ते की नाटकीय मुद्रा में भले ही केवल सलीम सनाई ने देखा हो, लेकिन उन्होंने निश्चित रूप से इतिहास के साथ हमारे दोनों हाथों में भी हथकड़ी लगा ही दी। रुश्दी की किताब के इन अन्तिम वाक्यों की विडम्बना में भी एक सचाई तो है ही : "यह आधी रात की सन्तानों का विशेषाधिकार भी है और अभिशाप भी कि वे अपने वक्त के मालिक और शिकार--दोनों हों, अपनी निजता छोड़कर बहुलताओं के भंवर में खींच लिए जाएँ और सुकून के साथ जीने या मरने के काबिल न रहें।"

लेखक के ये अनुभव वस्तुतः सत्तर के दशक के आपातकाल के दिनों के हैं जिन्हें अब गुजरात के नरसंहार ने दहशत का रूप दे दिया है। यह अर्धरात्रि लम्बी छुरियों से ज्यादा 'त्रिशूलों की रात' है जिसकी भोर कब होगी, कहना कठिन है।

1947 की पन्द्रह अगस्त को भी कुछ कवियों ने सीधे-सीधे आजादी का जश्न मनाने के बदले चेतावनी के स्वर में कविता लिखी थी। गिरिजा कुमार माथुर की ऐसी ही कविता है जिसमें पहरुए को सावधान करते हुए साफ-साफ शब्दों में यह कहा गया था : "शत्रु हट गया लेकिन उसकी छायाओं का डर है।" कहना न होगा कि यह शत्रु साम्राज्यवाद है और उसकी छायाएँ आज भी देखी जा सकती हैं।

वैसे भी, 15 अगस्त आजादी का त्यौहार होने के बावजूद, प्रधानमंत्री का ही दिन है। 26 जनवरी राष्ट्रपति का दिन है, 15 अगस्त प्रधानमंत्री का। सभी प्रधानमंत्री सुबह लालकिले पर तिरंगा फहराते हैं और फिर राष्ट्र के नाम एक सन्देश भी देते हैं। जिस किसी को यह सौभाग्य प्राप्त न हुआ, उसे अपवाद मान लें तो वर्तमान प्रधानमंत्री को एक बार फिर तिरंगा फहराने का सौभाग्य प्राप्त होगा और देशकाल के अनुरूप बहुत कुछ प्रत्याशित उत्साहवर्धक सन्देश देने का भी। यह और बात है कि कुछ ही दिन पहले वे भगवा झंडे के सम्मुख सिर झुका आए हैं, जो निश्चय ही निजी आस्था का क्षेत्र है।

लेकिन अभी अयोध्या में प्रधानमंत्री ने राम मन्दिर निर्माण का जो संकल्प दुहराया वह स्वधर्म है या राजधर्म?

ऐसे ही अवसर पर तुलसीदास की वह चौपाई याद आती है :

"दुइ कि होइ एक समय भुआला। हंसब ठठाइ फुलाउब गाला।"

ठठाकर हँसना और गाल फुलाना--दोनों एक ही समय कैसे हो सकता है? एक ओर है देश और दूसरी ओर है मन्दिर--तय करना होगा कि आप किसे बनाना चाहते हैं? देश इतना बड़ा है कि वह किसी बड़े-से-बड़े मन्दिर में भी नहीं समा सकता।

वैसे, ऐसे देशभक्त भी हुए हैं जिन्होंने भारतमाता का मन्दिर बनवाया था। काशी के बाबू शिवप्रसाद गुप्त ने काशी में एक ऐसा ही मन्दिर बनवाया था जो आज भी मौजूद है--उसमें किसी देवी की मूर्ति नहीं, बल्कि पूरे भारत का एक उत्कीर्ण मानचित्र

है। यह तब की बात है जब स्वतंत्रता संग्राम अपने शिखर पर था। उस मन्दिर में न कोई पुजारी है और न वहाँ कोई पूजा-पाठ ही होता है। उसी मन्दिर की बगल में गुप्त जी ने काशी विद्यापीठ की स्थापना भी की जिसे अब विश्वविद्यालय की हैसियत हासिल है, लेकिन किसी समय वह स्वतंत्रता-सेनानियों के प्रशिक्षण का केन्द्र हुआ करता था।

बहरहाल, मुख्य प्रश्न धर्म का नहीं, राजधर्म का है, जिसका जिक्र प्रधानमंत्री अक्सर करते हैं—विशेष रूप से तब जब कोई धर्मसंकट उपस्थित होता है। 'राजधर्म' से उनका आशय कब क्या होता है, यह उनका निजी मामला नहीं है न उसके लिए धर्मशास्त्र के किसी ग्रन्थ को प्रमाण माना जा सकता है। प्रस्तुत प्रसंग में हमारा 'संविधान' ही वह एकमात्र वह ग्रन्थ है जिससे 'राजधर्म' परिभाषित होगा और कहना न होगा कि उसमें किसी मन्दिर, मस्जिद या चर्च बनाने की जिम्मेदारी राज्य की नहीं है। प्रधानमंत्री ने शपथ भी उसी संविधान की रक्षा के लिए ली है। यह कोई प्रतिबन्ध नहीं, राजधर्म की मर्यादा है और इस मर्यादा की रक्षा करने वाले को ही हमारी परम्परा में मर्यादा पुरुषोत्तम कहा जाता है। इसी मर्यादा पुरुषोत्तम के अधिकार से भारत का प्रधानमंत्री लालकिले पर तिरंगा फहराता है—अयोध्या के किसी चबूतरे पर वह चाहे जो कहे।

धृष्टता के लिए क्षमायाचना के साथ अन्त में तुलसीदास की ही एक चौपाई सुनाए बिना रहा नहीं जाता—

चक्रवर्ति के लच्छन तोरे। देखत दया लागि अति मोरे।

(सहारा समय, 16-08-2003)

पाँच साल बीते जजमान, हर गंगे!

स्वतंत्रता दिवस पर प्रधानमंत्री का परम्परागत भाषण निर्विघ्न सम्पन्न हो गया। उनके लिए पाँचवाँ। स्वयं एक उपलब्धि। पाँच की शुभ संख्या पूरी हो गई। ''उसके बाद आए जो अजाब आए!''

भाषण लिखित था। बिना अटके पढ़ लिया गया। यह भी एक उपलब्धि ही है। कुछ लोग तो ''लिखा हुआ भाषण भी पढ़ नहीं पाते हैं।'' पं. नेहरू से शुरू हुई मौखिक भाषण की परम्परा अब इतिहास की वस्तु हो चुकी है।

भाषण में अप्रत्याशित कुछ भी न था। वही 'आपन करनी भाँति बहु बरनी।' बिल्कुल आत्ममुग्ध। सुनते हुए तन्मय ही हुआ जा सकता था। तन्मयता की मनोदशा में 'आया यह ख़याल यकायक' : ये वाजपेयी जी 1947 की 15 अगस्त को कहाँ थे और क्या कर रहे थे? यह तो ऐसी बात है कि इतिहास में कहीं-न-कहीं दर्ज होनी चाहिए। गांधी जी की हत्या दर्ज हो-न-हो यह बात दर्ज न हो, तो इतिहास की पाठ्यपुस्तक मुकम्मल न मानी जाएगी—कम-से-कम आज के दौर में।

सौभाग्य से इस अभाव की पूर्ति की दिशा में एक प्रयास हो गया है और इसका श्रेय है अपने वाजपेयी जी के एक पुराने साथी डॉ. विश्वनाथ त्रिपाठी को। 'भारतीय लेखक' नाम की एक नई-नई सी पत्रिका के ताजा अंक (अप्रैल-जून 2003) में प्रकाशित ''मैंने आर.एस.एस. क्यों छोड़ा?'' शीर्षक संस्मरण ने यह कमी पूरी कर दी है।

गांधी-हत्या के बाद राष्ट्रीय स्वयंसेवक संघ पर प्रतिबन्ध लगा दिया गया था और संघ ने उसके विरोध में एक सत्याग्रह किया था। त्रिपाठी जी उस समय बलरामपुर में संघ की शाखा के मुख्य शिक्षक थे। इस नाते वे जेल चले गए। यह बात दिसम्बर 1948 की है। लिखते हैं : ''मैं जेल से छूटा तो दरवाजे पर सात- आठ स्वयंसेवकों के साथ अटल बिहारी वाजपेयी भी थे। जब सत्याग्रही छूटे तो उनके सम्मान भाव से। जेल के बाहर ही हम लोग गोलाकार बैठे। मैंने अपनी कविता सुनाई। अटल जी ने कहा कि लिखकर दे दो, उसे हम छापेंगे। फिर बहुत दिनों के बाद मैं अटल जी से तब मिला जब वे 'मीसा' में बन्द थे और अखिल भारतीय आयुर्विज्ञान संस्थान

में चौथी मंजिल पर डारमिटरी में थे।" लेकिन 1948 वाली घटना लखनऊ के सेंट्रल जेल की है। साफ है कि वाजपेयी जी जेल से बाहर ही रहे–शायद बाहर से ही सत्याग्रह कर रहे थे। इसलिए कयास तो यही होता है कि 15 अगस्त 1947 को भी वे कहीं शाखा में भगवा झंडे के सामने खड़े-खड़े "नमस्ते सदा वत्सले मातृभूमि" गा रहे होंगे।

अब वही वाजपेयी जी लालकिले के प्राचीर पर खड़े होकर "जन गण मन अधिनायक जय हे" बुदबुदा रहे हैं और सलामी ले रहे हैं। त्रिपाठी जी भी मेरी ही तरह यह सब देख रहे होंगे और गलत न होगा यदि शमशेर की वह कविता भी साथ-साथ याद करें–

राह तो एक थी हम दोनों की
आप किधर से आए गए।
हम जो लुट गए पिट गए, आप जो
राजभवन में पाए गए!

सवाल यह है कि इन पाँच सालों की उपलब्धि क्या है? उनकी पार्टी के अध्यक्ष ने उन्हें 'विकास पुरुष' का खिताब दिया। यह और बात है कि यह तमगा वाजपेयी जी को पसन्द न आया। वैसे भी 'विकास' एक पारिभाषिक शब्द है और इस नाते उसका एक निश्चित अर्थ है। यही नहीं कि उस पर प्रथम प्रधानमंत्री जवाहरलाल नेहरू की छाप लगी हुई है और वाजपेयी जी इतने नादान नहीं हैं कि उस सिक्के को अपने नाम से चालू कर दें। यह आकस्मिक नहीं है कि 'विकास' के मंत्र का जाप कांग्रेसी ही ज्यादा करते हैं–खासतौर से चुनाव आने पर।

विकास कार्यों की कुछ लम्बी-चौड़ी घोषणाएँ वाजपेयी जी ने भी की हैं–एक तो बड़े पैमाने पर बेरोजगार लोगों को रोजगार के अवसर प्रदान करने की और दूसरे, देश में सौ राजमार्गों के निर्माण की। इनमें से साफ-साफ दिखाई देने वाले राजमार्ग ही हैं और देखने वालों का कहना है कि इन पाँच वर्षों में सौ में कुल दो राजमार्ग बन पाए हैं–एक मुम्बई से पुणे और दूसरा अहमदाबाद से सूरत(?)। अर्थात् विकास दो प्रतिशत। एक बाला साहब ठाकरे को सन्तुष्ट करने के लिए दूसरा नरेन्द्र मोदी की ताजपोशी के लिए।

इतनी बड़ी उपलब्धि के लिए पार्टी अध्यक्ष द्वारा प्रदत्त 'विकास पुरुष' का खिताब व्यंग्य नहीं तो क्या है? प्रधानमंत्री नाराज न होते तो क्या उनकी पीठ ठोंकते! विकास का क्या, दिल्ली में तो एक विकास मीनार भी है और वहाँ से जमुना-पार जाने वाली एक सड़क भी विकास मार्ग कहलाती है और यदि इन सब कामों को अन्जाम देने वाला कोई इंजीनियर अपने आपको 'विकास पुरुष' कहे तो इस लोकतंत्र में कोई उसका मुँह बन्द नहीं कर सकता।

इसलिए हमारे प्यारे प्रधानमंत्री कोई 'विकास पुरुष' नहीं बल्कि सचमुच 'सांख्य पुरुष' हैं जिसे ईश्वरकृष्ण की 'सांख्य कारिका' में 'अकर्त्ता' कहा गया है। 'अकर्त्ता' वह जो स्वयं कुछ न करे! अब यह दर्शन की गम्भीर बात है और इसे यदि भाजपा अध्यक्ष न जानें तो उनका कोई दोष नहीं। लेकिन 'सांख्य पुरुष' के लिए तो अनिवार्य है कि इस ज्ञान से अनजान ही रहे। 'सांख्य कारिका' के अनुसार 'पुरुष' स्वयं यह नहीं जानता कि वह 'अकर्त्ता' है। यह उसका विशेष लक्षण है। जान जाए तो वह सांख्य का 'पुरुष' नहीं। इसलिए वाजपेयी जी पूर्णतः निर्दोष हैं।

फिर भी वे शूरवीर तो हैं ही, इसमें तनिक भी सन्देह नहीं। वीर भी एक विशेष प्रकार के। सटीक शब्दों में 'वाग्वीर' या 'वाक्शूर'। इस क्षेत्र में अप्रतिम। 'वचने किं दरिद्रता' में अटूट विश्वास रखने वाले। ऐसे वाक्शूर कि ''बातन्हिं सों आसमान गिरावहिं।'' देखा नहीं, अयोध्या में कल ही ललकार कर कह आए—राम मन्दिर बन के रहेगा।

इस बात का मतलब क्या है, यह सब जानते हैं। जो व्यक्ति बिना कुछ किए प्रधानमंत्री बन सकता है, वह बिना कुछ किए भी प्रधानमंत्री बना रह सकता है।

ऐसे ही एक 'पुरुष' पहले भी हो चुके हैं और वे हैं पूर्व प्रधानमंत्री पी.वी. नरसिंह राव। अल्पमत में होते हुए भी वे पाँच साल निकाल ले गए। करने के नाम पर उन्होंने भी कुछ खास नहीं किया। उनके जमाने में एक ही उल्लेखनीय कार्य हुआ और वह भी किसी निर्माण का नहीं, बल्कि 'विनाश' का। बाबरी मस्जिद का विध्वंस उसी समय हुआ था। उस समय नरसिंह राव जी ने भी सांख्य 'पुरुष' की भूमिका निभाई थी—स्वयं कुछ नहीं किया, बस सब कुछ हो जाने दिया। वाजपेयी जी ने भी मस्जिद गिराने में कोई योग नहीं दिया।

अपने वाजपेयी जी के आदर्श पुरुष भी शायद वही नरसिंह राव जी ही हैं। उन्होंने भी गुजरात नरसंहार हो जाने दिया। स्वयं दूर से देखते रहे। लेकिन मन्दिर बन जाए और वे देखने के लिए प्रधानमंत्री की कुर्सी पर बैठे रहें—यह शायद उनके भाग्य में लिखा नहीं है। फिर भी आकांक्षा के घोड़े पर सवारी करने से कौन रोक सकता है।

पं. प्रताप नारायण मिश्र किसी समय एक गीत लिखकर 'ब्राह्मण' पत्रिका के लिए चंदा माँगा करते थे। वह गीत जरा से फेरबदल के साथ आगामी चुनाव में वाजपेयी जी भी इस्तेमाल कर सकते हैं। मुलाहिजा फरमाएँ—

पाँच साल बीते जजमान, हर गंगे।
अब तौ करौ दक्षिणा दान, हर गंगे॥

(सहारा समय, 23-08-2003)

मैं भी इस देश में उर्दू की तरह रहता हूँ

एक जमाने में प्रगतिशील लेखक संघ, जनवादी लेखक संघ और जनसंस्कृति मंच जैसे मुख्यधारा के तीनों लेखक संगठनों की सामूहिक गोष्ठियों में हिन्दी के साथ-साथ उर्दू के भी लेखक शामिल होते रहे हैं। जब प्रगतिशील लेखक संघ अधिक सक्रिय था तब हिन्दी-उर्दू लेखकों के बीच ज्यादा संवाद होता था, अब कई कारणों से यह संवाद कम हो रहा है। तब हिन्दी लेखकों को उर्दू, और उर्दू लेखकों को हिन्दी साहित्य की अच्छी जानकारी हुआ करती थी। आजादी के बाद भले ही देश का विभाजन हो गया, हिन्दी भारत की राष्ट्रभाषा बनी और उर्दू अपना वह स्थान खो चुकी जो उसे 1947 से पहले प्राप्त था—इन सबके बावजूद एक बड़ी घटना यह हुई कि बड़े पैमाने पर उर्दू की किताबें हिन्दी में आईं—कुछ लिप्यान्तरित होकर कुछ अनूदित होकर।

सआदत हसन मंटो, कृश्न चंदर, राजेन्द्रसिंह बेदी, इस्मत चुग़ताई, कुर्तुलऐन हैदर आदि भारतीय लेखक ही नहीं बल्कि फ़ैज़ अहमद फ़ैज़, नासिर काजमी, इंतज़ार हुसैन, अहमद फराज तथा नए लेखकों जैसे फहमिदा रियाज, किश्वर नाहिद का पूरा साहित्य हिन्दी में उपलब्ध है। यह सब हिन्दीवालों की दरियादिली के कारण नहीं बल्कि उर्दू साहित्य की ताकत के कारण हुआ। जावेद अख्तर का 'तरकश' नागरी में पहले आया, उर्दू में बाद में। इसका आडियो कैसेट भी खूब बिका। मिर्ज़ा ग़ालिब पर पहले सोहराब मोदी ने फिल्म बनाई फिर गुलजार ने टी.वी. सीरियल बनाया। गरज यह कि हिन्दी के लोग हमेशा से उर्दू साहित्य से भली-भाँति परिचित रहे हैं। इसकी तुलना में उर्दूवाले हिन्दी के बारे में कम जानते हैं। उर्दूवाले हिन्दी साहित्य के बारे में कितना जानते हैं, इस पर मैं टिप्पणी नहीं करूँगा। हाँ, यह बात जरूर है कि पाकिस्तान में हिन्दी साहित्य की जबर्दस्त माँग है। 'आजकल' के संपादक जुबैर रिज़वी ने हिन्दी साहित्य पर केन्द्रित दो विशेषांक निकाले जो वहाँ काफ़ी बिके। यह ज़मीनी सच्चाई है। बावजूद इसके जो उर्दू के रौशन ख़याल लेखक हैं, वे जो जलसे करते हैं उनमें दिल खोलकर हिन्दी वालों को बुलाते हैं। उर्दूवाले अपनी विभिन्न कमेटियों में भी हिन्दी लेखकों को शामिल करते हैं। एक-दूसरे को बुलाने का चलन

हिन्दू-मुस्लिम एकता या धर्मनिरपेक्षता के कारण नहीं है, बल्कि यह शुद्ध अदबी मामला है। हिन्दी-उर्दू साहित्य के सरोकार एक हैं।

यह शुरुआत तरक़्क़ी पसन्द तहरीक ने की थी। वह परम्परा आज भी जिन्दा है। इसका असर यह हुआ कि बगैर किसी आन्दोलन के उर्दू और हिन्दी ज़बान आम जनता के करीब आई। महात्मा गांधी भी हिन्दुस्तानी ज़बान कायम करना चाहते थे जो चली नहीं। आज हुआ यह कि धीरे-धीरे हिन्दी रचनाकार संस्कृतनिष्ठता से हटे हैं और उर्दू रचनाकार फारसीयत से हटे हैं। दोनों भाषाओं के रचनाकारों ने खुद को आम बोलचाल की ज़बान से जोड़ा। जो काम राजनीतिज्ञ नहीं कर सके, वह रचनाकारों ने कर दिखाया। मीडिया की ज़बान बदल गई है। रेडियो, टेलीविज़न ही नहीं अख़बारों की ज़बान बदल गई है। आज 'आपत्ति' को एतराज़, 'कठिन' को मुश्किल और 'विपत्ति' को मुसीबत कहने में किसी को गुरेज नहीं है। मैं यहाँ अपने मित्र निदा फाज़ली का एक शेर उद्धृत करना चाहूँगा—

"सब मेरे चाहने वाले हैं मेरा कोई नहीं,
मैं भी इस देश में उर्दू की तरह रहता हूँ।"

इस शेर को सुनकर मेरी आँखों में आँसू आ जाता है। निदा फाज़ली ने 'मुल्क' नहीं 'देश' कहा है।

हिन्दी की मुख्यधारा का साहित्य, खासतौर से बाबरी मस्जिद के जमींदोज होने के बाद, अधिक साम्प्रदायिकता विरोधी हुआ है। हिन्दी का लेखक उर्दू वालों से अधिक साम्प्रदायिकता के खतरों को भाँप रहा है। गीतांजलिश्री ने सूरत के दंगों पर बहुत महत्वपूर्ण उपन्यास 'मेरा शहर उस बरस' लिखा। इसके बावजूद हिन्दी और उर्दू लेखक दोस्त नहीं कहूँगा, बल्कि, हमराही हैं। ज़िगर मुरादाबादी का एक शेर है—

"उनका जो काम है वो अहले सियासत जानें
मेरा पैगाम मोहब्बत है, जहाँ तक पहुँचे।"

आज हिन्दुत्व का मुसलमान से भी ज्यादा खतरा सेक्युलर हिन्दू के लिए है।

हिन्दी और उर्दू के बीच सक्रिय संवाद स्थापित करने में मेरी ज़िन्दगी बीत गई। हिन्दी साहित्य सम्मेलन उर्दू को हिन्दी की शैली घोषित करता रहा है। इसी तर्क के आधार पर मैंने जे.एन.यू. से पहले जोधपुर विश्वविद्यालय के हिन्दी के पाठ्यक्रम में कई उर्दू लेखकों को शामिल करवाया। भारी विरोध हुआ पर तत्कालीन कुलपति बी.बी. जॉन का आभारी होना चाहिए जो झुके नहीं, मिर्ज़ा ग़ालिब, नजीर अकबराबादी, सआदत हसन मंटो, इस्मत चुग़ताई, कृश्न चंदर, अली सरदार जाफ़री, फ़ैज़ अहमद फ़ैज़ आदि कई महत्वपूर्ण उर्दू लेखकों को हिन्दी के पाठ्यक्रम में शामिल किया गया। राष्ट्रीय शैक्षिक अनुसन्धान और प्रशिक्षण परिषद् (एन.सी.ई.आर.टी) की भी किताबों में हिन्दी के साथ उर्दू को शामिल किया गया। जोधपुर विश्वविद्यालय

के हिन्दी (एम.ए.) के पाठ्यक्रम में राही मासूम रज़ा का उपन्यास 'आधा गाँव' शामिल करवाया। जवाहरलाल नेहरू विश्वविद्यालय (नई दिल्ली) दुनिया का अनोखा विश्वविद्यालय है जहाँ हिन्दी और उर्दू का अलग-अलग नहीं बल्कि एक ही विभाग है। जिसका नाम अंग्रेज़ी में स्कूल ऑफ इंडियन लैंग्वेज़, हिन्दी में भारतीय भाषा केन्द्र और उर्दू में हिन्दुस्तानी ज़बानों का मरकज लिखा हुआ है। वहाँ हम लोगों ने यह नियम बनवाया कि हिन्दी में किसी विद्यार्थी को तभी एम.ए. की डिग्री दी जाएगी जब वह उर्दू भाषा और साहित्य तथा लिपि के पेपर में उत्तीर्ण होगा। इसी प्रकार उर्दू में किसी विद्यार्थी को तब तक एम.ए. की डिग्री नहीं दी जाएगी जब तक वह हिन्दी भाषा, लिपि और साहित्य के पेपर में उत्तीर्ण न हो जाए। हमने हिन्दी प्रदेशों की संस्कृति पर एक कॉमन कोर्स बनाया जिसे हिन्दी और उर्दू दोनों भाषाओं के विद्यार्थी को पढ़ना अनिवार्य है। हिन्दी के प्रायः सभी बड़े लेखक, कबीर से लेकर भारतेन्दु हरिश्चन्द्र तक और आचार्य महावीर प्रसाद द्विवेदी, रामचन्द्र शुक्ल, हजारी प्रसाद द्विवेदी से लेकर डॉ. रामविलास शर्मा तक फारसी के अच्छे जानकार थे। भारतेन्दु ने तो 'रसा' नाम से उर्दू में कविताएँ भी लिखी हैं और प्रेमचन्द ने तो उर्दू में ही अपने लेखन की शुरुआत की।

1947 के पहले हिन्दी प्रदेशों में विद्यालयों में हिन्दी के साथ-साथ उर्दू भी सीखना पड़ता था। हम सबने इसी वजह से उर्दू सीखी। आजादी के बाद सम्पूर्णानन्द ने उत्तर प्रदेश के प्राथमिक विद्यालयों में उर्दू को अनिवार्य विषय से ऐच्छिक विषय बना दिया। ध्यान देने की बात है कि उर्दू साहित्य में अलग से सूफी काव्यधारा नहीं है। 14वीं सदी से 20वीं सदी की शुरुआत तक सूफी कवियों की भाषा अवधी थी पर लिपि उर्दू थी। वे मुख्यतः मुसलमान थे। मौलाना दाउद, कुतुबन, मंझन आदि ने अवधी भाषा में कविताएँ लिखीं। उनके आख्यान में नायक-नायिकाएँ हिन्दू होते थे। कई मुसलमानों ने और मौलवियों ने आपत्ति की कि मुसलमान होकर भी ये कवि हिन्दी (तब अवधी) में क्यों लिखते हैं। सन् 1700 के आसपास एक सूफी कवि को 'अनुराग बांसुरी' में शपथ लेनी पड़ी कि "हिन्दी लिख रहा हूँ पर हिन्दू नहीं हूँ"। उसने लिखा—

"हिन्दू मग पै पाँव न राख्यौं
बाजो बहुतैं हिन्दी भाख्यौं।"

उर्दू वालों को हिन्दी जानना जरूरी है कि नहीं यह तो मैं नहीं कह सकता पर प्राचीन भारतीय साहित्य के सम्यक ज्ञान के लिए हिन्दी वालों को उर्दू जानना जरूरी है। बाबा तुलसीदास ने राम को 'गरीब नवाज' कहा है, दीन दयाल नहीं कहा। यह शब्द पारिभाषिक शब्द है जो अजमेर के मोइनुद्दीन चिश्ती से जुड़ा हुआ है। ईश्वर को कहीं भी संस्कृत में दीन दयाल नहीं कहा गया है। गरीब नवाज का अनुवाद है दीन दयाल। ऐसे कई शब्द सूफी परम्परा से आए जिन्हें सिख धर्म ने भी अपनाया।

मसलन 'लंगर' (सामूहिक भोज) शब्द सिख धर्म में सूफियों से आया। हिन्दी के रीतिकालीन कवियों जैसे बिहारीलाल और घनानन्द को बिना फारसी शायरी के ज्ञान के ठीक से नहीं समझा जा सकता। हिन्दी साहित्य की पुरानी और आधुनिक परम्परा को उर्दू के बिना नहीं समझा जा सकता। हिन्दी साहित्य का इतिहास उर्दू के बिना सम्भव नहीं है। दक्खिनी हिन्दी से उर्दू और हिन्दी दोनों शुरू हुई। दोनों में संवाद बराबर बना रहा। इसकी बेहतरीन मिसाल प्रेमचन्द हैं। प्रेमचन्द की कहानी 'कफन' के हिन्दी और उर्दू दोनों रूपों का अध्ययन करने से कई नई बातें सामने आती हैं। अवध के नवाब वाजिद अली शाह राधा-कृष्ण के गीत गाते थे। मध्यकाल में हिन्दी-उर्दू की यह घुलावट ज्यादा थी। मुझे गर्व है कि मैं जिस साल (1927) पैदा हुआ राही मासूम रज़ा भी उसी साल पैदा हुए। उन्होंने कहा था कि 'आधा गाँव' भोजपुरी उर्दू में लिखा गया है। उनके अलावा शानी, असग़र वजाहत, अब्दुल बिस्मिल्लाह, मंजूर एहतेशाम, मेहरुन्निसा परवेज आदि कई लेखकों ने हिन्दी-उर्दू के बीच की दीवार को तोड़ा है। इन लेखकों की हिम्मत की दाद देनी होगी कि अच्छी उर्दू जानने के बावजूद इन्होंने हिन्दी में लिखा। इन्हें अपने समुदाय में कितना विरोध झेलना पड़ा होगा—इसका अंदाज सहज ही लगाया जा सकता है। मैं इन लेखकों को सलाम करता हूँ। उर्दू में भी एक दौर में कृश्न चंदर, राजेन्द्र सिंह बेदी, फ़िराक गोरखपुरी, चकबस्त, दयाशंकर नशीन, शरशार आदि ने यही काम किया। निराला ने 'कुकुरमुत्ता' को नागरी और उर्दू दोनों लिपियों में छपवाया। जोगिन्दर पाल उर्दू के बड़े कथाकार हैं। पंजाब में तो आर्यसमाजी भी अपना अख़बार उर्दू में निकालते थे। बलराज कोमल, मिन्नर और कुमार पाशी ने उर्दू में बड़ा काम किया है। पर दुख की बात यह है कि नई पीढ़ी में वैसे हिन्दू लेखक नहीं के बराबर हैं जो उर्दू में लिखते हों। विभाजन के बाद पूरा नक्शा बदल गया है।

(प्रस्तुति : अजित राय
वसुधा के उर्दू अंक तथा उसके पुस्तक संस्करण 'कि आती है
उर्दू ज़बाँ आते-आते' में प्रकाशित)

उर्दू का सवाल : बासी भात में खुदा का साझा

उर्दू जेहाद का फिलहाल एकसूत्री कार्यक्रम है : उत्तर प्रदेश में उर्दू को द्वितीय राजभाषा का दर्जा दिलाना। बिहार में यह दर्जा 1981 में ही मिल गया। आन्ध्र प्रदेश ने भी यह दर्जा दे दिया। लेकिन उत्तर प्रदेश की बात और है, यह उर्दू की जन्मभूमि है। जन्मभूमि ही नहीं गढ़ भी। और गढ़ की विजय ही असली विजय है। खुद कांग्रेस ने अपने चुनाव घोषणा-पत्र में उर्दू को 'दूसरी राजभाषा' की हैसियत देना कबूल किया है और वादा किया है कि बिहार राजभाषा अधिनियम में उर्दू को जो स्थान दिया गया है वही उत्तर प्रदेश में भी दिया जाएगा। उत्तर प्रदेश सरकार का अधिनियम भी बना रखा है। गरज कि "दिल का एक काम जो बरसों से पड़ा रखा है तुम ज़रा हाथ लगा दो तो हुआ रखा है!"

दिल्ली और लखनऊ की राजनीतिक हवा का जो रुख है उसे देखते हुए इस बात की पूरी सम्भावना है कि आज-कल में उर्दू को उत्तर प्रदेश में 'दूसरी राजभाषा' का दर्जा मिल जाएगा। लेकिन समस्या का यह अन्त नहीं है, क्योंकि उर्दू का सवाल केवल भाषाई सवाल नहीं है—सवाल मुस्लिम अस्मिता का है और वह सवाल मूलतः राजनीतिक है, जिसकी जड़ें इतिहास में हैं। गैर-उर्दू भाषी उस इतिहास को आज भले ही भूल बैठे हों पर उर्दू जेहाद में उसकी याद ताज़ा है। इसलिए उस याद को कुरेदना जरूरी है, चाहे वह अप्रीतिकर ही क्यों न हो।

1837 में अंग्रेजों ने फारसी को हटाकर कचहरी और दफ्तर में जब आधुनिक भारतीय भाषाओं को जगह दी तो बिहार, पश्चिमोत्तर प्रान्त (आज का उत्तर प्रदेश) आदि हिन्दी भाषी राज्यों में वह स्थान उर्दू को मिला। लम्बे संघर्ष के बाद 1881 में बिहार में और फिर पश्चिमोत्तर प्रान्त/संयुक्त प्रान्त में हिन्दी को भी उर्दू के बराबर जगह दे दी गई। यह स्थिति 1947 तक रही। हिन्दी भाषी राज्य राजकाज और शिक्षा के मामले में द्विभाषी रहे। उर्दू और हिन्दी दोनों को बराबरी का दर्जा हासिल था। इसके अलावा एक राज्य ऐसा भी था जिसमें अकेले उर्दू का अखंड राज्य था और वह था पंजाब। उर्दू भाषा और फारसी लिपि को अंग्रेजी राज में यह दर्जा इसलिए नहीं मिला था कि उर्दू जानने वालों की संख्या सबसे ज्यादा थी। उर्दू को यह दर्जा

इसलिए भी नहीं मिला था कि वह सबसे विकसित और समृद्ध भाषा थी।

फारसी ने अगर 6 सौ वर्षों तक उत्तर भारत की भाषाओं को दबाने की कोशिश की तो यही काम उर्दू ने अंग्रेजी के साथ मिलकर सौ वर्षों तक किया। यही वह विरासत है जिसके बल पर स्वाधीनता संग्राम के दौरान उर्दू ने हिन्दी के साथ-साथ सारे भारत के लिए राष्ट्रभाषा कहलाने का दावा पेश किया था। सन् 1945 में एक ओर डॉ. सज्जाद ज़हीर जैसे प्रगतिशील साहित्यकार कहते थे कि भारत की राष्ट्रभाषा हिन्दी और उर्दू दोनों हों, दूसरी ओर राष्ट्रपिता महात्मा गांधी उर्दू और हिन्दी दोनों लिपियों में लिखी जाने वाली हिन्दुस्तानी को राष्ट्रभाषा के रूप में स्वीकार करने की अपील कर रहे थे।

हैरानी की बात तो यह है कि जिन दिनों उर्दू अंग्रेजी राज में इतना ऊँचा दर्जा रखती थी उन दिनों भी 'अंजुमने हिमायते उर्दू' जैसी संस्थाएँ कायम की गई थीं। उन्नीसवीं सदी के आखिरी दिनों में जब हिन्दी वाले अपने हक के लिए सरकार के पास अर्जियाँ दे रहे थे तो उर्दू को खतरा महसूस होने लगा था और सर सैयद अहमद ने अलीगढ़ में 'उर्दू डिफेंस एसोसिएशन' कायम किया था। जब 1900 में संयुक्त प्रान्त के गर्वनर मैकडॉनल ने हिन्दी को उर्दू के बराबर दर्जा देने का ऐलान किया तो सर सैयद अहमद के उत्तराधिकारी नवाब मोहसिन-उल-मुल्क ने विरोध की अगुवाई की। उर्दू को उस समय कौन-सा खतरा था, जिससे बचाव के लिए यह मुहिम चलाई जा रही थी?

इस आन्दोलन का नेतृत्व 'अलीगढ़ आन्दोलन' कर रहा था जो मुख्यतः उत्तर भारत के मुस्लिम नवाबों, ताल्लुकेदारों, जमींदारों और सरकारी अफसरों के संगठित प्रयास का फल था। यह एक मनगढ़ंत 'मिथक' है कि उत्तर भारत के मुसलमान पिछड़े हुए थे। पाल आर ब्रास ने अपनी पुस्तक 'लैंग्वेज रिलिजन एंड पालिटिक्स इन नार्थ इंडिया' (1974) में तथ्यों और आँकड़ों के साथ प्रमाणित किया है कि संयुक्त प्रान्त में कम-से-कम 1859 से 1931 के बीच मुसलमान हिन्दुओं से किसी भी तरह पिछड़े न थे; यही नहीं बल्कि नगर-निवास, साक्षरता, अंग्रेजी शिक्षा, सरकारी नौकरी आदि क्षेत्रों में वे कहीं अधिक बेहतर हालत में थे। यह मुस्लिम सामन्त वर्ग स्वभावतः अपनी सुविधाओं और अधिकारों की रक्षा के लिए चिन्तित था। मुस्लिम अलगाववाद इस अधिकार-रक्षा की स्वाभाविक अभिव्यक्ति थी। फ़ारसी बहुल उर्दू की हिफ़ाज़त अलगाववाद का एक अंग था। आकस्मिक नहीं है कि जिस 'अलीगढ़ आन्दोलन' ने 1906 में मुस्लिम लीग को जन्म दिया, वही उर्दू की हिमायत में भी अग्रणी था। इसीलिए आगे चलकर मुस्लिम लीग ने इस्लाम और पाकिस्तान के साथ उर्दू को भी अपने नारे का अंग बना लिया। इस सन्दर्भ में बाबा-ए-उर्दू डॉ. मौलवी अब्दुल हक का वह भाषण विशेष अर्थ रखता है जो 1961 की 15 फरवरी को ग़ालिब के 92वें

जन्मदिन पर कराची में उन्होंने दिया था। उस भाषण में उन्होंने पाकिस्तान में उर्दू की उपेक्षा पर अफ़सोस ज़ाहिर करते हुए कहा था कि "पाकिस्तान को न जिन्ना ने बनाया, न इक़बाल ने; पाकिस्तान बनाया उर्दू ने। मुसलमानों और हिन्दुओं के विद्वेष का मुख्य कारण उर्दू थी। दो राष्ट्रों का सिद्धान्त और इस तरह के सारे मतभेद उर्दू से पैदा हुए थे। इसलिए पाकिस्तान को उर्दू का एहसानमंद होना चाहिए।"

इस सन्दर्भ में यह भी उल्लेखनीय है कि गांधी जी ने जब 'हिन्दुस्तानी' आन्दोलन के द्वारा उर्दू-हिन्दी को नज़दीक लाने की कोशिश की और इस राष्ट्रीय कार्य में मौलवी अब्दुल हक़ से सहायता माँगी तो उन्होंने साफ इन्कार कर दिया क्योंकि उनकी नज़र में उर्दू और हिन्दी का नज़दीक आना नामुमकिन था। मुस्लिम सामन्तों और मौलवियों ने उर्दू को अलग इसलिए नहीं किया था कि आगे चलकर उसे हिन्दी के साथ मिला दिया जाए। बोलचाल की एक ही खड़ी बोली से पैदा होकर भी साहित्य में उर्दू और हिन्दी दो अलग भाषाएँ कैसे बन गईं अथवा बना दी गईं—इसका विस्तृत तथ्यात्मक विवरण अमृतराय की पुस्तक 'ए हाउस डिवाइडेड : दि ओरिजिन एंड डिवेलपमेंट ऑफ़ हिन्दी/हिन्दवी' (आक्सफोर्ड, 1984) में सुलभ है। यहाँ उन बातों को दुहराने की आवश्यकता नहीं है। कहने का तात्पर्य सिर्फ यह है कि 1947 से पहले उर्दू की माँग मुस्लिम अलगाववाद की राजनीति का अंग थी। यह माँग कितनी अविवेकपूर्ण थी, इसका अन्दाज़ा सिर्फ इस बात से लगाया जा सकता है कि उर्दू सिर्फ उत्तर भारत के हिन्दी भाषी राज्यों में ही नहीं बल्कि सारे भारत की राजभाषा होने का दावा करती थी और इस दावे के चलते उर्दू के हिमायती इतने अन्धे हो गए थे कि वे भारत की अन्य भाषाओं के अस्तित्व से भी बेखबर थे, यहाँ तक कि उर्दू-हिन्दी की समस्या सारे भारत की समस्या बन गई और भारत जैसे एक बहुभाषा भाषी देश की भाषा-समस्या की जटिलता पर विचार करने की ओर ध्यान ही नहीं गया।

1947 में पाकिस्तान बन जाने के बाद भी यदि राजनीतिक समस्या पूरी तरह हल नहीं हुई तो भाषाई समस्या कैसे हल होती! विभाजन की विडम्बना यह है कि हिन्दुस्तान के जो टुकड़े पाकिस्तान को मिले उनमें से किसी प्रदेश की भाषा उर्दू नहीं है। न पंजाब की, न सिन्ध की, न बलूचिस्तान की, न सीमान्त प्रान्त की और न पूर्वी बंगाल की। अलगाव की माँग करने वाले अधिकांश मुसलमानों को भारत में ही रह जाना पड़ा। निश्चय ही इस प्रक्रिया में वे कुछ और अल्पसंख्यक हो गए। स्वाधीन भारत में मुस्लिम अस्मिता का संकट और बढ़ गया; किन्तु बदली हुई परिस्थिति में राजनीतिक स्तर पर मुस्लिम अस्मिता की समस्या को उठाने की गुंजाइश न थी। धर्मनिरपेक्षता के संकल्प को देखते हुए 'इस्लाम खतरे में' का नारा उठाना भी खतरनाक था। एक भाषा का रास्ता ही निरापद बच रहता है, जिसके सहारे सांस्कृतिक अस्मिता की आवाज़ उठाई जा सकती थी। शुरुआत संविधान-सभा के

निर्माण काल से ही हो गई यानी विभाजन के ठीक बाद से ही। 1950 में स्वीकृत संविधान में अन्ततः भारत की चौदह प्रमुख भाषाओं में उर्दू को भी स्थान मिला। किन्तु सवाल तो उर्दू के लिए एक क्षेत्रीय आधार का था। इस आधार के लिए संघर्ष का अवसर भी जल्द ही आया।

1951 में जब 'उत्तर प्रदेश राजभाषा अधिनियम' पास हुआ तो हिन्दी को राजभाषा बनाने के साथ ही उसमें यह प्रावधान रखा गया कि "उर्दू भाषा बोलने वालों को सभी समुचित सुविधाएँ दी जाएँगी" पर पुराने उर्दू जेहादियों को इससे सन्तोष नहीं हुआ। 'अंजुमन-तरक्क़िए-उर्दू' ने चटपट एक 'इलाक़ाई ज़बान कमेटी' बना दी, जिसके अध्यक्ष डॉ. ज़ाकिर हुसैन हुए। ज़ाकिर साहब उन दिनों अलीगढ़ मुस्लिम युनिवर्सिटी के वाइस चांसलर थे। सदस्यों में पंडित कुंजरू जैसे कुछ मान्य उर्दू-प्रेमी हिन्दू भी रखे गए ताकि उर्दू के लिए किए जाने वाले आन्दोलन को कोई सीधे-सीधे मुस्लिम साम्प्रदायिक न कह दे। माँग यह थी कि उर्दू को उत्तर प्रदेश की इलाक़ाई ज़बान का ऐलान किया जाए। सबूत के लिए उर्दू भाषी बहुल इलाकों से हस्ताक्षर जुटाए गए।

कहने की ज़रूरत नहीं कि इलाक़ाई ज़बान की माँग एकदम असाम्प्रदायिक है, साथ ही संवैधानिक भी। लेकिन इसी बीच जम्मू एवं कश्मीर राज्य में उर्दू राजभाषा घोषित हो गई। अगर क्षेत्रीयता के सिद्धान्त को मानें तो क़ायदे से कश्मीर की राजभाषा कश्मीरी होनी चाहिए; वैसे कश्मीरी संविधान की 14 प्रधान भाषाओं में से एक के रूप में स्वीकृत भी है। फिर भी यदि उर्दू को जम्मू और कश्मीर की राजभाषा बनाया गया तो इसका आधार मुस्लिम-बहुलता के अलावा और क्या हो सकता है? एक तरह से देखें तो इसमें कोई दोष भी नहीं। यदि सात फीसदी उर्दू भाषियों के बावजूद पाकिस्तान की भाषा उर्दू हो सकती है, सिर्फ इसलिए कि अधिकांश नागरिक मुसलमान हैं तो फिर कश्मीर की राजभाषा उर्दू क्यों नहीं हो सकती? राजभाषा होने के लिए एक जगह इलाक़ाई आधार तो दूसरी जगह मज़हब! अब इस पर किसी को अन्तर्विरोध दिखे तो दिखे! सवाल अस्तित्व-रक्षा का है! अस्तित्व संकट में हो तो तर्क-कुतर्क नहीं देखा जाता। वैसे भी भाषा के मसले सिर्फ तर्क से तय होते भी नहीं।

मुस्लिम समुदाय के अस्तित्व के लिए संकट यह था कि स्वाधीनता-प्राप्ति के साथ पुरानी जमींदारी प्रथा खत्म कर दी गई, जिसका गहरा प्रभाव बिहार-उत्तर प्रदेश के मुसलमान जमींदारों और ताल्लुकेदारों पर पड़ा। रियासतें विलीन हुईं तो राजाओं के साथ नवाब भी उजड़े। उर्दू भाषा और साहित्य के सरपरस्तों पर गिरानी आ गई। सरकारी और ग़ैर-सरकारी नौकरियों तथा रोज़गार के अन्य क्षेत्रों में शिक्षित मुसलमानों को भी निश्चय ही दिक्कतों का सामना करना पड़ा। किसी संगठित राजनीतिक पार्टी के अभाव में राजनीतिक प्रतिनिधित्व भी कम हो गया। जब 1900 ई. में उत्तर प्रदेश

में हिन्दी के बराबर आ जाने पर उर्दू के लिए ''आर्थिक और सांस्कृतिक खतरे'' का अन्देशा हो गया था तो अब तो हिन्दी कई राज्यों के साथ-साथ केन्द्र की भी राजभाषा हो गई थी। उर्दू भाषियों के आर्थिक-सांस्कृतिक संकट का अन्दाज़ा लगाना मुश्किल नहीं। आशंका कल्पित नहीं, वास्तविक है।

इस बीच हिन्दी का वर्चस्व जितना बढ़ा, उससे अधिक हिन्दू साम्प्रदायिकता में वृद्धि हुई। 1964 में विभाजन के बाद पहली बार पूर्वी भारत में व्यापक रूप से भयानक दंगे हुए। सालभर बाद भारत-पाक युद्ध हुआ। इसके बाद तो थोड़े-थोड़े अन्तराल पर दंगों का सिलसिला ही चल पड़ा। जवाहरलाल नेहरू के बाद कांग्रेस पार्टी तो कमजोर हुई ही, वामपंथी पार्टियाँ और शक्तियाँ भी फूट का शिकार हुईं। मुस्लिम समुदाय अब केवल भाषाई और सांस्कृतिक माँगों से सन्तुष्ट न हो सकता था। इस बीच सीधे सम्प्रदायवाद के आधार पर मुस्लिम संगठनों के पुनर्जीवित होने की प्रक्रिया शुरू हुई, साथ ही मुसलमानों के कुछ नए राजनीतिक संगठन भी बने। नए-नए मुस्लिम नेता प्रकट हुए। इस क्रम में उर्दू की माँग में भी गुणात्मक परिवर्तन आया। पहले जहाँ 'इलाक़ाई ज़बान' की माँग की जा रही थी, अब उसके स्थान पर 'दूसरी राजभाषा' की माँग सामने आई।

1967 का आम चुनाव पहला समय है जब विशेष रूप से उत्तर प्रदेश और बिहार में उर्दू को 'दूसरी राजभाषा' का दर्ज़ा दिलाने की माँग उठी और यह माँग राजनीतिक मुद्दा बन गई। अनेक राजनीतिक दलों ने—विशेषतः दोनों कम्युनिस्ट पार्टियों ने इस माँग को अपने चुनाव घोषणा-पत्र में शामिल किया। चुनाव के परिणामस्वरूप बिहार, उत्तर प्रदेश, मध्य प्रदेश आदि अनेक हिन्दी भाषी राज्यों में कांग्रेस का गढ़ टूट गया और ग़ैर कांग्रेस पार्टियों की मिली-जुली संविद सरकारें बनीं। उर्दू को 'दूसरी राजभाषा' बनाने का मसला सबसे पहले बिहार में उठा और 1968 में रांची का भयानक साम्प्रदायिक दंगा हुआ। संविद सरकार भंग हो गई। 'दूसरी राजभाषा' का मामला धरा रह गया। इसके कुछ समय बाद बिहार और उत्तर प्रदेश में कांग्रेस पार्टी फिर सत्ता में आई पर 'दूसरी राजभाषा' की दिशा में देर तक कोई पहल न की गई। चौदह साल बाद बिहार के एक कांग्रेसी मुख्यमंत्री ने ही अन्ततः उर्दू को 'दूसरी राजभाषा' का दर्जा दिया।

1967 का वर्ष इस दृष्टि से भी उल्लेखनीय है कि उस वर्ष संसद ने 'संशोधित राजभाषा अधिनियम' पारित किया और सरकार की ओर से हिन्दीतर भाषी राज्यों को आश्वासन दिया गया कि उनकी इच्छा के विरुद्ध हिन्दी उन पर 'थोपी' न जाएगी। स्पष्टतः यह समय भारत के विभिन्न क्षेत्रों में भाषाई अस्मिता के विक्षोभ का है। उर्दू की ओर से 'दूसरी राजभाषा' का सवाल ऐन ऐसे वक्त पर उठाया गया जब अखिल भारतीय स्तर पर हिन्दी की स्थिति डांवाडोल हो रही थी। कहाँ तो

समस्या अंग्रेजी के प्रभुत्व को हटाने की थी, और कहाँ चर्चा हो रही है हिन्दी के 'थोपे' जाने की, 'थोपी हुई' अंग्रेजी पर कोई एतराज़ नहीं, लेकिन 'थोपी जाने वाली' हिन्दी पर इतना हंगामा! उलटे हिन्दी को जो थोड़ी बहुत सुविधा मिली है उसी में हिस्सा माँगने के लिए उर्दू सिर पर सवार! बासी भात में खुदा का साझा?

इस बीच उर्दू के हक की माँग करने वालों की दलील में एक महत्वपूर्ण परिवर्तन हुआ। पहले उर्दू के धर्मनिरपेक्ष आधार और स्वरूप पर बल रहता था। कहा जाता था कि इसे बोलने वालों में हिन्दू-मुस्लिम दोनों हैं, उर्दू कवियों और लेखकों के नाम गिनते समय हिन्दू लेखकों का जिक्र खासतौर पर किया जाता था और गंगा-जमनी संस्कृति के नाम पर उर्दू का हक़ माँगा जाता था। अब सीधे-सीधे मुस्लिम अल्पसंख्यकों की भाषा की हैसियत से उर्दू के हक की माँग की जा रही है। एक समय भाषा को धर्म से अलग करके देखने की बात की जाती थी, अब भाषा मज़हब के साथ इस तरह गड्डमड्ड हो गई है कि भाषा खुद मज़हब बन गई है—इसका प्रमाण है उर्दू रस्मुल ख़त यानी लिपि के प्रति अतिरिक्त आग्रह। 1935 में प्रगतिशील लेखक संघ का जो घोषणा-पत्र लंदन में तैयार किया गया था, उसमें भारत के लिए एक मुश्तरका ज़बान के रूप में 'हिन्दुस्तानी' का ज़िक्र था, तो एक मुश्तरका लिपि के रूप में 'इंडो-रोमन' का। यह दूसरी बात है कि 1936 की लखनऊ कांफ्रेंस में जो घोषणा-पत्र स्वीकृत हुआ उसमें से यह वाक्य निकाल दिया गया। किन्तु इस बात से यह पता चलता है कि एक समय उर्दू के प्रगतिशील लेखक उर्दू लिपि छोड़ने के लिए तैयार थे और उस लिपि को दीन-ईमान न समझते थे। यह जरूर है कि उर्दू के साथ नागरी लिपि को भी छोड़ने के हक में थे—शायद नागरी लिपि से परहेज़ के कारण ही उर्दू को भी छोड़ना गवारा था। कैसी विडम्बना है कि 'इंडो-रोमन' कहकर 'रोमन' लिपि को तो अपना लेना चाहते हैं, पर एक भारतीय लिपि गले के नीचे नहीं उतरती। यह वही मनोवृत्ति है जो अंग्रेजी को तो गले लगा सकती है, पर हिन्दी सहने के लिए तैयार नहीं।

बहरहाल, उत्तर प्रदेश न सही, बिहार में तो उर्दू 'दूसरी राजभाषा' हो गई है। देखना चाहिए कि इस सम्मान से मुस्लिम अल्पसंख्यक समुदाय को कितनी सहूलियतें मिल गईं और अन्ततः मुस्लिम अस्मिता को कितनी शक्ति मिली? कुछ उर्दू पढ़े-लिखे लोगों को छोटी-मोटी नौकरी मिलने के सिवा आम मुस्लिम जनता को क्या मिला? हो सकता है, उर्दू-शिक्षित मुस्लिम अल्पसंख्यक समुदाय के लिए यही बहुत हो, किन्तु इससे साफ़ हो जाता है कि उर्दू-जेहाद मूलतः ऐसे 'सांस्कृतिक अल्पमत' का आन्दोलन है जो अपनी संस्कृति की रक्षा के नाम पर वर्तमान सत्ता में कुछ सुविधाएँ चाहता है। राजभाषा हिन्दी के लिए शोर मचाने वाले 'हाय हिन्दी हाय हिन्दी' करने वाले चन्द लोगों से ये लोग किसी तरह भिन्न नहीं हैं।

राजभाषा होकर हिन्दी जिस तरह आम जनता से कटते हुए अपनी सर्जनात्मकता खो रही है—इससे उर्दू को सबक लेना चाहिए। उर्दू तो पहले ही से एक परजीवी सांस्कृतिक समुदाय की छाया में लम्बे काल तक रहने के कारण अपनी सहज जीवनी शक्ति काफी कुछ खो चुकी है, इस नई होड़ में तो उसके अस्तित्व पर ही बन आएगी।

गौर से देखें तो 'दूसरी राजभाषा' का दर्जा एक छलावा है। दिल के बहलाने का एक अच्छा ख़याल! हकीकत जेहाद छेड़ने वाले नेता भी जानते हैं और सत्ता पक्ष के वे नेता भी जिन्होंने उदारतापूर्वक यह माँग स्वीकार की। ऐसा अनूठा संघर्ष जिसमें दोनों पक्ष अपने को विजयी समझ रहे हैं। असली विजय का पता तब चलेगा जब मतदान होगा।

किन्तु यह 'लोकरंजक' (पापुलिस्ट) खेल अन्ततः कितना खतरनाक है इसका पता तब चलेगा जब एक-एक कर भारत के दूसरे राज्यों में भी 'दूसरी राजभाषा' के दावेदार खड़े होंगे। भारत का भाषाई नक्शा ही कुछ ऐसा है कि प्रायः सभी दूसरे द्विभाषी तथा बहुभाषी हैं; इसलिए यदि एक जगह 'दूसरी राजभाषा' का सिद्धान्त मान लिया गया तो फिर अन्ततः प्रतिक्रिया की शृंखला जहाँ जाकर खत्म होगी, कल्पना की जा सकती है।

उर्दू की अस्मिता का संकट समझ में आता है; किन्तु अस्मिता की प्राप्ति मुख्यधारा से अलगाव में नहीं, लगाव में है। समाज से कट कर यदि कोई व्यक्ति अपनी अस्मिता को प्राप्त नहीं कर सकता, तो फिर कोई भाषा या साहित्य भी अलगाव से घाटे में ही रहेगा। 'दूसरी राजभाषा' का दर्जा जिस अल्पसंख्यक संस्कृति की रक्षा के लिए प्राप्त किया जा रहा है वह अल्पसंख्यक समुदाय को और भी अल्पसंख्यक बनाने की प्रक्रिया है। आज जो मज़हब भाषा के लिए उपयोगी मालूम हो रहा है, वह आगे चलकर कितना घातक हो सकता है, इसका अन्दाज़ा अभी उर्दू-जेहादियों को पूरी तरह नहीं है। जिस भाषा का साहित्य सम्प्रदायवाद के विरुद्ध संघर्ष का शानदार दस्तावेज़ हो, वह उर्दू स्वयं साम्प्रदायिक तत्वों के हाथों में खेल जाए, इससे बड़ी विडम्बना और क्या होगी?

उर्दू के अस्तित्व का सवाल इतिहास को याद करने-कराने से हल न होगा। इतिहास इतनी ही मदद कर सकता है कि वह अपने आपको दुहराने से रोके। समस्या का हल भविष्य का सामना करने में ही है। सिर्फ अपने भविष्य का नहीं बल्कि उनके भविष्य का जो 1947 के पहले के इतिहास से वंचित हैं। जो फारसी बहुल भाषा के संस्कार में पले और फारसी लिपि से बँधे रहे उन्हें यह हक नहीं कि नई पीढ़ी को इसी 'संस्कृति' से बाँधे रखें। भविष्य जाने कितने अप्रत्याशित विकल्पों से भरा है। इस भविष्य की चुनौतियाँ समाज की जिन शक्तियों को एकजुट होने के लिए ललकार

रही हैं उनसे जुड़कर आगे बढ़ने में यदि भाषा या लिपि भी दीवार बनती है तो उसे तोड़ने का साहस होना चाहिए, यह बात उर्दू के लिए उतनी ही सच है, जितनी हिन्दी के लिए। आत्मरक्षा रक्षात्मक लड़ाई में नहीं, उस साहसिक अभियान में है जिसका लक्ष्य भविष्य की विजय है। इस बड़े लक्ष्य के सामने 'दूसरी राजभाषा' का दर्जा महज़ एक झुनझुना है।

(हंस, मार्च 1987)

उर्दू का सवाल : शिकवा और जवाब-ए-शिकवा

'हंस' के मार्च अंक में उर्दू का सवाल उठा और अगले महीने इसी विषय पर केन्द्रित 'सेमिनार' का अंक (अप्रैल 87) निकला। शीर्षक 'उर्दू : ए लिंग्विस्टिक जेनोसाइड' (उर्दू : एक भाषाई जाति संहार)। इस अंक में बहुचर्चित लेकिन अनदेखी गुजराल रिपोर्ट के अध्यक्ष श्री इन्दरकुमार गुजराल ने रिपोर्ट की अन्दरूनी कहानी बयान की है, जो दिलचस्प है। रिपोर्ट में 'दूसरी भाषा' के दर्जे की बहस को एहतियातन बचाया गया। बकौल गुजराल श्रीनगर में कमेटी के सामने बयान देते हुए किसी ने कहा था : "मैं आपकी बात समझ रहा हूँ, लेकिन इस 'दूसरी भाषा का दर्जा' जुम्ले में कोई बात जरूर है जिससे हिन्दी वाले इससे इतना ज्यादा गुरेज करते हैं।"

रिपोर्ट के बारे में सरकार और कांग्रेस के रवैये का जिक्र करते हुए गुजराल ने बताया है कि मन्त्रिमंडल में विचार के लिए जब रिपोर्ट आई तो इमर्जेन्सी लगे कई महीने हो चुके थे। श्रीमती इन्दिरा गांधी रिपोर्ट को मंजूर करने के हक में थीं क्योंकि इमर्जेन्सी की ज्यादातियों के कारण मुसलमान कट चले थे और श्रीमती गांधी उन्हें अपनी ओर करने के लिए राजनीतिक कारणों से रिपोर्ट की सिफारिशों के मुताबिक उर्दू को सुविधाएँ देना चाहती थीं। लेकिन बाबू जगजीवन राम के उग्र विरोध के कारण ऐसा न हो सका। बाबू जी की आपत्ति यह थी कि उर्दू को पिछले दरवाजे से हिन्दी के बराबर लाने की कोशिश की जा रही है।

जनता सरकार के पतन के बाद 1980 में जब चुनाव की तैयारी शुरू हुई तो कांग्रेस पार्टी अपने चुनाव घोषणा-पत्र में गुजराल रिपोर्ट को लागू करने का वादा करने की जगह "कई कदम आगे बढ़कर" हिन्दी क्षेत्र में उर्दू को दूसरी भाषा का दर्जा देने का वादा कर बैठी।

वादा पूरा करने में पहल की बिहार ने। मुख्यमंत्री जगन्नाथ मिश्र ने अचानक उर्दू को दूसरी भाषा का दर्जा देने का ऐलान कर दिया। लेकिन जैसा कि गुजराल का कहना है, अपनी डगमगाती कुर्सी को बचाने के लिए मुख्यमंत्री ने ऐसा किया। इसके बाद लाग-डांट में उत्तर प्रदेश के मुख्यमंत्री विश्वनाथ प्रताप सिंह ने भी उर्दू को वही दर्जा देने के लिए अध्यादेश निकाल दिया। यह दूसरी बात है कि कानूनी

रुकावट के कारण वह अध्यादेश अधर में लटक गया। लेकिन उस अध्यादेश को फिर कानून की शक्ल देने की कोशिश बाद में भी किसी मुख्यमंत्री ने न की।

कहानी का आखिरी टुकड़ा यह है कि 1984 में केन्द्र को एक बार फिर गुजराल रिपोर्ट की याद आई। शायद लखनऊ वाली गुत्थी सुलझाने के खयाल से। पुरानी कमेटी के कुछ सदस्यों के साथ नए विशेषज्ञों को मिलाकर कुछ बैठकें भी हुईं। लेकिन कोई नतीजा सामने न आया।

यह है उर्दू के साथ सत्ता के राजनीतिक खेल की एक झलक। इस कहानी में 1980 का साल गौरतलब है। असगर अली इंजीनियर की तरह मैं भी महसूस करता हूँ कि 1980 भारत की साम्प्रदायिक स्थिति में एक महत्वपूर्ण मोड़ है। इस्लामी 'फंडामेंटलिज्म' के उभार का समय तो यह है ही, तमिलनाडु के अन्दर मीनाक्षीपुरम् में धर्म-परिवर्तन की घटना भी इसी समय घटी। दूसरी ओर विश्व हिन्दू परिषद ने भी आक्रामक रुख अपनाया। पंजाब में सिख उग्रपंथियों की खालिस्तान की माँग और असम में विदेशियों को निकालने का आन्दोलन भी लगभग इसी समय की घटनाएँ हैं। असगर अली इंजीनियर ने ठीक ही लक्षित किया है कि इस वर्ष दुबारा सत्ता में आने पर इन्दिरा गांधी की भी राजनीतिक दृष्टि में बदलाव आया और उन्हें लगने लगा कि उनकी राजनीतिक सत्ता हिन्दू वोट के सहारे ही बची रह सकती है।

अगर यह पर्यवेक्षण सही है तो फिर इसके साथ उर्दू को दूसरी भाषा का दर्जा देने के सरकारी प्रयत्नों की संगति कैसे बैठेगी? लेकिन ध्यान से देखें तो उस हिन्दू-दृष्टि और मुस्लिम-तुष्टि में कोई बुनियादी विरोध नहीं है। यही नहीं कि ये एक ही सिक्के के दो पहलू हैं, बल्कि परस्पर पूरक भी।

हिन्दुओं पर निर्भर, लेकिन मुसलमानों को भी साथ लेने के लिए तत्पर। आधार बहुसंख्यक समुदाय का तो अधिरचना अल्पसंख्यकों की। तुष्टिकरण की नीति इस समझ की अनिवार्य गति है और परिणति अलगाववाद। आकस्मिक नहीं कि 1980 के बाद देश में अलगाववादी प्रवृत्ति का उभार बड़े पैमाने पर हुआ। बड़े पैमाने पर अनेक स्तरों पर कहीं मजहब और धर्म के स्तर पर अलगाव तो कहीं भाषा स्तर पर और कहीं क्षेत्रीयता के स्तर पर। व्यापक जन-असन्तोष ने यदि मजहबी, भाषाई और क्षेत्रीय अलगाव की शक्ल अख्तियार की तो उसकी सबसे बड़ी जिम्मेदारी कांग्रेस की राजनीति और उसकी सरकारी नीति पर है। कहने की आवश्यकता नहीं है कि उर्दू के लिए दूसरी राजभाषा का दर्जा माँगना और देना—दोनों इसी राजनीति की उपज हैं।

इस राजनीतिक समझ के मुताबिक उर्दू भारत के मुसलमानों की भाषा है। मुसलमान लाख कहें कि उर्दू बोलने और लिखने वालों में हिन्दू और सिक्खों की संख्या भी काफी है, लेकिन इस 'राजनीति' में उर्दू मुसलमानों से ही जुड़ी है। जिन्होंने उर्दू

को दूसरी भाषा का दर्जा दिया है। उन्हें उर्दू भाषा से विशेष प्रेम नहीं है। मुस्लिम समाज को तुष्ट करना ही मुख्य प्रयोजन है। यह ऐसी सचाई है जिसे दोनों पक्ष जानते हैं—यहाँ तक कि उर्दू वाले भी इससे अनजान नहीं हैं। न स्वीकार करें यह और बात है।

निश्चय ही यह थोड़ी चिन्ता की बात है। लेकिन इससे भी बड़ी चिन्ता की बात तो यह है कि आज कुछ मुसलमान भी यह महसूस करने लगे हैं कि उर्दू मुसलमानों की भाषा है और उन्हीं के हाथों इसका भविष्य भी सुरक्षित है : 'सेमिनार' के उसी अंक में हसन अब्दुल्ला ने अपने लेख में लिखा है : हमें ईमानदारी से स्वीकार कर लेना चाहिए कि आज के भारत में उर्दू मुसलमानों के साथ सम्बद्ध हो गई है...आज की तारीख में उर्दू-मुस्लिम सम्बन्ध को इनकार करने का मतलब है कठोर सचाई से आँखें मूँदना। आजाद हिन्दुस्तान में पैदा होने वाले लोगों में सिर्फ मुसलमान ही हैं जिन्होंने किसी माने में इस भाषा का अध्ययन किया है।''

सवाल यह है कि स्वाधीनता-प्राप्ति के बाद उर्दू सिर्फ मुसलमानों तक सिमटकर क्यों रह गई?

इसे यदि उर्दू की अवनति मानें तो हसन अब्दुल्ला के अनुसार उर्दू की इस 'अवनति' का एक कारण है हिन्दी के साथ उसकी समानता। इस 'समानता' से उर्दू का इतना खतरा महसूस होता रहा है कि एक अरसे से वह अपने आप को एक भिन्न और स्वतंत्र भाषा के रूप में प्रतिष्ठित करने की कोशिश करती आ रही है और अब यह कोशिश चरम सीमा पर पहुँच चली है। सन् 1936 में गांधी जी के हिन्दुस्तानी आन्दोलन से मौलवी अब्दुल हक ने इसीलिए अपने आप को अलग कर लिया था और इस मसले पर प्रेमचन्द से भी उनका मतभेद हो गया था।

बोलचाल की एक भाषा के आधार पर हिन्दी और उर्दू नाम से जो दो भाषाएँ बन गई थीं उस पर प्रेमचन्द को मलाल था। उन्होंने बड़े दुख के साथ लिखा था कि ''यह सारी करामात फोर्ट विलियम कॉलेज की है जिसने एक ही ज़बान में दो रूप मान लिए। इसमें भी उस वक्त कोई राजनीति काम कर रही थी या उस वक्त भी दोनों ज़बानों में फर्क आ गया था यह हम नहीं कह सकते। लेकिन जिन हाथों ने यहाँ की ज़बान के उस वक्त दो टुकड़े कर दिए, उसने हमारी कौमी जिन्दगी के दो टुकड़े कर दिए।''

'प्रेमचन्द उर्दू-हिन्दी के कथाकार' (1983) के लेखक डॉ. जाफर रजा प्रेमचन्द की इस समझ पर टिप्पणी करते हुए कहते हैं : ''प्रेमचन्द भाषाशास्त्री नहीं थे और न उन्होंने इस समस्या का वैज्ञानिक दृष्टिकोण से अध्ययन ही किया था। उन्होंने उर्दू-हिन्दी विरोध की समस्त जिम्मेदारी फोर्ट विलियम कॉलेज के सिर पर डाल दी थी जो 1800 ई. में अस्तित्व में आया, किन्तु इस सन्दर्भ में उसकी क्रियाशीलता

नकारात्मक या ध्वन्सात्मक न थी...बिना किसी प्रमाण के फोर्ट विलियम कॉलेज की असाधारण साहित्यिक उपलब्धियों को नकार देना न्यायसंगत नहीं है।"

फोर्ट विलियम कॉलेज के बारे में ज़ाफर रज़ा की यह राय बहुत कुछ औसत उर्दू वालों की राय है क्योंकि उस कॉलेज की वजह से उर्दू अपने वजूद में आई—हिन्दी से अलग हुई। गिल क्राइस्ट को हिन्दी में भले ही शैतान समझा जाए उर्दू में आमतौर से उन्हें पैगम्बर नहीं तो कुछ खलीफा जैसा दर्जा हासिल है। गिल क्राइस्ट पहले अंग्रेज हैं जिन्होंने मज़हब के आधार पर भाषा का विभाजन किया और उर्दू का सम्बन्ध मुसलमानों से जोड़ा।

उपनिवेशवादी अंग्रेजों के ठीक उल्टा मत सोवियत भाषाविदों का है जिसका परिचय बोरीस क्लूयेव की पुस्तक 'स्वतंत्र भारत : जातीय तथा भाषाई समस्या' (1986) के इस उद्धरण से मिल सकता है : "हिन्दुस्तान के क्षेत्र में उर्दू भाषा इस समय स्वयं अपनी जातीय भाषा व्यवस्था का निर्माण नहीं करती है और इस विशेष क्षेत्र में यह साहित्यिक भाषा हिन्दी जातीय भाषा व्यवस्था के एक संघटक अंग का प्रतिनिधित्व करती है।" प.अ. बरान्निकोव लिखते हैं : "एक ही जनगण को, जिनमें निर्माणाधीन जाति के सभी लक्षण और सर्वोपरि एक राज्य के ढाँचे के भीतर क्षेत्रीय एकता के लक्षण विद्यमान हैं, दो भिन्न भाषाएँ, अर्थात् हिन्दी और उर्दू बोलने वाले दो जनगण में विखंडित नहीं किया जा सकता।"

इस वस्तुनिष्ठ वास्तविकता के बावजूद यदि उर्दू को एक अलग कौम की अलग भाषा के रूप में मान्यता देने के लिए आग्रह किया जाता है तो यह विशेष प्रकार की मानसिकता का परिणाम है। इस मानसिकता को अलगाववाद के अलावा और कोई नाम देना सम्भव नहीं है।

इस अलगाववादी मानसिकता के कारण पिछले दशकों में उर्दू में फारसीयत की मात्रा बढ़ी है—फारसी शब्दावली ही नहीं बल्कि फारसी तरकीबें भी। उदाहरण के लिए उर्दू ने बोलचाल की क्रिया 'लिखना' तो ले ली लेकिन इसी से बनने वाली संज्ञा 'लेखक' नहीं ली। उर्दू में लेखक के लिए 'मुसन्निफ' शब्द है। कितनी बड़ी विडम्बना है कि जनता के लिए लिखने वाले लेखकों के संगठन का नाम 'अंजुमन तरक्की पसन्द मुसन्निफीन' है। उम्मीद की जाती है कि अवाम इसका मतलब समझ लेगा!

दावा किया जाता है कि उर्दू हिन्दुओं और मुसलमानों के मेलजोल से पैदा हुई है और वह इस मेलजोल को मजबूत करने वाली भी है। लेकिन इस बीच वह जितनी तेजी से अरबी-फारसी शब्दावली की ओर झुक रही है उससे मेल-जोल में कितनी मदद मिलेगी? उर्दू की इस प्रवृत्ति को देखकर डॉ. रामविलास शर्मा ने 'भाषा और समाज' (1960) में लिखा था कि उर्दू को "अगर बारहवीं-तेरहवीं सदी में मेल-जोल के लिए पाँच फीसदी अरबी-फारसी शब्दों की जरूरत थी तो 1947 के

आसपास यह जरूरत बढ़कर पचासी फीसदी तक पहुँच गई है। यानी ज्यों-ज्यों मेलजोल बढ़ा, त्यों-त्यों हिन्दी उर्दू का अलगाव बढ़ता गया। मर्ज बढ़ता गया ज्यों-ज्यों दवा की। यदि कोई कहे, हिन्दी गढ़ी हुई भाषा है इसलिए अलगाव है तो हम कहेंगे कि उर्दू और भारत की शेष सभी भाषाओं का अन्तर बढ़ा है।'' (दूसरा संस्करण, पृ0 284)

फारसी शब्दावली के साथ-साथ उर्दू का आग्रह फारसी लिपि के प्रति भी बढ़ा है। और ऐसा प्रतीत होता है कि ''कुछ मुसलमान उर्दू भाषा और लिपि से अपना धार्मिक सम्बन्ध मानते हैं।'' इस सन्दर्भ में बाबा-ए-उर्दू मौलवी अब्दुल हक की एक बात गौरतलब है। 1922 में 'कुल्लियात सुलतान मुहम्मद कुली कुतुबशाह' पर एक 'नोट' में उन्होंने लिखा था : ''अगर उर्दू (रेख़्ता) को अदबीनशोनुमा दकन में हासिल न हुई होती, तो बहुत मुमकिन था कि बजाय फारसी अरूज के हिन्दी अरूज होता, क्योंकि दोआबा गंगो जमन में आसपास हर तरफ हिन्दी थी और मुल्क की आम ज़बान थी। बरखिलाफ इसके दकन में सिवाय फारसी के कोई इसका आसरा न था। और यही वजह हुई कि फारसी इस पर छा गई। वरना यह जो थोड़ा सा इम्तियाज़ उर्दू हिन्दी में पाया जाता है वह भी न रहता और गालिबन यह उर्दू के हक में बहुत बेहतर होता।'' यह कथन प. पद्मसिंह शर्मा ने अपनी पुस्तक 'हिन्दी, उर्दू और हिन्दुस्तानी' (1932) में उद्धृत किया है। इससे उर्दू की तस्वीर एक ऐसी 'कलमी' भाषा के रूप में उभरती है जिसे भाषाविज्ञानी 'क्रिओल' और 'पिजूइन' कहते हैं।

खेद है कि आगे चलकर अपनी ही कही इस बात को मौलवी अब्दुल हक तो भूल ही गए, उर्दू के कुछ हिमायती भी अपनी इतिहास की बहुत-सी मूल्यवान विरासत के साथ इसे भी भुला बैठे।

यह सही है कि इस बीच हिन्दी में भी संस्कृत की ओर झुकाव बढ़ा है। यह झुकाव अनुवाद की सरकारी हिन्दी में सबसे ज्यादा दिखाई देता है। हिन्दी को संस्कृतनिष्ठ बनाने के लिए अक्सर यह तर्क दिया जाता है कि इस प्रक्रिया से हिन्दी अन्य भारतीय भाषाओं के निकट पहुँचेगी। यदि इस प्रयास में सफलता मिल भी जाए तो भी यह घाटे का सौदा है। इस तरह अन्य भारतीय भाषाओं के निकट आने की कोशिश में हिन्दी स्वयं अपनी आम जनता से—अपने जन-आधार से ही कट जाएगी। इसीलिए हिन्दी के अनेक जनवादी लेखकों ने हिन्दी को संस्कृत साँचे में ढालने का लगातार विरोध किया है।

लेकिन उर्दू की फारसीयत को हिन्दी के इस संस्कृत रुझान की प्रतिक्रिया कहकर उचित नहीं ठहराया जा सकता। अपनी अस्मिता के लिए—नई चुनौतियों के सामने भाषाई विकास के लिए यदि हिन्दी या उर्दू को अपनी जड़ों की ओर जाना है तो वे

जड़ें संस्कृत या फारसी नहीं बल्कि आज की बोलचाल की भाषा है। इसलिए जो भाषा आगे बढ़कर अपने इस अक्षय भंडार से संजीवनी ग्रहण करेगी वही समाज में मान्य होगी।

कठिनाई यह है कि अपनी फारसीयत से आँखें मूँदकर उर्दू शुरू से ही हिन्दी को एक गढ़ी हुई भाषा कहती आ रही है और उर्दू वालों के दिमाग के अन्दर यह बात बैठा दी गई है कि असली खड़ी बोली तो उर्दू थी, उसमें से फारसी शब्दों को निकाल कर संस्कृत शब्दों की सहायता से बाद में हिन्दी नाम की एक नकली भाषा गढ़ ली गई। इसीलिए उर्दू के कुछ हिमायतियों को आज भी अन्दर-अन्दर हिन्दी के राष्ट्रभाषा—राजभाषा होने का बहुत मलाल है।

इस पूर्वग्रह की तुलना में यथार्थ के कहीं अधिक निकट एक अंग्रेज विद्वान डॉ. रोनाल्ड स्टुअर्ट मैकग्रेगर के हाल ही में व्यक्त किए हुए विचार हैं। 'उन्नीसवीं और आरम्भिक बीसवीं शताब्दियों का हिन्दी साहित्य' (1974) नामक अंग्रेजी पुस्तक में मैकग्रेगर ने लिखा है : "उत्तरी भारत पर पश्चिमी प्रभाव के साथ नई भाषाई आवश्यकताएँ पैदा हुईं। जहाँ हिन्दुस्तानी और फारसी तिजारत और कानून की भाषाओं के रूप में ईस्ट इंडिया कम्पनी के काम आ रही थीं, वहीं कुछ लोगों ने यह अनुभव किया कि अब से उत्तर भारत में भाषा के एक ऐसे अन्य रूप की आवश्यकता है जो हिन्दुस्तानी की तरह अरबी-फारसी पर इतना अधिक निर्भर न हो बल्कि शब्दावली और सांस्कृतिक सम्बन्ध की दृष्टि से जन साधारण द्वारा बोली जाने वाली स्थानीय तथा क्षेत्रीय बोलियों के अधिक निकट हो और इसके साथ ही देवनागरी लिपि में लिखी जाती हो। शायद स्वयं ब्रजभाषा ही यह काम कर लेती : लेकिन दिल्ली की बोली (जो अब 'खड़ी बोली' कहलाने लगी थी) के प्रचलन में आ जाने से नई शैली के लिए इस बोली को आधार बनना अनिवार्य था। यह शैली जिसका सांस्कृतिक सम्बन्ध फारसी की अपेक्षा संस्कृत से था, 'अंग्रेजों की सृष्टि' नहीं, बल्कि अपने मुख्य विकास के लिए एकदम उन नई परिस्थितियों की ऋणी है जो उन्नीसवीं सदी के आरम्भ में अंग्रेजों की उपस्थिति से पैदा हुई। यह भाषा हिन्दुस्तानी-उर्दू और ब्रजभाषा के साथ-साथ विकसित हुई। इसके लिए अधिकाधिक लगातार 'हिन्दी' शब्द का प्रयोग होने लगा। मध्य में शिक्षा के क्रमिक प्रसार के साथ सामाजिक और सांस्कृतिक चेतना तथा देशभक्ति की भावना के आगामी विकास के कारण वह साहित्य सृजन और सार्वजनिक व्यवहार के माध्यम के रूप में और अधिक स्वीकृत हुई। एक ओर यह उर्दू और अंग्रेजी से होड़ ले रही थी तो दूसरी ओर इन दोनों के साथ-साथ बांग्ला की ऋणी भी थी। एक ओर जहाँ यह स्थानीय बोलियों से पोषण प्राप्त कर रही थी वहीं इन बोलियों की प्रवृत्ति के अनुरूप ब्रजभाषा की साहित्यिक परम्परा से भी शक्ति ग्रहण कर रही थी।

बीसवीं सदी के आरम्भ में एक ऐसे परम्परावादी समाज और संस्कृति में जिस पर घटनाओं के लगातार दबाव पड़ रहे थे, यह शैली उस क्षेत्र की प्रधान भाषा के रूप में उभरती है—ऐसी भाषा जिसका भविष्य सम्भावनापूर्ण है।

एक तरह से देखें तो यह हिन्दी के विकास का सामाजिक और सांस्कृतिक सन्दर्भ होने के साथ ही हिन्दी भाषा भाषी महाजाति के निर्माण की प्रक्रिया में भाषा की नियामक भूमिका की ओर संकेत है। कहने की आवश्यकता नहीं कि उर्दू-हिन्दी विवाद से जातीय निर्माण की उस प्रक्रिया में बाधा पड़ी। स्वाधीनता-प्राप्ति के बाद भाषावार प्रान्तों के निर्माण के साथ एक बार फिर हिन्दी क्षेत्र के जातीय विकास की सम्भावनाएँ प्रकट हुईं किन्तु वही भाषाई तनाव नए रूप में प्रकट हुआ। उर्दू के लिए दूसरी भाषा के दर्जे की माँग इसी सन्दर्भ में विचारणीय है।

भाषा का सवाल अनिवार्य रूप से जातीयता से जुड़ा हुआ है और जातीयता के सन्दर्भ में ही भाषा समस्या का सही समाधान सम्भव है। यदि यह सही है कि हिन्दी और उर्दू मूलतः एक ही क्षेत्र की भाषाएँ हैं और जातीयता के आधार पर दोनों एक-दूसरे से अभिन्न रूप से जुड़ी हुई हैं तो आज बुनियादी सवाल सुगठित जातीय निर्माण में इन भाषाओं की भूमिका का है।

अजीब बात है कि इस बुनियादी सवाल से कतराकर अपने आपको तरक्की पसन्द और जनवादी कहने वाले कुछ उर्दू लेखक यह सवाल उठाना ज्यादा जरूरी समझते हैं कि पूँजीवादी संविधान के अनुसार ही सही यदि उर्दू इस देश की भाषा है तो उसका कोई क्षेत्र भी जरूर होगा; उस क्षेत्र का नाम बता दिया जाए।

सवाल पूछने वाले अच्छी तरह जानते हैं कि उर्दू किस क्षेत्र की भाषा है। इसके लिए संविधान का हवाला देने की जरूरत नहीं है। संविधान का हवाला खिलाफ भी जा सकता है। संविधान में ऐसी भाषाओं का भी उल्लेख है जिनका कोई निश्चित क्षेत्र नहीं है, लेकिन उन्हें बोलने वाले सारे देश में बिखरे हुए हैं जैसे अंग्रेजी, संस्कृत और सिन्धी।

उर्दू बोलने वाले भी सारे देश में बिखरे हुए हैं—ज्यादातर बड़े शहरों और कस्बों में। ज़बान जरूर वह देहली की है और परवान भी चढ़ी उत्तर भारत के लखनऊ, आगरा और दिल्ली जैसे शहरों में। लेकिन खुद उर्दू वाले उर्दू का हक जिस तरह उत्तर प्रदेश और बिहार के अलावा कर्नाटक, आन्ध्र प्रदेश, महाराष्ट्र आदि प्रान्तों में माँग रहे हैं उससे स्पष्ट है कि उनकी दिलचस्पी हिन्दी-उर्दू के सम्मिलित क्षेत्र की जातीयता से नहीं, बल्कि किसी न किसी रूप में एक अखिल भारतीय राजभाषा की हैसियत हासिल करने की है। एक जमाना था जब भारत के मुसलमान अपने आप को एक कौम कहते थे। पाकिस्तान बन जाने के बाद भारत में अब ऐसा कहने का साहस किसी को नहीं है। लेकिन अखिल भारतीय स्तर पर उर्दू बोलने वालों की एक कौम

का तसव्वुर अब भी कायम है; जबकि भारत की और कोई भाषा आज इस तरह का दावा नहीं करती—हिन्दी भी नहीं जो सारे देश की राष्ट्रभाषा और राजभाषा कहलाती है।

दरअसल उर्दू की समस्या यही है कि वह शहरी जुबान है और देहात में कहीं नहीं बोली जाती। फैज अहमद फैज ने भी एक बातचीत के दौरान इसे तस्लीम किया है। यह बातचीत जुलाई, 87 के 'हंस' में छपी हुई है। फैज साहब की तरह उर्दू के और भी शायर और अदीब हैं जिनकी अपनी एक अलग क्षेत्रीय बोली भी है, कुछ तो उर्दू के अलावा उस बोली में भी लिखते हैं और कुछ उस बोली की मदद से अपनी उर्दू को और अधिक जीवन्त बनाने की कोशिश करते हैं।

बहरहाल, उर्दू की समस्या यह है कि कोई निश्चित क्षेत्रीय आधार न होने के कारण वह अपनी माँग मनवाने के लिए 'संस्कृति' का ही सहारा लेने के लिए विवश है और कहने की आवश्यकता नहीं कि यह 'संस्कृति' काफी अस्पष्ट और विवादास्पद-सी चीज है जिससे कभी-कभी मजहब और धर्म का भी भ्रम हो जाता है। भाषावार राज्यों के निर्माण के बाद उर्दू की यह समस्या और भी पेचीदा हो गई। अब सांस्कृतिक अल्पसंख्यक लोगों की भाषा के रूप में ही उर्दू की माँगें प्रस्तुत की जा सकती हैं।

लेकिन अल्पसंख्यकों की भाषा के रूप में उर्दू अकेली भाषा नहीं है। भारत वस्तुतः भाषाई अल्पसंख्यकों का राष्ट्र है। कोई ऐसा राज्य नहीं जिसमें एक से अधिक अल्पसंख्यक भाषाएँ न हों। राज्य पुनर्गठन आयोग के सामने भी यह समस्या थी। आयोग ने 1955 में इस विषय पर गम्भीरता से विचार करके कुछ सुझाव भी दिए थे। इस बीच विभिन्न राज्यों में भाषाई अल्पसंख्यकों की समस्या ने जब से विस्फोटक रूप धारण कर लिया है, आयोग के दिशा-निर्देशक सुझावों पर पुनर्विचार हो रहा है। इस दृष्टि से श्री गोपालराव एकबोटे की सद्यः प्रकाशित पुस्तक 'राष्ट्रभाषा विहीन राष्ट्र' (1987) उल्लेखनीय है। इस पुस्तक के कुछ प्रासंगिक अंश 'हंस' के जुलाई अंक में छप चुके हैं। श्री एकबोटे आन्ध्र प्रदेश उच्च न्यायालय के सेवानिवृत्त मुख्य न्यायाधीश हैं। न्यायमूर्ति एकबोटे को सम्भवतः इस समस्या से सीधा साबका पड़ा था। उन्होंने देखा कि "इस बीच भाषा समस्या को एक नया आयाम मिला है। अल्पसंख्यक भाषाई समूहों ने इस माँग को लेकर कोलाहल खड़ा कर लिया है कि उनकी भाषाओं को राज्य की दूसरी, तीसरी सरकारी भाषा का स्थान दिया जाए। कई राज्य सरकारें वोट बटोरने के लालच में इस दबाव के सामने झुकती चली जा रही हैं। उन्हें इस बात का तनिक भी ध्यान नहीं है कि इस बहुभाषी राष्ट्र में राष्ट्रीय एकता की मजबूती की राह में ऐसी सस्ती लोकप्रियता बहुत महंगी पड़ती है।"

इसलिए न्यायमूर्ति एकबोटे का सुविचारित मत है कि "जहाँ खुद क्षेत्रीय राजभाषा का प्रयोग ही सीमित या सिर्फ दिखावे का नाममात्र हो वहाँ एक दूसरी राजभाषा की माँग का अर्थ बाँटने की संकीर्ण बुद्धि के अतिरिक्त और क्या है?"

इसके अतिरिक्त उन्होंने संविधान की भाषा-सम्बन्धी धाराओं का विवेचन जिस सूक्ष्मता से किया है उससे स्पष्ट हो जाता है कि उर्दू को दूसरी राजभाषा का दर्जा दिलाने में संविधान विशेष सहायता नहीं कर सकता।

इस प्रकार सवाल सिर्फ उर्दू का नहीं बल्कि दर्जनों अल्पसंख्यक भाषाओं का है और एक अखिल भारतीय नीति के तहत ही किसी भाषा को दूसरी राजभाषा का दर्जा देने का निर्णय किया जा सकता है। कहने की आवश्यकता नहीं कि इस निर्णय के लिए आज सबसे बड़ी चुनौती अलगाववाद है। फिर भी कुछ उर्दू-प्रेमी ऐसे हैं जो कहते हैं कि उर्दू को दूसरी राजभाषा का दर्जा देने से आसमान न फट पड़ेगा। आसमान तो खैर चर्खे गर्दिश है, आसमान की बात आसमान वाले बेहतर जानते होंगे लेकिन इस धरती के टुकड़े होते हमने जरूर देखे हैं।

इसका अर्थ यह नहीं कि राष्ट्रीय एकता की वेदी पर उर्दू और अन्य अल्पसंख्यक भाषाओं की बलि चढ़ा दी जाए। उर्दू को दूसरी राजभाषा का दर्जा दिए बिना भी, जैसा कि गुजराल रिपोर्ट में सिफारिश की गई है, जो लोग उर्दू को अपनी मातृभाषा कहते हैं उन्हें उस भाषा में पूरी शिक्षा देने की व्यवस्था सरकार को करनी चाहिए। इसके अलावा उर्दू भाषियों को अपनी भाषा में अर्जी देने, जवाब पाने, सरकारी सूचना पढ़ने आदि की भी सुविधा मिलनी चाहिए। ये सब किसी भी भाषाई अल्पसंख्यक समुदाय के जनवादी अधिकार हैं। इन अधिकारों के लिए उर्दू भाषियों के संघर्ष में सहयोग देने का अर्थ है जनवाद की रक्षा। लेकिन इसके साथ ही उर्दू भाषियों से यह कहना अनुचित न होगा कि अलगाववादी ताकतों से सावधान रहें क्योंकि अलगाववाद खुद उर्दू के लिए नुकसानदेह है।

(हंस, अक्टूबर, 1987)

आधुनिक हिन्दी साहित्य : अन्तर्राष्ट्रीय मान्यता का प्रश्न और प्रतिरोध की परम्परा

•

हिन्दी और अन्य भारतीय भाषाओं की बहुत ही महत्वपूर्ण कृतियों की रचना देश-विभाजन की त्रासदी को लेकर हुई है। हाल में सलमान रुश्दी ने जो कहा है मेरी राय में उसका आशय यह है कि सआदत हसन मंटो को छोड़कर भारतीय भाषाओं का कोई भी लेखक अपने यहाँ के अंग्रेजी लेखन की ऊँचाइयों को नहीं छू सका है। केवल विभाजन पर लिखे ढेर सारे साहित्य पर यदि नजर डालें जिस पर स्वयं रुश्दी ने बहुत अच्छा लिखा है, तो यह देखना मुश्किल नहीं होगा कि उनका दावा सही नहीं है। यशपाल का 'झूठा सच' या राही मासूम रजा का 'आधा गाँव' या भोपाल के मंजूर एहतेशाम जैसे युवतर लेखकों का रचनाकर्म इस बात का सबूत है कि आजादी के बाद के पचास वर्षों में भारतीय भाषाओं का साहित्य किसी दोयम दर्जे का नहीं है। कविता और खासतौर पर नाटक के क्षेत्र में बांग्ला, उड़िया, कन्नड़ और मराठी के रचनाकारों, दलित लेखकों और गिरीश कारनाड, विजय तेंदुलकर, रघुवीर सहाय, अख्तर-उल-इमान और अन्य लेखकों के अवदान की अनदेखी नहीं की जा सकती। फिर भारतीय भाषाओं की कृतियों को अन्तर्राष्ट्रीय स्तर पर मान्यता क्यों नहीं मिलती, जबकि इन भाषाओं के बोलने वालों के बीच ये कृतियाँ काफी पढ़ी जाती हैं और कई बार तो एक-एक पुस्तक के कई-कई संस्करण और लाखों प्रतियाँ प्रकाशित होती हैं?

एक स्तर पर इसके कारण उस नास्टेल्जिया में निहित हैं जो रवीन्द्रनाथ ठाकुर या प्रेमचन्द को श्रेष्ठ लेखन का प्रतिमान बना देने में बड़ी भूमिका अदा करते हैं। प्रत्येक राष्ट्र ऐसे प्रतिमान गढ़ता है जो उसके राष्ट्रीय साहित्य को परिभाषित करते हैं। मेरी राय में, यह सच है कि स्वतंत्रता संग्राम ने उस दौर के लेखकों की रचनाओं को एक खास किस्म के आवेग और नाटकत्व से भर दिया था। इधर के लेखक उस खास संवेदना को शेयर नहीं करते लेकिन ये लेखक नई स्थितियों से सम्बोधित, नए सरोकारों से संचालित होकर उसी परम्परा को आगे बढ़ाते हैं। यह महज एक भ्रान्ति,

एक मिथ है कि हमारे पास प्रेमचन्द जैसा कोई लेखक नहीं है। प्रेमचन्द के 'गोदान' का जब पहली बार अंग्रेजी में अनुवाद हुआ था, तब यूनेस्को ने अन्तर्राष्ट्रीय प्रकाशन के लिए उसे खारिज कर दिया था। तब, जहाँ तक मुझे याद है, छठे दशक के आखिर तक सातवें दशक के शुरू के वर्षों में एक अमरीकी प्रकाशक ने निजी तौर पर उसका संक्षिप्त संस्करण प्रकाशित किया था।

वैसे भारतीय भाषाओं के लेखन को अन्तर्राष्ट्रीय मान्यता नहीं मिल पाने के और भी गम्भीर कारण हैं। इन भाषाओं में पिछली आधी सदी के लेखकों के एक खासे बड़े हिस्से का अंग्रेजी में अनुवाद उपलब्ध है। भारतीय भाषाओं में लिखे जा रहे साहित्य की समृद्धि की उपेक्षा, यहाँ तक कि जो अवमानना हुई है उसका एकमात्र कारण भाषा नहीं हो सकती। इस बारे में मेरी समझ प्रचलित धारणा से थोड़ी अलग है। पूरी दुनिया के साहित्य पर नजर डालिए तो आप पाएँगे कि आज का सर्वश्रेष्ठ साहित्य उस समय के साम्राज्यों की दुनिया में नहीं लिखा जा रहा, जिनके महानगर कभी साहित्य के बड़े केन्द्र होते थे। 1960 के दशक से तीसरी दुनिया और पूर्वी यूरोप के देश साहित्य की रचना में सबसे आगे रहे हैं। दक्षिण (लातिन) अमरीका इस नए साहित्य का एक महान केन्द्र बन गया और गेब्रियल गार्सिया मार्खेज इसके सबसे प्रमुख प्रतिनिधि हैं। अफ्रीका ने खासतौर पर अनेक महत्वपूर्ण लेखक दिए हैं—वॉले सोइंका, बेन ओकेरी या रंगभेद के खिलाफ संघर्ष से उभरे महत्वपूर्ण दक्षिण अफ्रीकी लेखकों की एक पूरी पीढ़ी इसका प्रमाण है। दूसरे विश्व युद्ध के बाद औपनिवेशिक शिकंजे से स्वतंत्र हुए देशों की सृजनशीलता ने यूरोप को पीछे छोड़ दिया है। जब इन सभी देशों में साहित्य को एक खास किस्म की मान्यता मिल चुकी है, फिर भारतीय भाषाओं के ही रचनाकार इससे वंचित क्यों?

यही समय है जब इस 'अन्तर्राष्ट्रीय मान्यता' की अवधारणा की एक गम्भीर उत्तर उपनिवेशवादी आलोचना प्रस्तुत की जानी चाहिए। किसी रचना को मान्यता यों ही नहीं मिलती, इसके पीछे एक निश्चित सिद्धान्त, मूल्यांकन और मूल्य-निर्णय का एक निश्चित आधार होता है। यदि इस सिद्धान्त ने भारतीय भाषाओं के सम्पूर्ण श्रेष्ठ सृजन को मान्यता के लिए अयोग्य ठहराकर खारिज कर दिया है, तो मेरा तो मानना है कि गड़बड़ी कहीं इस सिद्धान्त में ही होनी चाहिए। ये सिद्धान्त आमतौर पर साम्राज्यवादी देशों के यूरोप और अमरीका के विश्वविद्यालयों में विकसित हुए हैं। इन सिद्धान्तों के उद्‌भव को एक और नजरिए से भी देखा जा सकता है, वह है अधिग्रहण की कार्रवाई। पाश्चात्य अकादमिक दुनिया की ये सैद्धान्तिक संरचनाएँ औपनिवेशिक दासता से मुक्त हुए देशों के सांस्कृतिक अवदान की केवल व्याख्या या विश्लेषण ही नहीं बल्कि उसे अनुशासित करने का भी प्रयास करती हैं। अंग्रेजी भाषा में लिखा गया भारतीय लेखन चूँकि उस भाषा में तीसरी दुनिया के कुछेक उत्पादों

में से एक है, इसलिए वह अधिग्रहण की कार्रवाई के लिए सर्वाधिक उपयुक्त है। इसलिए मान्यता का सवाल केवल कृति की श्रेष्ठता का नहीं बल्कि गहरे अर्थों में एक राजनीतिक सवाल है।

हिन्दी का उद्भव अनिवार्यतः राजनीतिक तथा सामाजिक विकास-क्रम से जुड़ा हुआ रहा है। हिन्दी को राज्य की सरकारी भाषा बनाने में पुरुषोत्तम दास टंडन जैसी हस्तियों की एक भूमिका रही, जो लोकतांत्रिक राजनीति में अपने लिए एक सार्थक जगह बनाने में विफल रहे तो उन्होंने भाषाई राजनीति की शरण ली। लेकिन भाषा को यह सम्मान दिलाने वालों की हिन्दी साहित्य में कोई भूमिका नहीं थी। हिन्दी के रचनाकार आजादी के बाद गढ़ी गई सरकारी हिन्दी के प्रति हमेशा शंकालु रहे और उन्होंने हमेशा इसकी गम्भीर आलोचना भी की। इस नई भाषा और इसकी अत्यधिक साम्प्रदायिक अर्थ छवियों ने हिन्दी में रचनात्मक लेखन के मूलाधार को भी नष्ट कर दिया। आप देखिए, प्रेमचन्द ने हिन्दी और उर्दू दोनों भाषाओं में लिखा, जबकि राही मासूम रजा तथा अन्य लेखकों ने देवनागरी लिपि अपनाई। रजा का 'आधा गाँव' उर्दू में नहीं, बल्कि हिन्दी में छपा। ऐरी हिन्दी में जो गुलाबी उर्दू के नाम से जानी जाती थी और जो भोजपुर की उर्दू थी। प्रगतिवादी आन्दोलन ने जो कि साहित्यकारों के बीच एक शक्ति था, हिन्दी और उर्दू को इतना करीब ला दिया, जहाँ एक का आसानी से दूसरे में लिप्यन्तर सम्भव हो गया। मैं 'लिप्यन्तर' कह रहा हूँ, अनुवाद नहीं।

आजादी के बाद कांग्रेस के भीतर की साम्प्रदायिक शक्तियों की ओर से 'हिन्दी-हिन्दू-हिन्दुस्तान' का जो खतरनाक साम्प्रदायिक नारा आया, उसे हिन्दी लेखकों ने पूरी तरह खारिज कर दिया था। वास्तव में यह नारा पहली बार उन्नीसवीं सदी के उत्तरार्द्ध में प्रताप नारायण मिश्र ने ईजाद किया था। उस समय के सांस्कृतिक माहौल में स्वयं को हिन्दू मानने वाले और अपने देश हिन्दुस्तान से प्रेम करने वाले किसी भी हिन्दी भाषी के लिए इस फार्मूले में कुछ भी आपत्तिजनक नहीं हो सकता था। उन्नीसवीं सदी में समाज-सुधार, राष्ट्रवाद और धर्म कहीं बहुत गहरे एक-दूसरे से जुड़े थे। मुझे लगता है कि विवेकानन्द को कट्टरपंथी संकीर्णतावादी हिन्दू या साम्प्रदायिक नहीं बताया जा सकता। हिन्दी के लिए मुश्किल 1947 में कांग्रेस द्वारा देश-विभाजन को मंजूर कर लेने के बाद पैदा हुई। धर्मनिरपेक्षता के सिद्धान्त पर भारतीय राष्ट्र की स्थापना के बावजूद भारत की जनता ने इसे 'हिन्दू राष्ट्र' नहीं बनने दिया तो इसका श्रेय यहाँ की वामपंथी जनवादी ताकतों को ही जाता है। कांग्रेस के भीतर एक शक्तिशाली खेमा था, जिसने इस प्रतिक्रियावादी उपक्रम में इस्तेमाल के लिए 'हिन्दी-हिन्दू-हिन्दुस्तान' के नारे की नए सिरे से खोज की। 1948 में फैजाबाद में उपचुनाव हुआ और आमतौर पर लोग समाजवादी नेता आचार्य नरेन्द्र देव की जीत

को लेकर आश्वस्त थे। लेकिन जवाहरलाल नेहरू की इच्छा के खिलाफ पंडित गोविन्द वल्लभ पंत ने एक मामूली से बाबा राघव दास को उनके विरुद्ध चुनाव मैदान में उतारने पर जोर दिया। पंत ने चुनाव क्षेत्र में लोगों से कहा, "यह नरेन्द्र देव आपके भगवान राम को ईश्वर तक नहीं मानते, आप ऐसे व्यक्ति को वोट देंगे?" और बाबा चुनाव जीत गया।

एक वर्ष बाद 22-23 दिसम्बर 1949 की रात अयोध्या में बाबरी मस्जिद में गैरकानूनी तरीके से हिन्दू देवताओं की मूर्तियाँ प्रतिष्ठित कर दी गईं, जिसकी दुर्भाग्यपूर्ण परिणति 1992 के घटनाक्रमों में हुई। हिन्दी लेखक इन घटनाओं, इनके निहितार्थों और इनके नतीजों को लेकर अत्यन्त सजग था, शायद देश के किसी भी तबके से अधिक सजग। सरदार वल्लभ भाई पटेल द्वारा सोमनाथ मन्दिर के पुनर्निर्माण पर जोर देने की घटना, थोड़े समय के लिए पुरुषोत्तम दास टंडन को कांग्रेस अध्यक्ष बना दिए जाने की घटना और इन घटनाओं का लगातार नाबराबरी को बढ़ाने वाला विकास के ढाँचे से जुड़ना ही वह आधार है जिसने हिन्दी साहित्य को काफी झकझोरा है। मैं तो जोर देकर यह कहना चाहूँगा कि इन घटनाक्रमों का विरोध इस दौर में हिन्दी साहित्य का केन्द्रीय सरोकार रहा। यह खास तौर पर उल्लेखनीय है कि किसी भी महत्वपूर्ण लेखक ने न तो कांग्रेस के इन साम्प्रदायिकों और न बाद में भारतीय जनता पार्टी के साम्प्रदायिक तत्वों के दृष्टिकोण का कभी अनुमोदन किया। आज भी कहीं कोई लेखक नहीं दिखता, जो दक्षिणपंथी हिन्दूवाद की राजनीति की खुली हिमायत करता है। निर्मल वर्मा में जो 1950 के दशक में वामपंथ के साथ थे, आपातकाल के बाद पुरातन हिन्दूवाद तथा आध्यात्मिक अनुभवों के प्रति एक किस्म का विचारधारात्मक आग्रह जरूर दिखता है, लेकिन बाबरी मस्जिद के विध्वन्स के बाद दक्षिणपंथी हिन्दूवाद से उनका भी मोहभंग हुआ है।

विरोधाभास यह अवश्य है कि समकालीन हिन्दी लेखक जिस परिवेश में रह रहा है, वह गहरे अर्थों में प्रतिक्रियावादी है। ऐसा हमेशा से नहीं रहा है। 1857 में क्रान्ति भी हुई और किसानों के विद्रोह भी बिहार में हुए। देश का पहला मजदूर संगठन 1920 के आसपास कानपुर में बना था और सविनय अवज्ञा आन्दोलनों का सबसे उत्साही स्वागत हिन्दी-भाषी क्षेत्र में ही हुआ। फिर आखिर क्या कारण है कि हिन्दी भाषी राज्य साम्राज्यवाद-विरोध की अपनी विरासत को पूरी तरह प्रगतिशील राजनीतिक चेतना में तब्दील नहीं कर सके? एक कारण तो हिन्दी क्षेत्र में संगठित वामपंथी ताकतों की ऐतिहासिक कमजोरी हो सकती है। इसका दूसरा कारण कांग्रेस द्वारा अन्ध हिन्दू राष्ट्रवाद को दी गई उस स्वीकृति में भी निहित है जिसने बाद में हिन्दुत्व की ताकतों को वैधता प्रदान की। लेकिन अन्ततः ये तमाम बिन्दु कांग्रेस द्वारा अपनाए गए विकास एजेंडे की खामियों की ओर इशारा तो करते ही हैं। इसके लिए

लगातार सत्ता में रही कांग्रेस सरकारें और उनकी आर्थिक तथा सांस्कृतिक राजनीति ही ज्यादा उत्तरदायी है। यद्यपि हिन्दी के लेखक राजनीति को सही रूप और दिशा नहीं दे सके, लेकिन उनका प्रतिरोध फिर भी कम महत्वपूर्ण नहीं है।

मेरा विश्वास है कि प्रतिरोध की यह परम्परा आने वाले वर्षों में भी अक्षत रहेगी। शुद्धतावादियों के सख्त विरोध के बावजूद, नए बाजार की हिन्दी देश भर में प्रचारित-प्रसारित हो रही है। टेलीविजन और फिल्मों में नई हिन्दी आ रही है, जो न केवल अंग्रेजी, बल्कि मुम्बई या कलकत्ता जैसे स्थानों पर अन्य क्षेत्रीय भाषाओं के तत्वों को भी स्वयं में समाहित कर रही है। उर्दू जो आज अपने उत्कृष्टतम रूप में सौन्दर्य और भाषिक शुद्धता का प्रतिनिधित्व करती है, ऐसी ही अपरिष्कृत अन्तःक्रिया से विकसित हुई थी। शायद हिन्दी का एक जनभाषा रूप बन रहा है जो सच्चे अर्थों में लोकप्रिय, राष्ट्रीय और जीवन्त होगा। सम्भव है, अगले 50 वर्षों में हम एक वास्तविक राष्ट्रीय भाषा उपलब्ध कर लें, जिसकी मैं मानता हूँ प्रक्रिया शुरू हो चुकी है। वह नई भाषा सरकार द्वारा जनता पर गढ़ी बनावटी शब्दावली थोपने की कोशिश को नाकाम कर देगी। सांस्कृतिक विनिमय की इस अभूतपूर्व प्रक्रिया से जो साहित्य पैदा होगा, वह अनिवार्यतः आकर्षक सिद्ध होगा। पश्चिम में उसे मान्यता मिले या न मिले, हिन्दी में भी अन्य क्षेत्रीय भाषाओं की ही तरह लगातार सृजन जारी है।

(प्रस्तुति : राजेश वर्मा
नया पथ : स्वाधीनता विशेषांक वर्ष 1998 में 'प्रतिरोध की परंपरा' शीर्षक से प्रकाशित)

बीसवीं शताब्दी में भारत : एक मूल्यांकन

यह शताब्दी राष्ट्रीय मुक्ति की शताब्दी थी। जिन्होंने बीसवीं शताब्दी के भारत को बनाया था, वे सभी उन्नीसवीं शताब्दी के थे। बीसवीं सदी वालों ने जो कुछ बनाया है, उसका फैसला शायद इक्कीसवीं सदी में होगा।

यह शताब्दी कई शताब्दियों को अपने अन्दर समेटे हुए है। अकेले बीसवीं सदी में जितना कुछ हुआ, उतना पिछली कई शताब्दियों में नहीं हुआ था। एक जिन्दगी में कई जिन्दगियाँ जी लेने जैसी रही यह शताब्दी। बीसवीं सदी को एक कल्प अथवा युग कहें तो इस शताब्दी के कल्पपुरुष महात्मा गांधी हैं। गांधी से ही यह शताब्दी शुरू होती है। पहले दक्षिण अफ्रीका में और उसके बाद दूसरे दशक से भारत में, गांधी जी की उपस्थिति में हमारा राष्ट्रीय मुक्ति आन्दोलन एक क्रांतिकारी मुकाम पर पहुँचा। राष्ट्रीय मुक्ति की यह प्रवृत्ति सिर्फ भारत में ही नहीं, बल्कि तीसरी दुनिया के अधिकांश देशों में दिखी। राष्ट्र और राष्ट्रवाद की अवधारणाएँ इस राष्ट्रीय मुक्ति से ही पैदा हुईं।

भारत का इसी शताब्दी में एक राष्ट्र के रूप में उदय हुआ। यह बात अलग है कि स्वतंत्र राष्ट्र बनते ही उसके दो टुकड़े हो गए और हमें जो भारत मिला, वह खंडित था। सैकड़ों देशी रियासतें थीं। अपनी अलग-अलग पहचान रखने वाली कई क्षेत्रीय–प्रादेशिक–भाषाई अस्मिताएँ थीं। इस सबको संविधान के जरिए एक सूत्र में पिरो देना राष्ट्र-निर्माण की दृष्टि से दूसरी महत्वपूर्ण परिघटना थी।

लेकिन इस शताब्दी का अन्त आते-आते उस राष्ट्रवाद की सीमाएँ भी प्रकट हुईं। विभिन्न क्षेत्रीय प्रादेशिक–भाषाई और सांस्कृतिक इकाइयों को यह राष्ट्रवाद दमनकारी लगने लगा। नतीजतन शताब्दी के पूर्वार्द्ध में जो राष्ट्रीय भावना उभार पर थी, उसमें उत्तरार्द्ध का अन्त आते-आते उतार दिखने लगा। केवल युद्ध के दौरान ही यह भावना दिखाई देती रही। शान्तिकाल में उसके क्षीण होते जाने के पूरे संकेत मिलते रहे। उसमें वह भावावेश नहीं रहा, जो पहले था। क्षेत्रीय अस्मिताएँ प्रबल हुईं और कहा जा सकता है कि अब एक राष्ट्र-राज्य के रूप में भारत उतना प्रभावशाली नहीं रहा, जितना स्वाधीनता प्राप्ति के पहले दशक में था।

राष्ट्रीय भावना के क्षीण होने से एक छद्म राष्ट्रवाद की प्रवृत्ति भी दिखाई दी। सांस्कृतिक और हिन्दू राष्ट्रवाद जैसी अवधारणाएँ उसी का प्रतिनिधित्व करती हैं। कुछ लोगों को इसमें फासीवाद की छाया भी दिखाई पड़ती है। इसलिए ऐसा लग रहा है कि इस शताब्दी के शुरू में जो भारत एक धर्मनिरपेक्ष राष्ट्र के रूप में उदित हुआ था, वह राष्ट्र आज खतरे में नहीं तो दबाव में जरूर है। भूमंडलीकरण और विश्व बाजार के कारण भी उस राष्ट्र का केन्द्र अब उतना नियामक एवं निर्णायक नहीं है, जितना पहले था। शताब्दी के अन्त में यह प्रवृत्ति साफ दिख रही है कि हमारे राष्ट्र का अस्तित्व नहीं तो कम-से-कम उसका स्वरूप खतरे में अवश्य है।

धर्मनिरपेक्ष लोकतंत्र भारत की अपनी अवधारणा है जिसका जन्म हमारे स्वतंत्रता आन्दोलन से हुआ था। यूरोप या पश्चिम की देन लोकतंत्र है, धर्मनिरपेक्ष लोकतंत्र नहीं। हमारे यहाँ हिन्दू ही नहीं, बल्कि सिख, जैन, बौद्ध, पारसी और इस्लाम आदि धर्मों का अस्तित्व पहले से ही रहा है। पहली सहस्राब्दी की शुरुआत से ही ईसाई धर्म भी भारत में मौजूद रहा, ऐसी ढेरों आदिम जातियाँ रहीं जिनका अपना अलग धर्म था। इसलिए गांधी जी ने सभी धर्मों के महत्व को स्वीकारा और धर्मनिरपेक्ष लोकतंत्र की बुनियाद डाली।

यह अलग बात है कि धर्म के ही आधार पर भारत विभाजित हुआ और एक टुकड़ा पाकिस्तान इस्लामी देश बन गया। चूँकि हमारे लोकतंत्र की जड़ें स्वतंत्रता आन्दोलन में थीं, इसलिए कुछ अपवादों को छोड़ दिया जाए तो वह जीवित रहा और है। 1992 में बाबरी मस्जिद तोड़ने वाली पार्टी भाजपा को भी राष्ट्रीय जनतांत्रिक गठबन्धन बनाना पड़ा। तीसरी दुनिया के कुछ देशों में बड़ा देश अकेला भारत है जहाँ सैनिक तानाशाही की प्रवृत्ति नहीं दिखाई दी। आपातकाल लागू करने वाली इन्दिरा गांधी को भी अपनी गलती स्वीकारनी पड़ी। आज कोई एक धर्म के आधार पर भारत को संचालित करने की कल्पना नहीं कर सकता। यह धर्मनिरपेक्ष लोकतंत्र की विजय है। इसलिए कहा जा सकता है कि यह शताब्दी धर्मनिरपेक्षता की थी।

लोकतंत्र के साथ-साथ एक शब्द 'सामाजिक न्याय' भी चला। आरक्षण को सकारात्मक विभेद (पॉजिटिव डिसक्रीमिनेशन) कहा गया। सबने माना कि इस शताब्दी में भी जाति ने ही भारतीय समाज को सबसे ज्यादा प्रभावित किया। जातिवाद घटने की बजाय बढ़ा ही नहीं, बल्कि उग्र भी हुआ। जातियों के संस्कृतीकरण की चर्चा करते हुए समाजशास्त्री एम.एन. श्रीनिवास ने ठीक ही कहा था कि दलित और पिछड़ी जातियों का सम्पन्न तबका उच्च जातियों जैसा व्यवहार करने की होड़ में शामिल हुआ। यह प्रवृत्ति नई नहीं है। पहले भी जब कोई राजा हार जाता था तो उसे शूद्र या अछूत घोषित कर दिया जाता था और निम्न जाति का जब कोई राजा जीतता था तो वह अपने को उच्च जाति का प्रतिनिधि मानने लगता था। इस शताब्दी में जातियों के

संस्कृतीकरण की प्रक्रिया और तेज हुई। समाज से लेकर राजनीति सब उसके इर्द-गिर्द घूमते नजर आए। जाति के मुकाबले धर्म पीछे पड़ गया। इस परिघटना को ठीक-ठीक समझने के लिए शायद अगली सदी के शुरुआती दो दशकों का इन्तजार करना पड़ेगा।

बीसवीं शताब्दी की एक महत्वपूर्ण परिघटना नए प्रभु वर्ग का उदय और विकास है। भारत के विशाल मध्य वर्ग को इससे जोड़कर देखा जाना चाहिए। चार-पाँच हजार विधायक, एक हजार सांसद और मंत्री, दस-बीस हजार नौकरशाह और ब्यूरोक्रेट, औद्योगिक घरानों के मालिकान और उनके प्रबन्धकों की पूरी फौज, बड़े वकील, डॉक्टर, पत्रकार और कुछ इसी तरह के अन्य लोग भारत के नए प्रभु वर्ग बने हैं। ऐसा उन्नीसवीं शताब्दी में नहीं था। चन्द व्यापारियों, जमींदारों और अंग्रेजी हुकूमत के इशारे पर थिरकने वालों को छोड़ दिया जाए तो सारे हिन्दुस्तानियों की स्थिति तकरीबन एक जैसी थी। पहले के सामन्ती, कुलीन भद्रलोक से बिल्कुल भिन्न है इस शताब्दी का प्रभु वर्ग। राजाओं, नवाबों, जमींदारों और पुराने बनियों, पुरोहितों-पंडों की जगह आधुनिक शिक्षा-प्राप्त उद्योगों में दक्ष पेशेवर लोगों का विशाल मध्य वर्ग अस्तित्व में आया, जिसका केन्द्र गाँव नहीं, शहर है। उसके पास सत्ता भी है और सम्पत्ति भी। अंग्रेजी में सी. राइटमिल्स ने इसी वर्ग को 'पावर इलिट' कहा था। इस वर्ग की भाषा अंग्रेजी बनी और अंग्रेजियत उसकी संस्कृति। वह घर में अपनी मातृभाषा, यहाँ तक कि बोलियों में बातचीत करता है लेकिन बाहर अंग्रेजी के अलावा वह कुछ नहीं बोलता। शासन के लिए एक ऐसी भाषा की जरूरत पड़ती है जो आम आदमी के पल्ले न पड़े। इसीलिए तुर्कों और मुगलों की भाषा फारसी थी। अंग्रेजों की अंग्रेजी और इस दौर के प्रभु वर्ग की भाषा भी अंग्रेजी बनी जिसके विरुद्ध आजादी का आन्दोलन चला। अब उसी अंग्रेजी और अंग्रेजियत का वर्चस्व स्थापित हो गया है। हमारे महानगर अब यूरोप और अमरीका के शहर जैसे लगते हैं। हमारा रहन-सहन पश्चिम जैसा हो गया है। खपरैल के घरों की जगह बहुमंजिली इमारतों ने ले ली है तथा सारे रिश्ते क्लब और होटलों में सिमट गए हैं। इस नए प्रभु वर्ग और उसके शागिर्द मध्य वर्ग का बड़े पैमाने पर पश्चिमीकरण हुआ है। वैभव की सारी सीमाएँ टूट गई हैं। शायद इसीलिए जितना स्पष्ट वर्गभेद अब दिखाई दे रहा है, उतना बीसवीं शताब्दी के पूर्वार्द्ध में नहीं था।

पश्चिमीकरण और आधुनिकतावाद से उलट राजनीति के स्तर पर एक बिल्कुल भिन्न किस्म की सामन्ती प्रवृत्ति दिखाई दी। इसे राजनीति में परिवार अथवा वंशवाद का पुनरुत्थान भी कहा जा सकता है। राजा का बेटा ही राजा होगा और रानियाँ राजमाता कही जाएँगी—ऐसा पहले होता था। लोकतंत्र के आने के बाद इसे समाप्त हो जाना चाहिए था लेकिन ऐसा नहीं हुआ। राजनीति वंश-केन्द्रित रही। महात्मा

गांधी ने इस प्रवृत्ति के खिलाफ कुछ निर्णय लिए थे। अपने बेटों को उन्होंने राजनीति से दूर रखा। जवाहरलाल नेहरू ऐसा नहीं कर सके। अपने जीते जी इन्दिरा को कांग्रेस का अध्यक्ष बनवाया। बाद में संजय, राजीव और अब सोनिया-प्रियंका के जरिए स्वतंत्रता आन्दोलन की सबसे बड़ी पार्टी एक परिवार की ओर हमेशा टकटकी लगाए हुए है। वंशवाद की प्रवृत्ति भारतीय राजनीति में आम हो गई है। मंत्री का बेटा मंत्री और सांसद का बेटा सांसद होने लगा है। यह प्रवृत्ति कमोबेश सभी दलों में दिखाई पड़ रही है। चूँकि परिवार या वंशवाद की राजनीति लोकतंत्र की मूल आत्मा के विरुद्ध है, इसीलिए इन दोनों में से किसी एक का ही अस्तित्व रह सकता है। लोकतंत्र मर नहीं सकता, इसलिए उम्मीद की जानी चाहिए कि वंशवाद का यह सामन्ती अवशेष धीरे-धीरे समाप्त होगा।

बीसवीं शताब्दी की एक विशिष्ट प्रवृत्ति यह भी रही कि इसमें कई बेजुबानों को जुबान मिली। उनमें औरत प्रमुख है। स्वतंत्रता आन्दोलन में औरतों की उपस्थिति नाम मात्र की थी लेकिन इस सदी के आखिर तक वह सब जगह मौजूद दिखी। रसोई और घर की चौखट से वह बाहर निकली। अनुशासन के हर क्षेत्र में उसने अपनी उपस्थिति दर्ज की। राजनीति से लेकर उद्योग तक और पृथ्वी से लेकर अन्तरिक्ष तक की उड़ान में हमारी आधी आबादी अब पुरुषों के बराबर नहीं तो साझीदार अवश्य है। हमारे देश में गरीब औरतें पहले भी श्रम या कामकाज में बराबर की भूमिका निभाती रही हैं लेकिन अधिकार के मामले में हमेशा उनकी स्थिति दूसरे दर्जे के नागरिक की रही है। इस शताब्दी के आखिरी दशकों में स्थिति बदली और औरत को अधिकार मिला। अब राजनीति और नौकरियों में उसके लिए एक-तिहाई जगह आरक्षित होने जा रही है। इससे तस्वीर बदलेगी और शायद अगली शताब्दी उस औरत की होगी, जिसे हमारा समाज लम्बे समय तक हाशिए की वस्तु मानता रहा है।

जब से भूमंडलीकरण की हवा बही है, तब से भारत को एक बड़े बाजार के रूप में देखा जाने लगा है। बाजार ने सारी चीजों को खरीदने और बेचने तक सीमित कर दिया है। अठाहरवीं और उन्नीसवीं शताब्दी में भी बाजार था। भारत में बड़ी-बड़ी मंडियाँ थीं। हमारा मलमल दुनिया भर में बिकता था। हम खरीदने से ज्यादा बेचते थे लेकिन अब उल्टा दिख रहा है। खरीदने की होड़ लगी है। हम विश्व की बड़ी-बड़ी कम्पनियों के सबसे बड़े बाजार बन गए हैं। खरीदने और फेंक देने की प्रवृत्ति इस आखिरी दशक की उपज है।

'खरीदो-खरीदो और खरीदो' का इस कदर शोर मचा है कि जो नहीं खरीद रहा, वह निरीह बनकर किनारे खड़ा है। काले धन की समानान्तर अर्थव्यवस्था के गर्भ से जन्मी खरीद-फरोख्त की इस संस्कृति को इस सदी की एक खास प्रवृत्ति कहा जा

सकता है। इस 'शॉपिंग कल्चर' में संचय को कोई स्थान नहीं है। संचय दरिद्रता का और खरीदना-बेचना वैभव का पर्याय बन गया है।

यहाँ संचार माध्यमों के विस्तार का जिक्र करना प्रासंगिक है। खरीदने और बेचने की प्रवृत्ति को बढ़ाने में मीडिया और जनसंचार माध्यमों की काफी भूमिका है। सूचनाओं की मूसलाधार बारिश हो रही है। यह बारिश पानी की नहीं, ओलों की हो रही है। सूचना 'सत्ता का प्रतीक' बन गई है। अत्यधिक सूचनाएँ संवेदनाओं को भोथरा बनाती हैं। आदमी के सन्न रह जाने का खतरा पैदा हो गया है।

(सहस्राब्दी पर भारी एक अकेली शताब्दी' शीर्षक से राष्ट्रीय सहारा, 25 दिसम्बर 1999 में पहली बार एवं 'कई शताब्दियों को समेटे हुए है यह शताब्दी' शीर्षक से अब, अंक-24 में पुनः प्रकाशित)

मुक्त स्त्री की छद्म छवि

स्त्री-पुरुष सम्बन्धों पर हम तीन दायरों में विमर्श कर सकते हैं। कानून, समाज और परिवार। कानून जिस नजरिए से इस सम्बन्ध को देखता है, समाज उसके प्रति उससे कहीं अधिक उदार है। कानून के अनुसार, बहुविवाह अवैध है। परन्तु समाज में लोगों के जीवन में ऐसी स्थितियाँ आती हैं कि कई बार उनके लिए दो या इससे अधिक विवाह करना आवश्यक हो जाता है। सन्तान पाने के लिए दो विवाह करना यदि आम बात नहीं है तो विचित्र भी नहीं है। ऐसा प्राचीनकाल से ही होता आ रहा है। शास्त्रों में उन स्थितियों का वर्णन है जिसमें कि स्त्री-पुरुष दूसरा विवाह कर सकते हैं। लेकिन जब हम समाज की बात करते हैं तो वहाँ आवश्यकताएँ व्यक्तिनिष्ठ हो जाती हैं।

साहित्य में भी ऐसे लोग हैं जो गाँव में एक और शहर में दूसरी स्त्री के साथ रहते हैं। या जैसे समलैंगिकता की बहस है। यह तो मानना ही होगा कि समलैंगिकता एक अपवाद है, कोई प्रचलन नहीं। वह चाहे पुरुष पुरुष या स्त्री स्त्री के बीच हो, पर वह अप्राकृतिक है। साहित्य में इसे इसी रूप में आना चाहिए। कुछ अंग्रेजी लेखक पश्चिम के प्रभाव में इस अपवाद को ग्लोरिफाई करके सस्ती लोकप्रियता बटोरने की कोशिश कर रहे हैं। इस लिहाज से देखा जाए तो मुझे स्त्रियों के अधिकारों को लेकर चल रहे आन्दोलनों का उद्देश्य ठीक से समझ नहीं आता। कहा जा रहा है कि स्त्रियाँ चूँकि अब कामकाजी हो गई हैं इसलिए वे अधिक उग्रता से अपने अधिकारों की माँग कर रही हैं। पर कोई मुझे यह तो बताए कि स्त्रियाँ कब कामकाजी नहीं थीं? यह अलग बात है कि पहले वे घरों में काम करती थीं, अब दफ्तरों में करने लगी हैं। पर घरों का काम क्या दफ्तरों के काम से कम था। इससे भी बड़ी बात यह कि क्या घरों में काम करते हुए उनके अधिकार कम थे।

देख रहा हूँ कि स्त्रियों के आन्दोलनों को लेकर एक भ्रान्ति यह भी फैल रही है कि यह सब पश्चिम से आयातित है। जहाँ तक मेरी स्मृति है, ऐसे आन्दोलन राजा राममोहन राय और भारतेन्दु के समय से ही प्रारम्भ हो चुके थे। इन आन्दोलनों की खास बात यह थी कि पुरुषों ने स्त्रियों के अधिकारों के लिए लड़ाई लड़ी। बाद में

गांधी के असहयोग आन्दोलन और मार्क्सवाद से प्रेरित समाजवादी आन्दोलनों में स्त्रियों की महत्वपूर्ण भूमिका रही। यहाँ एक बात और कहना चाहूँगा कि पश्चिमी समाज पें ऐसे आन्दोलनों के अन्ततः क्या परिणाम निकले? वहाँ हमारे समाज से कहीं अधिक तलाक होते हैं। और खासकर सम्बन्धों के मामले में वहाँ स्त्रियों का हमारे समाज से कहीं अधिक शोषण होता है। साहित्य में ये सब बातें प्रतिबिम्बित होती रही हैं। भारतीय साहित्य में स्त्री को हमेशा ही एक सम्मानित दर्जा दिया गया है। पति-पत्नी के रिश्ते की मर्यादाओं का सभी लेखक निर्वाह करते आए हैं। निजी जीवन में कैसी भी स्थिति रही हो परन्तु साहित्य में उन्होंने पत्नी की गरिमा का ध्यान रखा है।

दरअसल, स्त्री-पुरुष सम्बन्ध परिवार में निर्धारित होते हैं—'चैरिटी बिगिंस एट होम'। सभी परिवर्तन यहीं से पैदा होते हैं। इस सम्बन्ध में किसी बदलाव को देखने के लिए हमें परिवार के भीतर उतरना होगा। फिल्मों और मीडिया में जिस तरह स्त्री को प्रस्तुत किया जा रहा है और मुक्त स्त्री के रूप में उसकी एक छद्म छवि प्रस्तुत की जा रही है, परिवार इसके खिलाफ है। तथाकथित आधुनिक परिवार भी ऐसा नहीं चाहते। मीडिया का ऐसा प्रयास या साहित्य में इधर जो बोल्डनेस बढ़ी है, यह ग्लैमर से अधिक कुछ नहीं है। असल साहित्य स्त्री के शोषण का विरोधी है और पुरुष लेखकों ने भी अपनी रचनाओं में स्त्री के शोषण के खिलाफ आवाज उठाई है। कुछ लेखिकाएँ और कवयित्रियाँ स्त्री-अधिकारों को लेकर बहुत उग्र दिखाई देती हैं। उनकी उग्रता से प्रतीत होता है कि वे सभी पुरुषों के खिलाफ हैं। इसका कोई अर्थ नहीं है। मैं मानता हूँ कि औरत ही पुरुष को मुक्त कर सकती है पर ऐसा वह उसमें भय पैदा करके नहीं कर सकती। स्त्री आज आक्रामक मुद्रा में है। उसके लिए नए रास्ते खुल रहे हैं। सामाजिक, आर्थिक और राजनीतिक जीवन में उसकी भागीदारी बढ़ रही है। शायद इसीलिए उसे अधिक संयमित होने की जरूरत है।

स्त्री-पुरुष के बीच सेक्स सम्बन्धों को भी बहुत अतिरंजित किया जा रहा है। साहित्य में थोड़ी-बहुत अतिरंजना चलती है परन्तु यथार्थ को छिपाना या उससे दूर भागना उचित नहीं। साहित्य को समाज से आगे चलना चाहिए परन्तु सिर्फ एक कदम आगे। उसके बीच अधिक दूरी से तालमेल गड़बड़ा जाएगा। कालिदास ने शिव-पार्वती के बीच प्रेमलीला का वर्णन किया है। परन्तु तुलसीदास ने उन्हें जगत का माता-पिता माना। अब माता-पिता के बारे में लिखते हुए शालीन तो होना ही पड़ेगा। साहित्य में अश्लीलता नहीं होनी चाहिए। कृष्णा सोबती के 'यारों का यार'...और मृदुला गर्ग के 'चितकोबरा' में कहीं-कहीं अश्लीलता दिखाई देती है। हमें साहित्य में सामाजिक यथार्थ को दर्ज करने का पूरा हक है। पर यह ध्यान रखा

जाना चाहिए कि सेक्स से जुड़ी विकृतियों को साहित्य में हम 'एबिरेशन' के तौर पर ही दिखाएँ, उन्हें 'नार्म' के रूप में स्थापित कर सस्ती लोकप्रियता बटोरने का प्रयत्न न करें। विकृतियों को संदिग्ध निगाह से देखा जाना चाहिए।

(सुन्दर चंद ठाकुर से बातचीत पर आधारित,
'आउटलुक' साप्ताहिक, 22 सितम्बर 2003 में पहली बार एवं
'वसुधा' के स्त्री केन्द्रित अंक तथा उसके पुस्तक संस्करण 'स्त्री : मुक्ति का सपना' सं.
अरविन्द जैन, लीलाधर मंडलोई, वाणी प्रकाशन, नई दिल्ली में पुनः प्रकाशित)

हमारी साहित्यिक परम्परा और भारतीयता की सही पहचान

आज के विषय 'हमारी साहित्यिक परम्परा और भारतीयता की सही पहचान' में 'सही पहचान' के लिए 'सही सन्दर्भ' जरूरी है। इस व्याख्यान के सही सन्दर्भ के लिए सही उद्धरण आरम्भ करना चाहता हूँ। यह उद्धरण बहुत पुराना है और हिन्दी के कवि का नहीं है, बल्कि जिन्हें सही अर्थों में अखिल भारतीय माना जाता है, रवीन्द्रनाथ ठाकुर का है। यह कविता नहीं है, बल्कि गद्य है।

यह 1932 की बात है। रवीन्द्रनाथ ठाकुर पेरिस में थे और उन्हें ईरान आने का निमंत्रण मिला था। हवाई यात्रा का प्रबन्ध किया गया था। यह उनकी दूसरी हवाई यात्रा थी। उन्हें ईरान आने से पहले बगदाद रुकना था। बगदाद में उन्हें बताया गया कि ब्रिटिश वायुसेना के सैनिक, विद्रोही शेखों के कुछ गाँवों पर बमबारी करने जा रहे हैं। रवीन्द्रनाथ ठाकुर का मन इस पर विचलित हुआ। उन्हें थोड़ा आश्चर्य भी हुआ। बगदाद से ईरान हवाई यात्रा के दौरान वे चिट्ठियाँ लिख रहे थे। उनकी एक चिट्ठी के अंश का मूल बांग्ला से हिन्दी अनुवाद उद्धृत कर रहा हूँ—"जहाज ने उड़ान भरी। हम ऊँचाई पर पहुँचे और धरती से हमारी ज्ञानेन्द्रियों का सम्बन्ध टूट गया। अन्ततः दृष्टि का ही सम्बन्ध बचा रहा, किन्तु साफ-साफ कुछ भी न दिखता था। पहले जहाँ अनन्त रंग-रूपों वाली धरती थी, अब वहाँ धुंध थी। तीन आयामों वाली वास्तविकता, अब सिर्फ दो आयामों के सपाट रेखाचित्र में सिमट गई। विविधरूपा सृष्टि की विशिष्ट वैयक्तिकता केवल सुनिश्चित दिक् काल के सन्दर्भ में ही सुरक्षित रहती है। यह सन्दर्भ मिट गया तो सृष्टि का भी लोप हो गया। विलय की इस प्रक्रिया में धीरे-धीरे धरती एकदम आँखों से ओझल हो गई और उसकी वास्तविकता का दावा भी जैसे खत्म हो गया। इस मनःस्थिति में जब कोई सर्वनाशी हथियारों की वर्षा करता है तो वह भयानक और निर्दयी हो जाता है। जिन मासूम लोगों की हत्या वह करने जा रहा है, उनका उसे तनिक भी अहसास नहीं होता। इसलिए बम गिराते समय उसके हाथ भी नहीं काँपते। उसकी आँखों के सामने वे चेहरे नहीं होते। इसलिए

उसका अहसास भी कुंद हो जाता है। मनुष्य, प्रकृत्या पृथ्वी से जुड़ा है। उसकी अनुभूत वास्तविकता मिटते ही सम्बन्ध का वह आखिरी धागा भी टूट जाता है। गीता में जिस दर्शन का उपदेश दिया गया है वह भी एक प्रकार की विमान यात्रा है। वह करुणामय अर्जुन के मन को सिर चकरा देने वाली ऐसी ऊँचाई पर ले गया, जहाँ से नीचे देखने पर सारा अन्तर मिट गया। न अपने पराए में फर्क रहा, न मारने वाले और मारे जाने वालों में। मनुष्य के शस्त्रागार में दर्शन के मसाले से बनाए गए ऐसे हथियार बहुत हैं। इनका एकमात्र प्रयोजन है—वास्तव को छिपाना। ये साम्राज्यवादियों के सिद्धान्तों में पाए जाते हैं। उनके समाजशास्त्र में, उनके धर्म में। इनके द्वारा जिन लोगों पर मौत की वर्षा की जाती है, उनके लिए सन्तोष का केवल यही मंत्र बचा रहता है—न हन्यते, हन्यमाने शरीरे। शरीर की हत्या होने पर भी 'वह यानी आत्मा, नहीं मरता।'

रवीन्द्रनाथ के इस चिन्तन में कवि और चिन्तक दोनों हैं। विमान यात्रा के अनुभव को किस प्रकार उन्होंने तत्कालीन बमबारी की निर्दयता और अमानुषिकता से जोड़ा और फिर उस अध्यात्म से, जिसका गहरा सम्बन्ध गीता या उपनिषद् से है। बहुत ऊँचाई पर जब मनुष्य पहुँचता है, तो धरती से नाता टूट जाने के बाद वह चिन्तन, यथार्थ, वास्तविकता और मनुष्य से नाता तोड़ लेता है। वह अमानुषिक होता है और फिर सारे फर्क मिट जाया करते हैं। मैंने भारतीयता को और परम्परा को परिभाषित करने के सन्दर्भ में इस उद्धरण को आपके सामने प्रस्तुत किया है।

जब तक जीता-जागता पृथ्वी का यह टुकड़ा, जिसे हम भारत कहते हैं और इस भारत के रहने वाले हमारी आँखों के सामने होते हैं, तब दृश्य कुछ और होता है। जैसे ही हम चिन्तन की उस ऊँचाई पर पहुँचकर एक ऐसे भारत की बात करते हैं जो एक अवधारणा है और उससे भी ऊँचाई पर पहुँचकर जब उस भाववाचक संज्ञा—भारतीयता—तत्व की बात करते हैं तो अन्दाजा लगा सकते हैं कि उस ऊँचाई पर पहुँचकर देखी जाने वाली और पाई जाने वाली 'अमूर्त भारतीयता' है। उस ऊँचाई पर पहुँचकर जब हम नीचे देखते हैं तो—न हन्यते हन्यमाने शरीरे। वहाँ वह भारतीयता, अमूर्त भारतीयता के रूप में प्रकट होती है, छुरे-चाकू के रूप में प्रकट होती है और उस भारतीयता के नाम पर या उसे हम आमतौर से छुरे, चाकू, आगजनी के रूप में देखने लगते हैं।

प्रमाण के रूप में अभी हाल की पढ़ी हुई एक कविता का टुकड़ा। राही मासूम रज़ा की एक कविता है—

मेरा नाम मुसलमानों जैसा है
मुझको कत्ल करो और मेरे घर में आग लगा दो
लेकिन मेरी रग-रग में गंगा का पानी दौड़ रहा है

मेरे लहू से चुल्लू भरकर महादेव के मुँह पर फेंको
और उस जोगी से यह कह दो—
महादेव अब गंगा को वापस ले लो
यह ज़लील तुर्कों के बदन में गाढ़ा गर्म
लहू बन कर दौड़ रही है

भारतीयता की पहचान करते समय उस लहू में फर्क धीरे-धीरे मिट नहीं जाता, बल्कि लहू में फर्क दिखाई पड़ने लगता है। एक ही पानी एक जगह एक लहू बनकर दौड़ता है और वही पानी दूसरी जगह दूसरा लहू बन जाता है और एक लहू, दूसरे लहू का प्यासा हो जाता है। मैंने भारतीयता के सन्दर्भ में जब इस अमूर्त-सी वास्तविकता का जिक्र किया तो इसलिए कि एक बुनियादी प्रश्न मेरे मन में बार-बार उठा। अगर हम, स्वयं भारतीयता की अवधारणा के इतिहास पर दृष्टिपात करें तो पाएँगे कि बीच-बीच में ऐसे दौर आए हैं जब इसकी चर्चा उग्र हुई है, चिन्ता बढ़ी है। फिर बीच में थोड़ा मद्धिम हो गया है। फिर इसकी चिन्ता बढ़ी है, फिर मद्धिम हो गया है।

यह क्यों हुआ है? मैं केवल एक उदाहरण देना चाहता हूँ। यद्यपि विषय कविता का है। पं. रामनरेश त्रिपाठी का नाम आपको भूला न होगा। उनकी 'कविता कौमुदी' का दूसरा भाग खड़ी बोली की कविताओं के बारे में है। रामनरेश त्रिपाठी देशभक्त कवियों में से हैं। 'पथिक' उनकी देश-प्रेम की कविता मानी जाती है। उसकी भूमिका 1920 में उन्होंने लिखी थी। आजादी की लड़ाई का गरम दौर शुरू हो रहा था। उस दौर में भारत सम्बन्धी बहुत-सी कविताएँ लिखी गई थीं। धुआँधार लिखी जा रही थीं। लोग भारत व्याकुल थे। ऐसे समय भारत की, देश भक्ति की कविता लिखने वाले रामनरेश त्रिपाठी के इस कथन पर ज़रा ध्यान दीजिए—"कुछ दिनों तक तो कविता का मुख्य विषय हो गया था—भारत। भारत के लिए रोना, भारत को उत्साहित करना, भारत की जय बोलना और भारत के प्राचीन गौरव की याद दिलाना ही कविगण अपना कर्त्तव्य समझते थे। उनमें से सैकड़े पीछे दो ही एक कविताएँ ऐसी होती होंगी जिन्हें लोग याद रखते होंगे। निष्कर्ष, कविता के प्रेमी जन अब भारत का दुखड़ा किसी नवीन कवि के मुख से नूतन स्वर में भी सुनने को तैयार नहीं है।" यह 1920 की स्थिति थी। क्या आज किसी नवीन कवि के नूतन स्वर में फिर हम भारत का वह दुखड़ा सुनने के लिए तैयार हैं? या नहीं हैं? विचित्र बात है कि ऐसे दौर में जब कवियों-लेखकों-साहित्यकारों के बीच वह चिन्ता उतनी प्रबल नहीं दिखाई पड़ती, फिर भी विचार के लिए, चिन्तन के लिए और राजनीति के दायरे में तो व्यापक रूप से भारतीयता और भारत व्याकुलता दिखाई पड़ रहे हैं। इस विडम्बना का एहसास कराने के लिए मेरा उद्धरण पद्य था। हमारे लिए भारतीयता बहुत जरूरी अस्त्र था

विशेष रूप से उपनिवेशवादी अंग्रेजी राज की गुलामी से मुक्त होने के लिए ही नहीं, बल्कि साहित्यिक-सांस्कृतिक दृष्टि से अपनी अस्मिता प्राप्त करने के लिए भी। उसे परिभाषित करना बहुत जरूरी था। उस समय भी रामनरेश त्रिपाठी उस मनःस्थिति का चित्रण करते हुए कहते हैं कि अब भारतीयता सुनने के लिए कोई तैयार नहीं है।

क्या है यह भारतीयता? इसे साहित्य के सन्दर्भ में कहने से पहले, हमें स्पष्ट होना चाहिए कि भारतीयता की अवधारणा को कैसे परिभाषित किया जाए? इसे परिभाषित करने की क्या प्रक्रिया हो? चूँकि भाववाचक संज्ञा के साथ 'ता' लगा हुआ है तो उसमें एक अन्तर्निहित वस्तु भी होगी। जिसे कहेंगे कि भारत जैसी कोई ठोस, मूर्त या पदार्थ जैसी कोई वस्तु हो और उसका जो तत्व होगा वह भारतीयता है। जैसे फल है तो फल का रस निकालते हैं। उसी तरह से भारत का इतिहास है, संस्कृति है, साहित्य है, कला है, सामाजिक ढाँचा है। इन तमाम चीजों का अर्क उतार कर, सत निकालकर और निचोड़कर हम कहते हैं कि इसे तत्व के रूप में देखें तो जो तत्व है वह भारतीयता कहलाएगी। मैं जानना चाहता हूँ कि तात्विक रूप से भारतीयता का यह निरूपण क्या सही है? और तात्विक निरूपण करने की क्या कठिनाइयाँ हैं? दर्शन के विद्यार्थी जानते हैं—इस प्रकार के निरूपण को 'एसेन्शियलिज्म' कहते हैं। यानी किसी चीज़ को एसेन्शियलाइज करना। तात्विक निरूपण में आमतौर से यह समझा जाता है कि भारतीयता कोई सहजात गुण है। जिसे 'इनहेरेन्ट क्वालिटी' कहते हैं। कोई ऐसी प्रॉपर्टी है जो भारतीयता जैसी चीज़ होगी। उसको खोज कर, ढूँढ़कर हम निकालेंगे अथवा अर्क की तरह से इसको हम तैयार करेंगे। कठिनाई इसमें यह है जैसे ही उन कुछ तत्वों का निरूपण हम करेंगे। वैसे ही उनमें से एक तत्व या इसमें से कुछ तत्व नहीं मिलते तो हमें कहना और मानना होगा कि यह भारतीय नहीं है। तात्विक निरूपण और तात्विक चिन्तन की पूरी की पूरी यह विधि है, जहाँ भारतीयता की अवधारणा इसी तरह से निरूपण की ओर हमें ले जाती है। अन्ततः यह सहजात गुण निचुड़कर व्यवहार में कहाँ ले जाता है। इसका प्रमाण है। भारतीयता पर जब मैथिलीशरण गुप्त 'भारत भारती' लिख रहे थे तो अन्ततः उनकी भारतीयता निचुड़कर हिन्दुत्व में आई। उसके आधार पर पूरी 'भारत भारती' में वे भारतीयता की बात करते हैं। यही नहीं, बल्कि अन्त में अलग से 'हिन्दू' नाम से एक पुस्तक भी उन्होंने लिखी और दोनों के काल में देखें 1912-1914 के बीच में 'भारत भारती' लिखी। जब इस देश में साम्प्रदायिकता अपनी चरम सीमा पर थी। 1924-1928 के बीच में जब शुद्धि का बड़े व्यापक पैमाने पर आन्दोलन हुआ था, उस दौर में राष्ट्रकवि मैथिलीशरण गुप्त ने 'हिन्दू' जैसी पुस्तक लिखना जरूरी समझा। क्या इसका कारण यह है कि भारतीयता के तात्विक निरूपण की दिशा ही ऐसी है कि आप उस तत्व

को निचोड़ते हुए वहीं पहुँचेंगे। यानी एक व्यापक अवधारणा निचुड़कर उस हिन्दुत्व में आएगी जो आज भारतीयता के नाम पर दिखाई पड़ती है।

इसलिए इस अवधारणा पर विचार करते समय हमको देखना होगा कि यह क्या चीज़ है और इसके इतिहास से क्या प्रमाणित होता है? तत्वों के बारे में आमतौर से होता है कि कुछ सुनिश्चित स्थिर फिक्स्ड क्वालिटीज़ होती हैं। एसेन्शियलाइज करते ही हम निश्चत ही कुछ निश्चित, स्थिर गुणों की ओर जाएँगे। क्या भारतीयता ऐसे कुछ स्थिर गुणों का समूह है अथवा भारतीयता एक प्रोविजनल, एक विशेष जरूरत के लिए, एक निश्चित ऐतिहासिक स्थिति में एक गढ़ी हुई अवधारणा है? और वह गढ़ी हुई अवधारणा, उस जरूरत के अनुसार बदलती गई है अथवा बदली जा सकती है? अगर वह एक निश्चित जरूरत के अनुसार गढ़ी हुई अवधारणा है, तो जाहिर है कि फिर इसका तात्विक निरूपण नहीं हो सकता। यह जरूरत के अनुसार गढ़ी हुई अवधारणा दिखाई पड़ती है। क्योंकि किसी ज़माने में अंग्रेज इतिहासकार जेम्स मिल के साथ ही दूसरा इतिहास, जो बहुत दिनों तक 1947 से पहले हाईस्कूल तक में पढ़ाया जाता है, वह विन्सेन्ट स्मिथ का लिखा हुआ भारत का इतिहास है। आज उसके लिखे को राष्ट्रीय नारा कहते हैं, क्योंकि नेहरू जी ने उसे अपना लिया था और एक जरूरत के मुताबिक एक अर्थ दिया था। 'यूनिटी इन डाइवर्सिटीज', यह विन्सेन्ट स्मिथ का इस्तेमाल किया हुआ नारा है। यह कलोनियल नारा है। एक उपनिवेशवादी सत्ता ने भारत की भारतीयता को परिभाषित करते हुए, 'भिन्नता में एकता' को भारतीयता का लक्षण माना था। यह दूसरी बात है कि 'भिन्नता में एकता' इतना तात्विक रूप है कि सारे संसार की संस्कृतियाँ और सारे देश, सच पूछिए तो भिन्नता में एकता वाले हैं। क्या इंग्लैंड में भिन्नता में एकता नहीं है? स्कॉटलैंड, आयरलैंड, वेल्स, इंग्लैंड की भिन्नताओं के बीच में एकता नहीं है, जिसे वे ब्रिटिश कहते हैं? क्या ऐसा ही फ्रांस नहीं है, जर्मनी नहीं है, इटली नहीं है? भिन्नता में एकता स्वयं ग्रेट ब्रिटेन की विशेषता रही है। बावजूद इसके विन्सेन्ट स्मिथ ने भिन्नता में एकता हमारी विशेषता बताई और जवाहरलाल नेहरू ने उस 'भिन्नता में एकता' को अपनी 'डिस्कवरी ऑफ इंडिया' के माध्यम से प्रस्तुत किया। बाद में तो उसी आधार पर भारतीय साहित्य की विशेषता को राधाकृष्णन ने परिभाषित करते हुए कहा, जिसे साहित्य अकादेमी का सचिव हर सेमिनार में सबसे पहले दुहराता है और अध्यक्ष अपने भाषण में कहता है कि भारतीय साहित्य एक है यद्यपि वह अनेक भाषाओं में लिखा जाता है।

यह 'भिन्नता में एकता' एक औपनिवेशिक अवधारणा है, जिसे हमने बगैर सोचे हुए लिया। हमने उसे ज्यों का त्यों सहर्ष लेकर एक विशेष प्रयोजन और जरूरत के लिए इस्तेमाल किया। इसमें वह एक चीज़ छिपी हुई थी जिसके लिए भारत

स्वाधीनता संग्राम के दौरान संघर्ष करता रहा। स्वाधीनता प्राप्ति के बाद लगा कि समस्या आज भी मौजूद है, और वह है भारत की अखंडता और एकता। दोनों की पृष्ठभूमि में अन्तर था। 1947 से पहले और आज भी भारतीयता की जरूरत बार-बार महसूस की जाती है तो उसका एक अर्थ यह है कि हम अपनी भारतीय अखंडता और एकता की बात करते हैं। इस पर बल देते हैं। 1947 से पहले उसका मुख्य रूप था—हिन्दू-मुस्लिम एकता। एकता की जरूरत के लिए गढ़ा हुआ यह नारा क्या फल ले आया—देश के दो टुकड़े हो गए। 1947 के बाद हमने फिर यह जरूरत महसूस की और अपना संघीय संविधान बनाया। इसके अनुसार, विविध भाषाई राज्यों के बीच एक मजबूत केन्द्र होगा और यह एक नई परिभाषा हमारी थी—अनेकता या भिन्नता में एकता की। इस एकता की जरूरत के लिए गढ़ी हुई भारतीयता के इस नारे ने पहले देश के दो टुकड़े किए थे और अब स्थिति यह दिखाई पड़ रही है कि अनेक टुकड़े नहीं हैं तो कम-से-कम कई टुकड़ों के अलग हो जाने की आशंकाएँ पैदा होने लगी हैं। यह वह भारतीयता है जिसका मंत्र जाप लगातार हम करते रहे हैं। इस भारतीयता के लिए यदि एकता जरूरी है, तो हम देखते हैं कि उसका फल ठीक उल्टा मिल रहा है। एक विडम्बनापूर्ण स्थिति दिखाई पड़ती है।

इसी देश की एक राजनीतिक पार्टी इसी अखंडता और अनेकता में एकता के सूत्र की परिभाषा एक दूसरे ढंग से करती है। यह सूत्र वही नहीं है जिसे 'अखंड भारत' के नाम से कहा जाता है। अखंड भारत की परिकल्पना, अनेकता में एकता नहीं हैं, बल्कि एकता से निःसृत होने वाली अनेकता है। यानी 'एकोऽहं बहुस्याम'। हम एक हैं। अखंड, एक तत्व है, शक्ति है जैसे आत्मा या ब्रह्म एक है और वह अनेक जीवों में अपने को प्रकट करता है। उसी तरह से एक अखंड अविभाज्य भारतीय आत्मा है। वह भारतीय आत्मा ही जैसे अपने को विविध रूपों में अभिव्यक्त करती है। यह प्रदेश और राज्य और भाषाएँ और संस्कृतियाँ और धर्म उससे उद्भूत होते हैं। इसलिए जवाहरलाल नेहरू का 'भिन्नता में एकता', वही अर्थ नहीं रखता जो 'अखंड भारत' की परिकल्पना में है। इसलिए दोनों के अन्तर को समझना होगा कि भारतीयता की अवधारणा निरूपित करते समय हम जिस 'अनेकता में एकता' की बात करते हैं उसके पहले भाष्य का एक फल सामने है, और यह दूसरा भाष्य है जिसके फल अभी प्रकट नहीं हुए हैं। लेकिन, उस दूसरे भाष्य में एक चीज़ अन्तर्निहित है। भारतीयता केवल एक भाववाचक संज्ञा नहीं है, बल्कि यह संज्ञा नाम धातु के समान एक क्रिया भी बन सकती है। यानी भारतीयकरण होगा। भारत, भारतीयता की चर्चा केवल यदि संज्ञा तक होती तो शायद संज्ञा से निपटने का रूप एक संज्ञा का हुआ करता है। लेकिन जब संज्ञा क्रिया बनती है और क्रिया बन कर वह क्रियान्वित होने लगती है, इसमें यह निहित है कि भारत में रहने मात्र से कोई

भारतीय नहीं हो जाता, उसको भारतीय बनाना पड़ेगा। भारतीय बनने के लिए जरूरी हैं वे तत्व, जो उनमें नहीं हैं। इस्लाम को भारतीय बनाना पड़ेगा। यही नहीं उन कम्युनिस्टों को भी भारतीय बनाना पड़ेगा; जो चीन और रूस में वर्षा होने पर यहाँ छतरी लगाया करते हैं। इसलिए भारतीयकरण की प्रक्रिया इतनी व्यापक होगी, इतनी दूर तक जाएगी कि कइयों को भारतीय बनाना पड़ेगा। यही नहीं बल्कि जो 'विश्व कविता' और 'कविता एशिया' का आयोजन करते हैं और ये लोग भी बड़ी विश्वव्यापी दृष्टि रखा करते हैं, भारतीय दृष्टि उनकी नहीं रहती। उस भवन का भी भारतीयकरण करना पड़ेगा। क्योंकि वह भारतीय तत्व जब तक उनमें नहीं आएगा; तब तक वे सही अर्थों में भारतीय नहीं होंगे। क्योंकि केवल नाम से भारत जुड़ जाने से या समय-समय पर भारतीय कविता का आयोजन कर देने से ही कोई भारतीय नहीं हो जाता। बल्कि उसे भारतीयकरण की एक दुस्सह, असह और एक कठिन अग्नि परीक्षा के दौर से गुज़र करके, तप करके, निकलना पड़ेगा।

इसलिए मित्रो, मैंने कहा कि भारतीयता की पूरी चर्चा पर विचार करते समय हम लोग यह देखें कि कुल मिलाकर कितने रूप इसके दिखाई पड़ते हैं और अन्ततः यह चर्चा हमें कहाँ ले जाती है। मैंने रवीन्द्रनाथ के उद्धरण का हवाला दिया था कि यह भारतीयता जिस आध्यात्मिक ऊँचाई पर पहुँचती है, वहाँ यथार्थ से, वास्तविकता से, धरती से नाता टूट जाने के बाद, पदार्थ से छूट जाने के बाद, वह एक ऐसी अमानुषिक अवधारणा होती है जो उस अमानुषीकरण के चलते भारतीयता की एक अमानुषिक प्रक्रिया का इस्तेमाल करती है, जहाँ तमाम लोग ठोंक-पीटकर करके एक खास साँचे में ढाले जाते हैं। उस हालत में सिक्ख यदि कहते हैं कि हम हिदू धर्म के अंग नहीं हैं, तो उनको बताना ही नहीं, सिखाना पड़ेगा कि कैसे भारतीय बिना हुए उनका निस्तार नहीं। यही नहीं बल्कि दूरदराज की उन विभिन्न संस्कृतियों के उन आदिवासियों को जिन्हें किसी ज़माने में ईसाइयों ने आकर जबर्दस्ती ईसाई बना लिया था तो उस पूरी प्रक्रिया में वो भी हिन्दुत्व का इंजेक्शन लेकर उनके बीच उसी प्रकार प्रचार और प्रसार करने की कोशिश करेंगे। इसलिए इस भारतीयता की प्रक्रिया के बारे में मैंने कहा कि यह एसेन्शियलाइज करती है।

मुझे देखकर आश्चर्य हुआ कि पिछली 20 मार्च को 'संडे आब्जर्वर' में हमारे अत्यन्त प्रिय मित्र निर्मल जी का एक वक्तव्य छपा था, उसका एक अंश मैं आपके सामने उद्धृत करना चाहता हूँ और वह है—

"भारतीय जनता पार्टी ने पहली बार स्पष्ट और निर्भीक ढंग से भारतीय राजनीति को, विशेषकर उसके सेकुलर, पश्चिमी, लिवरल वामपंथी प्रवक्ताओं की प्रपंचपूर्ण और आर्वेल के शब्दों में कहें तो 'डबल टाक' और 'डबल थिंकिंग' की आत्मभ्रान्तियों से उबारने की सम्भावना उपस्थित की है।"

निर्मल जी का यह वक्तव्य ध्यान रखें। भारतीय जनता पार्टी का नाम लेकर निर्मल जी ने कहा है और पूरे सन्दर्भ में आता है कि 'गांधी के बाद' भारतीय राजनीति को स्पष्ट, निर्भीक ढंग से भारतीय बनाया है। क्या यह सही है कि भारतीय राजनीति को भारतीय रूप देने का प्रयास गांधी के बाद नेहरू ने नहीं किया। गांधी के बाद अपने को सेकुलर कहने वाले गैरकम्युनिस्टों ने भी नहीं किया। पश्चिमी लिबरलिज्म से प्रभावित होने वाले लोगों ने भी नहीं किया। और कम्युनिस्ट तो खैर कैसे कर सकते हैं? इसकी 'प्रपंचपूर्ण' और आर्वेल के शब्दों में 'डबल टाक' और 'डबल थिंकिंग' की आत्मभ्रान्तियों से उबारने की सम्भावना उपस्थित की है पहली बार भाजपा ने। बहुत पहले मैंने एक लेख लिखा था जिस पर कई लोगों ने हाय-तौबा मचाई थी कि पुरातन पंथी और सम्प्रदायवादी यदि हिन्दुत्व की चर्चा करें तो बहुत आश्चर्य नहीं होता लेकिन आधुनिकतावादी अथवा उत्तर आधुनिकतावादी अथवा उत्तरोत्तर आधुनिकतावादी अथवा इन दोनों के भ्रमों से मुक्त या ऐसे सभी प्रकार के भ्रमों से मुक्त, जैसा कि निर्मल जी अपने को कहते हैं और मैं मानता हूँ कि वो हैं, मुझे तनिक भी सन्देह नहीं है, ईमानदारी से वो हैं, इन सभी प्रकार के भ्रमों से मुक्त लोगों में जब सम्प्रदायवाद और हिन्दुत्व दिखाई पड़ता है, तब मुझे जरूर आश्चर्य होता है। इस सन्दर्भ में मैंने कहा था कि कायदे से वैसे मुझे आश्चर्य नहीं होना चाहिए क्योंकि स्वयं यूरोप का आधुनिकतावाद एक पुरातनपंथी धार्मिकता की ही नहीं, बल्कि नस्लवाद की भी हिमायत करता रहता है। मेरा इशारा टी.एस. एलियट और एजरा पाउंड की आधुनिकता से है। हमारे यहाँ के अनेक लेखक आधुनिकतावाद का सम्बन्ध और उस आधुनिकता बोध का सम्बन्ध जिस एजरा पाउंड से मानते रहे हैं, उस पाउंड ने मुसोलिनी के रेडियो से फासिज़्म का प्रचार किया था। इसे सब जानते हैं। एलियट ने केवल कैथोलिक धर्म को ही स्वीकार नहीं किया बल्कि एलियट के काव्य में एंटी सीमेटिज्म-यहूदी विरोध है। यह प्रमाणित हो चुका है। इसलिए आश्चर्य केवल यहाँ होता है। क्योंकि हमारी ऐसी धारणा रही है कि हमारे यहाँ आधुनिकतावाद की शुरुआत 1936-37-38 के आसपास जिस तार सप्तक से मानी जाती है, उस तार सप्तक की समूची जीवन दृष्टि मार्क्सवादी थी। कई लोगों की नहीं भी तो वे मार्क्सवाद से कई रूप से प्रभावित थे। उनमें एक चीज़ थी, वे लोग विवेक बुद्धि में विश्वास करते थे। जीवन के प्रति उनका दृष्टिकोण रेशॅनलिस्ट था।

'शेखर : एक जीवनी' के पाठक जानते हैं कि यहाँ तक कि धर्म के मामले में शेखर को ईश्वर के अस्तित्व तक में विश्वास नहीं था। इसलिए हमारे यहाँ आधुनिकतावाद की शुरुआत एक प्रकार के विवेकवाद से हुई। एक प्रकार के धार्मिक मान्यताओं से मुक्त चिन्तन के रूप में मुक्त मानस के रूप में हुई थी। यही नहीं, बल्कि अनेक प्राचीन रूढ़ियों या धार्मिकता के विरुद्ध इस आधुनिकतावाद ने संघर्ष

किया। इसलिए हमें थोड़ा आश्चर्य हुआ कि जिस विवेकवाद, जिस पुरातनपंथी रूढ़िवादिता से मुक्ति के प्रयास में हमारे साहित्य में, आधुनिकतावाद का उदय हुआ था, उसकी परिणति यदि आगे चलकर इसी हिन्दुत्व में होनी है, और हिन्दुत्व में ही नहीं होनी है, बल्कि यह हिन्दुत्व प्रेम इस हद तक बढ़ जाए कि उनके हिन्दुत्व और हिन्दुत्व के नाम पर बदनाम, भारतीय जनता पार्टी के हिन्दुत्व में कोई फ़र्क़ न रह जाए? और यह कहा जाने लगे भारतीय राजनीति को यदि भारतीयता किसी ने प्रदान की तो उस लिबरल चिन्तन ने नहीं। तब थोड़ा-सा आश्चर्य मुझे होता है। और तब मुझे रवीन्द्रनाथ का उद्धरण याद आता है कि तत्व-चिन्तन की बहुत ऊँचाई पर पहुँचने के बाद प्रायः इसी प्रकार वास्तविकता से इन्द्रियबोध का नाता जब टूटता है तो कहीं न कहीं हम लोग वैसी ही मनःस्थिति में होते हैं और वह मनःस्थिति मनुष्य को इतनी दूर तक ले जाती है।

बुनियादी सवाल जो मैं आप लोगों के सामने रखना चाहता हूँ कि कुल मिलाकर जिस भारतीयता की चर्चा कर रहे हैं जैसा मैंने कहा कि हर युग में एक जरूरत के लिए तैयार किया हुआ, उस समय के काम के लिए उपयोगी था। काम चलाऊ कह लीजिए। फंक्शनल रूप में भारतीयता की अवधारणा पेश की जाती रही है जिसे दूसरे शब्दों में हम एक मिथक कह सकते हैं। जब मैं मिथक कहता हूँ तो मैं मिथक की वास्तविकता से इन्कार नहीं करता। वास्तविकता को व्याख्यायित-परिभाषित करने की अनेक विधियाँ हैं। तथाकथित वैज्ञानिक विधि जिस हद तक वैध है उसी हद तक और उसी रूप में मिथक भी एक विधि है। राम-कृष्ण जैसे मिथकों के माध्यम से नहीं बल्कि अनेक मिथक प्रचलित हैं, उनके माध्यम से; भारत ही नहीं दुनिया की दूसरी संस्कृतियाँ और दूसरे साहित्य-मिथकों के नाम से प्रकृति की, जगत की, इस विश्व की, मानव जीवन की, अनेक गुत्थियों को मिथकों के माध्यम से व्याख्यायित और विश्लेषित करते रहे हैं। इसलिए जब मैंने कहा कि भारतीयता एक मिथक है तो वह अवमाननावाचक शब्द नहीं है। मिथक भी वास्तविक होता है। उसमें भी वास्तविकता का दृढ़ आधार होता है और कभी-कभी मिथक में वास्तविकता से ज्यादा ताकत होती है। इस बात का एहसास कराना बहुत जरूरी है। सच तक पहुँचने के लिए मिथक के मिथ्यात्व का एहसास होना और एहसास कराते रहना बहुत जरूरी है। यह मैं अपनी बात नहीं कह रहा हूँ। बाबा तुलसीदास 'रामचरितमानस' लिखते हुए राम का गुणगान करते हैं तो बीच-बीच में बराबर कहते रहते हैं कि राम को दशरथ का पुत्र मत समझना, भगवान है। वे याद दिला-दिलाकर बताते रहते हैं कि 'राम' एक मिथक है।

इसलिए भारतीयता की इस जरूरत के अनुसार गढ़ी हुई ताकत को पहचानने के लिए उससे मुक्त होने के लिए यह बार-बर याद दिलाने की जरूरत है कि यह

गढ़ा हुआ मिथक है। इस मिथक की ताकत इस पर निर्भर करती है कि इसके पीछे जो ताकत है वह कौन-सी है? किसी मिथक में स्वयं ताकत नहीं हुआ करती। हम लोग कहते हैं मानो तो देव नहीं पत्थर। अगर इस भारतीयता का पुरसाहाल कोई संगठित समुदाय न हो तो जैसे अनेक अवधारणाएँ मर जाया करती हैं वैसे ही ये भी मर जाएगी। उदाहरण के लिए, समाजवाद को सहारा देने वाली यथार्थ राजसत्ताएँ। समाजवाद का स्वप्न अपनी जगह मौजूद है लेकिन स्वयं उसको ताकत देने वाली मानव शक्ति नहीं है तो धीरे-धीरे वह स्वप्न, स्वप्न बनकर रह जाएगा। मिथक बनकर रह जाएगा।

भारतीयता का मिथक इसीलिए ताकतवर है और इसीलिए खतरनाक भी है कि इसके पीछे एक शक्ति है। इसीलिए भारतीयता पर मेरे मित्र डॉ. भगवान सिंह से बहस के दौरान ये बात हुई थी कि यह एक मिथक है फिर भी यह इतना जरूरी है कि हमें इसे सम्प्रदायवादियों के हाथ में नहीं सौंप देना चाहिए बल्कि हमको भारतीयता का अपना भी एक मिथक तैयार करना चाहिए। अब मिथक की लड़ाई मिथक से हो। मुझे चन्द्रकुमार बर्तवाल की एक कविता याद आती है कि बिल्ली चूहे की ओर झपटी। उस स्थिति में बिल्ली की प्रार्थना ईश्वर की ओर चली। चूहे की प्रार्थना भी ईश्वर की ओर चली। चूहे की यह कि मुझे इस बिल्ली से बचाओ और बिल्ली की प्रार्थना चली कि मुझे बहुत भूख लगी है यह चूहा मिलना ही चाहिए। बर्तवाल ने लिखा है कि दोनों प्रार्थनाएँ धरती से जब आकाश की ओर, भगवान की ओर चलीं तो बीच ही रास्ते में बिल्ली की प्रार्थना ने चूहे की प्रार्थना को चपेट लिया। और अकेली बिल्ली की प्रार्थना भगवान के पास पहुँची। ज़ाहिर है धरती पर जो होना था वह हुआ। इसलिए भाई भगवान सिंह जब यह कह रहे थे कि उन्होंने मिथक यह बनाया है और हिन्दुत्व के रूप में बनाया है तो तुम एक बहुत अच्छा-सा इसे बना लो और बनाकर चलो। डर मुझे यह है कि दोनों प्रार्थनाएँ जब चलेंगी तो आखिर में कहीं ऐसा न हो जो चन्द्रकुमार बर्तवाल की कविता में हुआ। इसलिए एक मिथक के संघर्ष के बराबर आप भी एक दूसरा अनिवार्यतः मिथक गढ़ें और कहें कि एक मिथक को मिथक से काटेंगे। कहते हैं कि हीरा हीरे से कटता है। इसलिए एक दूसरा हीरा आप तैयार कर आप काटने की कोशिश करें। यह आजमा कर देखा जाना चाहिए। और आजमाकर इन तैंतालीस वर्षों में हमने देखा है—भारतीय कम्युनिस्ट पार्टी भी इस बीच 'भारतीय' हुई। बावजूद इसके आप भारतीय नहीं हो सके, भारतीयता के नाम पर 'वही' जाने जाते हैं।

एक ज़माने में नात्सीवाद के उदय से पूर्व जर्मनी की कम्युनिस्ट पार्टी और जो किसी ज़माने में बहुत मजबूत कम्युनिस्ट पार्टी हुआ करती थी और उसमें उस राष्ट्रवाद को—जिसको सोशल डेमोक्रेट पार्टी कहते हैं—सोशल डेमोक्रेट पार्टी ने भी

कोशिश की और राष्ट्रीयता का सहारा लिया। अपना चेहरा राष्ट्रवादी बनाना चाहा, इन्टरनेशनल से अलग होकर अन्ततः वह काल कवलित हुई हिटलर के हाथों। जबकि एक ज़माने में वह पार्टी बहुत बड़ी पार्टी थी और हिटलर की पार्टी का कहीं पता तक नहीं था। इसलिए भारतीयता में निहित जो राष्ट्रवाद का खतरा है, जिस राष्ट्रवाद को कभी-कभी हम लोग अलगाने के लिए अन्धराष्ट्रवाद कहा करते हैं, वह राष्ट्रवाद कितनी दूर तक हमें ले जाता है। इसीलिए कभी-कभी हमारे स्वाधीनता संग्राम के दौर में अतिसंवेदनशील कवि, रवीन्द्रनाथ ठाकुर, सतर्क हो गए थे और आप लोगों में से कुछ लोगों ने यदि नेशनलिज्म पर उनका लेख पढ़ा होगा तो आप उससे अन्दाजा लगा सकते हैं। जब स्वदेशी आन्दोलन चला और आप जानते हैं स्वदेशी आन्दोलन के समय 1905 में बंगाल के दो टुकड़े कर दिए गए थे। बंगाल के दो टुकड़े ठेठ अकसीरियत और अकल्लियत के आधार पर ही किए गए थे क्योंकि पूर्वी बंगाल में मुसलमान बहुत ज्यादा थे और पश्चिमी बंगाल में हिन्दू बहुत ज्यादा थे। कर्जन ने बंगाल के इसी आधार पर दो टुकड़े किए थे। और इसके विरुद्ध, बंग-भंग के विरुद्ध जो आन्दोलन चला था उसमें आगे चलकर पूरा राष्ट्र शामिल हो गया था। जब यह आँधी चली तब टैगोर ने उसमें सक्रिय भाग लिया था। जहाँ तिलक ने गणेशोत्सव के द्वारा महाराष्ट्र में जागरण किया था, वहाँ रक्षाबन्धन के द्वारा बंगाल को एक सूत्र में बाँधने का उपाय किया गया। कुछ ही दिनों में रवीन्द्रनाथ टैगोर ने देखा कि यह घातक होता जा रहा है और उस समय 'बंगमाता' नामक कविता टैगोर ने लिखी थी—जिसकी दो पंक्तियाँ केवल—

"शात कोटि संतानेर हे मुग्धजननी
रेखेछि बंगाली कोटे मानुष कारे नी"

हे मुग्धजननी, इन सात कोटि सन्तानों की हे माँ, तुमने हम लोगों को बंगाली तो बनाया लेकिन मनुष्य नहीं बनाया। टैगोर को कहना पड़ा था। यह एक कवि की वाणी थी...कि कविता का साहित्य जो कुछ हम लिखते हैं, आपको बंगाली और हिन्दुस्तानी और भारतीय बनाने के लिए नहीं लिखते हैं, मनुष्य बनाने के लिए लिखते हैं। क्योंकि उसमें निहित होता है वह अच्छा और बेहतर इन्सान जो अपने देश को भी प्यार करेगा। अपनी धरती को, परम्परा, संस्कृति अपने साहित्य को भी प्यार करेगा। फिराक साहब का वह मुहावरा याद आता है कि लोक से चलोगे तो वेद तक पहुँच जाओगे लेकिन वेद से अगर चलोगे तो दसवीं-ग्यारहवीं शताब्दी तक पहुँचते-पहुँचते मर जाओगे और लोक तक पहुँच नहीं सकोगे। यदि इस मनुष्यता की भूमि से चलें तो सम्भव है कि भारतीयता तक आप पहुँच ही जाएँ। लेकिन बिस्मिल्लाह ही अगर गलत हो, उस संकुचित भारतीयता से आप शुरू करेंगे तो शक है। मुक्त नहीं होंगे। निराला मुक्त हुए, जयशंकर प्रसाद हुए, लेकिन दद्दा (मैथिलीशरण गुप्त)

बँधे रह गए। बहुत दूर तक नहीं चले। देखना होगा कि रोमांटिक कवियों की जो स्वतंत्रता थी, उसकी शुरुआत क्या मैथिलीशरण के समान एक भारत से हुई थी या उनकी स्वतंत्रता कहीं बहुत ऊँचाई से शुरू हुई थी, जिसके एक दायरे में भारत आता था, देश-प्रेम आता था। सच्चे अर्थों में तो हमारे छायावादी कवि उस आत्मा की, उस मानस की मुक्ति की बात करते थे, जिसमें बन्धनों को खासतौर से पुरानी रूढ़ियों को तोड़ने का माद्दा था, छायावादियों ने वहीं से शुरू किया और फिर भी वे देश-प्रेम तक पहुँचे लेकिन जिन्होंने शुरुआत ही भारत से की थी वे भारत से बहुत आगे नहीं बढ़ सके। बहुत दूर तक आगे नहीं जा सके। उनकी स्वतंत्रता की अवधारणा भी, परिकल्पना भी बहुत हद तक सीमित रही।

आप कहेंगे कि मैंने भारतीयता की ही चर्चा ज्यादा की है, लेकिन इस भारतीयता की चर्चा के माध्यम से ही हम शायद अपनी साहित्यिक परम्परा में उस परम्परा को ढूँढ़ सकेंगे या परम्परा के बारे में विचार कर सकेंगे। सच्चाई तो यह है कि भारतीयता में एक दूसरा खतरा एसेन्शियलिज्म के अलावा निहित है वह यह है—भारतीयता का सीधा अर्थ भारतीय आत्मा। भारतीय अस्मिता जिसे कहते हैं। भारत की अपनी पहचान और हर पहचान अपने को परिभाषित करने के लिए विशिष्टता बताने के लिए, किसी न किसी एक अन्य की अपेक्षा रखती है। अस्मिता के लिए अन्यता आवश्यक है। किसी के सन्दर्भ में आप अपने को अलग करते हैं। भारतीयता के लिए वह अन्य, एक दौर में पश्चिम था और उस पश्चिम का प्रतीक थे अंग्रेज। भारतीयता की पहचान उन्नीसवीं शताब्दी में जब की जा रही थी और बीसवीं में भी की गई और आज भी की जाती है। यह सिलसिला चला आ रहा है। भारतीयता के लिए केवल यदि पश्चिम ही होता तो समस्या उतनी जटिल न थी। पश्चिम के साथ ही मुसलमान भी हैं। यह भारतेन्दु की रचनाओं में मिलेगा, प्रतापनारायण मिश्र में मिलेगा। बालकृष्ण भट्ट में मिलेगा। एक लम्बी परम्परा है और कारण उसका यह कि भारतीयता की पहचान जब कर रहे थे और स्वतंत्रता की परिकल्पना कर रहे थे तो उसके साथ उस पश्चिम और तथाकथित इस्लाम में, मैं तथाकथित कह रहा हूँ, कुछ चीजें उनको समान दिखाई पड़ती थीं। यह धारणा बनी थी कि इस देश में तुर्कों और मुगलों ने, जो संयोग से हिन्दू धर्म से अलग एक दूसरा धर्म मानते हैं, उन्होंने राज्य किया। छः सौ साल तक। उसके बाद अंग्रेजों ने राज किया। पश्चिम के हिसाब से कहिए तो दोनों आए। एक अपेक्षाकृत बहुत पश्चिम से, दूसरे उतने पश्चिम से नहीं आए। लेकिन उस पश्चिम के दो टुकड़े हुए। निकट अतीत और सुदूर अतीत। निकट पश्चिम और सुदूर पश्चिम दोनों स्वामी और बराबर दोनों की तुलनाएँ भी की जाती रही हैं। भारतेन्दु ने अपने प्रसिद्ध बलिया के व्याख्यान में, जिसकी चर्चा बार-बार की जाती है, उस व्याख्यान में दोनों की तुलना की है और कहा है कि एक

हैजा है और एक क्षय रोग है। बुरे दोनों हैं। सुविधा के लिए हमारे प्रगतिशील साथी जो हैं इस चीज को जरा हल्के से कहते हैं, दरकिनार करते हैं, लेकिन उस मानसिकता की जटिलता को समझने की जरूरत है। सरलीकरण करके न देखें।

आप देखेंगे आज भी भारत में कुछ लोग कहते हैं भारत एक हजार साल से पराधीन था। कुछ लोग कहते हैं भारत दो सौ साल से पराधीन था। दोनों तरह की परिकल्पनाएँ चलती हैं। मैं कह रहा था कि इस भारतीयता की अस्मिता का गहरा सम्बन्ध है उस अन्य से, जिस अन्य के सन्दर्भ में आप अपने आपको परिभाषित करते हैं, अपनी विशिष्टता बताते हैं, अपने अलगाव को प्रकट करते हैं। ये पश्चिम के दोनों रूप एक हद तक एक बिन्दु पर आकर अलग-अलग होते हुए भी जुड़ जाते हैं। किस तरह जुड़ते हैं? जिसको उपनिवेशोत्तर भारत कहते हैं, उस उपनिवेशोत्तर भारत में यानी आजाद हिन्दुस्तान में। आजादी मिलने के बाद से एक बड़ी गहरी माँग उठी है कि हम लोगों को पुराने औपनिवेशिक जो प्रभाव हैं, उन प्रभावों से, जिन्हें किन्हीं कारणों से हमारे ऊपर थोप दिया गया था, भाषा के रूप में, संस्कृति के रूप में, आचार-व्यवहार के रूप में, राजनीतिक चिन्तन के रूप में, आर्थिक विकास के रूप में, उन तमाम चीजों से हमें मुक्त होकर, पूर्णतः औपनिवेशिक जेहनियत से मुक्त होकर, औपनिवेशिक मानसिकता से मुक्त होकर सच्ची भारतीयता की खोज करनी चाहिए। क्योंकि उसी में हमारी सृजनशीलता निहित है—एक साहित्यकार और एक लेखक के नाते। लेकिन आप देखें कि पहले से जो पश्चिम की एक तस्वीर बनी थी, आज भी उसमें बहुत परिवर्तन नहीं हुआ है। पश्चिम याने भौतिकवाद, भारत याने अध्यात्मवाद। यह उन्नीसवीं सदी से चला आ रहा है। और कभी-कभी इस पर बड़ा गर्व भी हम लोग करते थे कि पश्चिम के लोग तो भौतिकवादी हैं और हम लोग बड़े अध्यात्मवादी है। उसका मूल रूप यह दिखाई पड़ा कि पश्चिम से अपने आप को अलग करने के लिए टेक्नालॉजी की दौड़ में हम बराबर पिछड़े रहेंगे। यह फासला कम होता जाए, कम होता जाए लेकिन अन्ततः यह कभी कम नहीं होगा। बराबर हम उनसे एक कदम दो कदम पीछे ही रहेंगे टेक्नालॉजी में। जो आज भी दिखाई पड़ रहा है। औद्योगिकीकरण के मामले में जो विकास के लिए सिद्धान्त अपनाया गया उसमें भी हम पीछे रहेंगे। हम कन्ज्यूमर गुड्स के सिलसिले में उनसे पीछे रहेंगे। उसकी मिसाल यह है कि विदेशी वस्तुओं के प्रति जो आकर्षण है इस देश में उस पर कुछ अधिक कहने की आवश्यकता नहीं है। इससे मुक्त होने, बचने की प्रक्रिया में, हम बार-बार भारतीयता की शरण लेना चाहते हैं।

पश्चिम के हर तरह के प्रभाव से मुक्त होकर हम भारत का स्वतंत्र स्वाधीन विकास करें जो अपना हो, भारतीय हो। इस पहचान की प्रक्रिया में हम कहाँ जाते

हैं? इस पहचान की प्रक्रिया के लिए जरूरी है कि हम प्री इंडस्ट्रियल एज में जाएँ। प्राक्-औद्योगिक समाज में, उन मूल्यों, जीवन पद्धतियों, प्रणालियों में, जहाँ मनुष्य और प्रकृति के गहरे रिश्ते थे। जहाँ धर्म एक व्यापक नियामक सत्ता के रूप में था। जीवन के हर पल, हर क्षण और हर क्षेत्र का नियमन किया करता था। जहाँ चिमनी के धुएँ नहीं थे। मशीन जैसा आदमी नहीं था। जहाँ--आह ग्राम्य जीवन भी क्या है। क्यों न इसे सबका मन चाहे। थोड़े में निर्वाह यहाँ है। कहीं लौकियाँ लटक रही हैं। काशीफल कूष्मांड वगैरह-वगैरह... । और कोई रास्ता नहीं है। नेहरू ने औद्योगिकीकरण करके विनाश का द्वार खोला है, दूसरा रास्ता गांधी का रास्ता है। नव गांधीवाद इस बीच पैदा हुआ है। नव गांधीवाद, पश्चिम से अलग भारतीय अस्मिता की खोज अपना प्राक औद्योगिक भारतीय समाज ही कर रहा है यह बुरा नहीं है। अपनी ही परम्परा से लें। कठिनाई यह है कि जो आप कर रहे हैं और समय-समय पर चलते रहते हैं। एफ.आर.लीविस और टी.एस. इलियट जब डिसोसिएशन ऑफ सेंसेबिलिटी के खिलाफ लड़ रहे थे तो आखिर प्री इंडस्ट्रियल सोसायटी के ही मूल्य स्थापित करने के लिए लड़ रहे थे। और ऐसे ही प्राक इंडस्ट्रियल सोसायटी के मूल्यों के लिए लड़ने वालों में हाईडेगर भी थे और जर्मनी के वो तमाम बुद्धिजीवी और साहित्य प्रेमी और कलाकार थे जिन्होंने आगे चलकर फासिज़्म को ही वरण करना जरूरी समझा, जबकि फासिज़्म कतई प्राक औद्योगिक नहीं था। वह घनघोर टेक्नालॉजी में विश्वास करता था। और मित्रो, इतनी ही दूर तक बात रहती तो कोई बात न थी! जिस तात्विक दृष्टि से वह आगे बढ़ती है और दूसरे सन्दर्भ में अपने को जैसे ही आप परिभाषित करने लगते हैं तो न भूलिए कि नियामक दूसरा रहता है, आप नहीं रहते। जिस अन्य के सन्दर्भ में आप अपने को परिभाषित करते हैं वह अन्य कहीं-न-कहीं आपके अनचाहे, आपके अनजाने, आपकी परिभाषा को नियन्त्रित करते रहता है। धरती के सन्दर्भ में आकाश को करेंगे। आकाश के सन्दर्भ में धरती को करेंगे। जब भी एक के द्वारा दूसरी चीज परिभाषित होगी तो उस एक द्वारा किसी हद तक वह निर्धारित-नियन्त्रित होती रहेगी।

अन्ततः आप उस तथाकथित ओरियंटिलिज्म की गिरफ्त में आएँगे जिस ओरियंटिलिज्म से आप लड़ना चाहते हैं। जो उपनिवेशवादी युग में हमारा सबसे बड़ा अभिशाप था और जिसने भारत की एक छवि बनाई थी। तमाम पुरातत्ववादियों और इतिहासकारों ने मिलकर। हड़प्पा-मोहनजोदड़ों के द्वारा ही नहीं बल्कि 'इमैंजनिंग इंडिया' या 'भारत की छवि' या 'द वंडर दैट वाज इंडिया' जैसी तमाम किताबों के द्वारा बनाई थी। आज भी जिस छवि को, आजादी के बाद वाले भारत में पश्चिम से बेहतर समझ रहे हैं और जिसे अपनी अस्मिता समझ रहे हैं, अगर पिछले चालीस वर्षों में स्वाधीन भारत के बारे में लिखी हुई किताबों में स्पष्ट रूप से भारत की

अपनी नीति, भारत का अपना मार्ग है, पश्चिम के मार्ग पर नहीं चल सकता और जिस मार्ग की ओर लामुहाला इशारा करते हैं, वह यही है कि वहीं लौटो, वहीं जाओ, यह करो और कुल मिलाकर सच पूछो तो तुम्हारी मुख्य चिन्ता धर्म की होनी चाहिए। और जैसे ही आप उस प्राक औद्योगिक भारत की ओर जाते हैं तो ऐतिहासिक दृष्टि से आप प्री मुस्लिम इंडिया की ओर लौटते हैं। उसमें मुसलमान भले ही वह धर्म से मुसलमान हों पर जातियों के रूप में वे तुर्क हों, अरब हों, मुगल हों, पठान हों। इनकी अलग-अलग राष्ट्रीयताएँ और जातीयताएँ रहीं हैं, धर्म भले ही एक रहा हो। पश्चिम के विरुद्ध परिभाषित करने वाली भारतीयता अन्ततः हमें यहाँ ले जाती है। प्री मुस्लिम भारत के मूल्यों की ओर जो स्वभावतः अन्त में आपको एन्टी मुस्लिम करती है। मुझे लगता है कि निर्मल जी ने यों ही भारतीय जनता पार्टी की भारतीयता की हिमायत नहीं की थी। पश्चिम के विरुद्ध अपने को परिभाषित करते हुए। जबकि वे कहते हैं कि हम लोग पश्चिम से चलकर ही भारत में आने के लिए अभिशप्त हैं। जिस भारत में लौटेंगे वो न चाहते हुए भी, अनइंटेंडेड तरीके से, भी अनिवार्यतः उस बिन्दु की ओर ले जाएगी जहाँ आप एंटी वेस्ट ही नहीं होंगे आप एंटी मुस्लिम भी होंगे। क्योंकि भारतीयता की परिकल्पना आपके न चाहते हुए भी वहीं ले जाएगी। और वहाँ से जाने बाद जो भारतीयता रूप लेगी, वह साहित्य में अनेक रूपों में अभिव्यक्त होती है। भारतीयता बने अगर कोई और वह सच्ची हो तो हम सिर माथे पर लेकर कहेंगे, चलो भइया यही है। जिसे कहा गया है कि सही भारतीयता है, तो कोई हर्ज नहीं है। कठिनाई यह है कि इसके द्वारा जो भारतीयता बनती है और सामने दिखाई पड़ रही है, वह 'हृदय भारतीयता' है। 'हृदय भारतीयता' मैं इस रूप में कह रहा हूँ—रचनाओं को पढ़ने के द्वारा।...हिन्दुत्व पं. विद्यानिवास जी में भी है, हिन्दुत्व विष्णुकान्त शास्त्री में भी है। दोनों हिन्दी के लेखक हैं, उन्हीं लोगों का मैं नाम ले रहा हूँ, राजनैतिक लोगों का नहीं। हिन्दुत्व के लिए आकर्षण निर्मल जी में भी है, रमेशचन्द्र भी हैं। क्या सबका हिन्दुत्व एक जैसा है? और इनके अलावा अपने उस धर्म की परिकल्पना करने वाले, मैं शंकराचार्यों की बात नहीं करता लेकिन ऐसे सहज विश्वासी और गहरी आस्था वाले लोग जिनका धर्म या कहिए कि हिन्दुत्व वैष्णव मतों की परम्परा वाले सूफी, फकीर और भक्त लोग। उनकी भी एक धार्मिक आस्था है, विश्वास है और ये प्रेम पर विश्वास करने वाले लोग हैं। क्या सब एक है। और आप पाएँगे कि इस पश्चिम की यात्रा करके पश्चिम विकल्प के रूप में, प्राक औद्योगिक समाज से पूर्व के भारत से निचोड़कर निकाला हुआ हिन्दुत्व दूसरा है, एकदम दूसरा है। शायद उस पुरानी परम्परा के मानने वाले पहचान भी न पाएँ। मैं नहीं कह सकता कि चन्द्रधर शर्मा गुलेरी या रामावतार शर्मा जैसे या और तो और अपने रामचन्द्र शुक्ल स्वयं जिस हिन्दुत्व की परिकल्पना करते थे, जिसमें भक्ति, धर्म

का रसात्मक रूप थी। सारे धर्म के प्रपंचों को छोड़कर शुक्ल जी ने उसमें से उस रस को चुना था जो हिन्दी में भक्ति के रूप में व्यक्त हुआ था। आप पाएँगे कि पश्चिम की यात्रा वाला हिन्दुत्व उस रूप में नहीं है। बल्कि यह एक गढ़ा हुआ एक ऐसा आर्गेनाइज्ड हिन्दुइज्म है जिसके तत्व और तत्वों का विश्लेषण किया जाए जिसके लिए अवकाश नहीं है। ब्यौरे में जाकर देखें तो यह बिल्कुल अलग हिन्दुत्व है। हिन्दुत्व की छौंक लगाने वाली रचनाएँ कभी-कभी मुझे ऐसा लगता है, पश्चिम से शिक्षा प्राप्त व्यक्ति लम्बी यात्रा के बाद अपने स्रोतों और अपनी जड़ों में जाकर जिस हिन्दुत्व को खोज लाया है, वह हिन्दुत्व उन्नीसवीं शताब्दी के हिन्दू पुनर्जागरण वाला भी नहीं है। बीसवीं शताब्दी के तिलक आदि वाला भी नहीं है। मैं कहूँगा कि गांधी तक वाला नहीं है।

स्वाधीनता के बाद आधुनिक अंग्रेजी शिक्षा प्राप्त, आधुनिक बोध से सम्पन्न, नई संवेदना के साथ जिस हिन्दुत्व की तस्वीर पेश की गई है वह भिन्न, विशिष्ट दिखाई पड़ती है। तत्काल मैं उस पर मूल्य निर्णय न दूँगा। कहा जा सकता है कि हिन्दुत्व के रूप में सारे के सारे हृदय हैं। कह लीजिए आप, मैंने कहा कि सब अलग है। हरदम कहिए–मिथक कहिए। और उनके बीच यह भी एक छद्म है और इस नाते बुरा नहीं है, कह सकते हैं आप। लेकिन इसी पर मैंने कहा था कि ये एक तरह के भारत व्याकुल लोग हैं। इनमें एक खास तरह की भारतीयता दिखाई पड़ रही है। वह लगभग इसी तरह के हृदय को स्पष्ट करती है।

जो कृष्ण कल्ट वाले दिखाई पड़ते हैं, अक्सर घूमते दिखाई पड़ते हैं और लगता है कि बंगाली भारतीय वैष्णव से ज्यादा वैष्णव हैं। जब कोई बहुत वैष्णव दिखाई पड़ने लगे, जब कोई बहुत मुसलमान दिखाई पड़ने लगे तो जरा सोचना पड़ता है। कुछ शक होने लगता है। यह बहुत क्या होता है। तो ये जो बहुत हिन्दू जब कोई दिखाई पड़ने लग जाए, यह अति हिन्दुत्व जो है, जो पं. विद्या निवास जी से कई मात्रा आगे बढ़ा हुआ है तो मुझे शक होने लगता है। मेरे लिए मानदंड वही हैं, पंडित जी। और इसका दूसरा एक रूप होता है इसी हृदय का और वह है–प्राक औद्योगिक भारत में पहुँचकर गाँवों के भारत का निचोड़, सार लेकर, उन मूल्यों को लेकर लौटने की बात। तो हम लोगों ने मान लिया है कि भारतीय होने का मतलब है किसानवाद, गाँववाद। इस बीच जब भी भारतीय उपन्यासों की परम्परा की बात की जाती है तो आंचलिक उपन्यास ही सही अर्थों में भारतीय है। किसानों के बारे में लिखना ही सच्ची भारतीयता की कसौटी है। राजनैतिक नेताओं की वाणी हम लोग बोलने लगे हैं। गांधी जी जब कहते थे गाँव नहीं कहते हैं। गांधीजी के लिए सात लाख गाँव उस समय रहा करते थे। और वो बड़ी ठोस मूर्त इकाई थी। भारत गाँव में बसता है, और भारत सात लाख गाँवों में बसता है। ये दोनों वाक्य एक मनःस्थिति और एक भावना

को व्यक्त नहीं करते। और आजकल के लोग, चौधरी देवीलाल का भारत भी किसान में, गाँव में रहता है, चल रहा है, चल रहा है किसानवाद। यह किसानवाद इसकी एक परिणति है। साहित्य में आंचलिकता इसकी दूसरी परिणति है। और आंचलिकता और किसानवाद से परम मुक्त होकर जो लोग रचते हैं वे एक बहुत कलात्मक ढंग से एकाध शब्द या एकाध चित्र के द्वारा छौंक डाल दिया करते हैं। वे इनसे भी मूलगामी हैं। वो किसानों से आगे बढ़कर कहते हैं, तुम तो यहीं तक हो, हमारी सहानुभूति तो आदिवासियों तक है। इसलिए अति आधुनिकतावादी उपन्यासों में आपको आदिवासी और आदिवासी ही नहीं बल्कि उसकी पीठ पर लिखी हुई—एक सज्जन के द्वारा इमर्जेंसी के दौरान लिखी गई थी—हाइरोक्लिप याद आती है। उस काल की लिपियाँ जो आदिवासियों के काल की हुआ करती हैं वैसी दिखाई पड़ती हैं। यह ठेठ भारतीयता है। चलो, भारतीय होने चले हो? प्रेमचन्द किसानों तक गए। किसान उनके गाँव के बड़े औसत किसान हैं। हम तो बस्तर के उस माड़िया के, वहाँ की अन्दरूनी जीवन कथा की एक झलक दिखाते हैं। क्या खूब भारतीय होने का चमकदार नुस्खा बना है। और विदेशों में यही भारतीय उपन्यास समझा जाएगा। प्रेमचन्द भारतीय नहीं माने जाते। यह है हृदय किस्म की भारतीयता। मैंने कहा था कि सारा हृदय वही पश्चिम करवाता है हमसे जिसके विरोध में हम अपने आपको परिभाषित करना चाहते हैं।

अन्त में मित्रो मैं यह कहूँगा कि यह पूरी भारतीयता की परिकल्पना हमें एक खास तरह के परम्परावाद की ओर ले जाती है। परम्परा और परम्परावाद में अन्तर है। जानते हैं आप, आप विद्वान् हैं। आज बताने की जरूरत नहीं है। और यह परम्परावाद इस बात पर बल देता है कि इस देश में एक परम्परा है। हम लोग भारतीय परम्परा की बात करते हैं। यह भूल जाते हैं। मैंने एक बड़ा गुनाह किया। मैंने दूसरी परम्परा की बात कही तो लोगों ने समझा कि मैं गिनती गिना रहा हूँ। पहली परम्परा और दूसरी परम्परा। इतना व्याकरण तो मुझे मालूम है कि दूसरी माने अन्य हुआ करता है। कुछ लोगों ने कहा कि कल को आप तीसरी परम्परा कहेंगे। फिर चौथी परम्परा कहेंगे। जी नहीं। यह चौथी दुनिया मैं नहीं निकालने जा रहा हूँ, न तीसरी दुनिया मैं निकालने जा रहा हूँ। एक परम्परा, एक अन्य परम्परा इस देश में रही है। इतिहास जानता है और उसकी खूबी यह रही है कि उस, अनेक परम्पराओं के बीच, और साहित्य के सन्दर्भ में मैं खासतौर से कहना चाहूँगा कि इसके गुनाहगार हम प्रगतिशील लोग हैं। भला हो हमारे आदरणीय रामविलास जी का जिन्होंने भारतेन्दु की परम्परा रामचन्द्र शुक्ल की परम्परा, कुछ ऐसी लीक पीटी कि परम्परा के हिमायती सबसे ज्यादा भगवत रावत और हम लोग रह गए। और अनजाने ही हम लोग एक परम्परावाद को बढ़ावा देने लगे जो सम्प्रदायवाद का दूसरा नाम है।

मैं कहना चाहता हूँ कि साहित्य की विशेषता ही यही है कि जिसका महत्व ही इसी बात में है कि अपनी विशिष्टता से वह परम्परा का निर्माण करता है। समानताएँ कम होती हैं। अद्वितीयता अधिक होती है। प्रमाण है हम लोग भक्ति आन्दोलन-भक्ति आन्दोलन, भक्ति युग-भक्तिकाल किया करते हैं। विचित्र बात है। भक्तिकाल और रीतिकाल की तुलना करें तो रीतिकाल के कवियों और कविताओं के सबके चेहरे एक जैसे दिखाई पड़ेंगे। भक्तिकाल का सबका अपना वैशिष्ट्य है। सगुण लोगों में ही नहीं, निर्गुणों में भी कबीर की वाणी अलग है। कृष्ण भक्त कवि, आठ छपे लगे हुए हैं। छाप भले ही एक जैसी रही हो लेकिन कविता एक जैसी नहीं है। अब आज के मुदर्रिस हम लोग एक दूसरी बड़ी छाप मुहर लगाकर भक्ति काव्य, भक्तिकाल, भक्ति आन्दोलन, भक्ति परम्परा करके, सारा वैशिष्ट्य मिलाकर, मिटाकर हम लोग एक परम्परा का लोक बना देना चाहते हैं। साहित्य की परम्परा इसी अर्थ में है। एक कवि और हर कवि की इच्छा होती है, आज के ज़माने में हम अनुभव से देख सकते हैं। विनोद कुमार शुक्ल को रघुवीर सहाय अच्छे लगते होंगे लेकिन वे कभी नहीं चाहेंगे कि वे रघुवीर सहाय जैसा लिखें। यदि रघुवीर सहाय जैसा ही लिखना है तो उन्हें लिखने की क्या जरूरत है? तो यह मैंने कहा कि इसीलिए जिसे हम साहित्यिक परम्परा कहते हैं वह साहित्यिक परम्परा एक ऐसा समाज है जहाँ जो भी सार्थक है, सर्जनात्मक है, वह अपनी अलग पहचान बनाकर ही रहता है।

यहाँ बौद्ध दर्शन का प्रतीत्यसमुत्पाद मुझे अधिक अनुकूल लगता है, जहाँ गंगा की धारा समान प्रवाह नहीं है। वह विच्छिन्न प्रवाह के समान है जहाँ हर बूँद अलग-अलग टपककर आभास देती है, प्रतीति कराती है कि एक धारा है। इस रूप में अगर हम परम्परा को देखेंगे तो हम शायद प्रत्येक कवि को इसके लिए स्वतंत्र छोड़ेंगे कि वह अपनी परम्परा स्वयं ढूँढ़े। बनाए। परम्परा किसी संगठन, किसी संस्थान के कारखाने में ढालकर कवियों को नहीं दी जाती। और दी जाती है कि तो बड़ी ही खतरनाक हुआ करती है, घातक हुआ करती है। हर कवि, हर लेखक अपनी परम्परा चुनने के लिए स्वतंत्र है। भारत का हर नागरिक अपनी परम्परा चुनने के लिए स्वतंत्र है। यदि आपने दिल्ली, राजधानी और केन्द्रीय सरकार द्वारा निर्मित एक भारतीय परम्परा के चालू करने की, एक सिक्के के समान, करेंसी के समान चालू करने की अनुमति देंगे तो मैं समझता हूँ उस दिन अपनी सर्जनात्मकता और अपनी स्वायत्तता और स्वतंत्रता आप गिरवी रख देंगे। यह खतरा मध्यप्रदेश में और भी बड़ा है। जिस दिन आपने भारतीय परम्परा के निर्माण का पूरा-का-पूरा दायित्व और अधिकार अपनी सरकार को दिया, आप सोच सकते हैं कि उसके परिणाम क्या होंगे। इसलिए परम्पराएँ हैं। परम्परा चुनने के लिए व्यक्ति, हर मनुष्य स्वतंत्र है। एक ही जगह वह स्वतंत्र नहीं हैं और यह हमें हमारे सन्तों-भक्तों ने बताया है हम अपने पिता

को चुनने के लिए स्वतंत्र नहीं है लेकिन हम अपने गुरु को चुनने के लिए स्वतंत्र हैं। कबीर, अपना पिता नहीं चुन सकते थे, लेकिन कबीर, अपना गुरु चुन सकते थे।

सौभाग्य से साहित्य में वंश-परम्परा नहीं चलती है, हमारे देश में, राजनीति में, चले तो चले। यह जो गुरु परम्परा है। हम निराला को मानें अपना या हम प्रसाद को मानें। यह कवि स्वतंत्र है कि किससे प्रेरणा लेकर लिखेगा, फल वही भुगतेगा कि किसको गुरु चुना है उसने। आप कौन कहने वाले होते हैं। विविध, बहुआयामी अनन्त रंग-रूपों वाली पृथ्वी के समान, परम्परा भी ऐसी ही है। उसमें मैं यह कहना चाहूँगा कि हमारी अस्मिता का निर्माण न तो परम्परा के पालन में होता है और न नितान्त नए सृजन में होता है। सच्चाई तो यह है कि इस बीच साहित्य की दुनिया में जो भी हमारी अस्मिता बनी है, चाहे रोमान्टिकों ने बनाई हो, नई कविता वालों ने बनाई हो, आज के कवियों ने बनाई हो, एक अजीब बात है कि उन्होंने परम्परा और नवीनता याने नए-पुराने के मिश्रण द्वारा अपनी अस्मिता नहीं बनाई है। यह चालू मुहावरा, मिश्रण वाला, मिक्सचर वाला, राजनीतिज्ञों का है, और न्यूनतम कार्यक्रम बनाने वालों का है। इसीलिए बार-बार नए और पुराने का द्वन्द्व होना चाहिए। मैं जोर देकर कहना चाहता हूँ कि किसी साहित्य के एक हजार वर्ष के इतिहास में, हिन्दी साहित्य के जिन कवियों-लेखकों ने और जिन रचनाओं ने अथवा समूचे हिन्दी साहित्य ने अपनी जो अलग पहचान बनाई है वह पहचान परम्परा के याने नए और पुराने के द्वन्द्व ने बनाई है। नए और पुराने के संयोग से नहीं बनाई है, मिश्रण से नहीं, समन्वय से नहीं बनाई। पुराने और नए के बीच जो एक द्वन्द्वात्मक रिश्ता होता है, डाइलेक्टिक्स का यदि हवाला दूँ तो क्षमा माँगने की जरूरत नहीं होनी चाहिए। यह यूनिटी ऑफ अपोजिट्स होती है। जिस अपोजिट्स में संघर्ष होता है, यह संघर्ष भी कहीं-न-कहीं जोड़ता है, जैसे कि किसान और मजूदर-संघर्ष के बीच फैक्ट्री को खत्म नहीं करते हैं बल्कि फैक्ट्री रहती है। बावजूद इसके कि उसके लिए लड़ेंगे क्योंकि वह रहेगी तो दोनों रहेंगे। उसके न रहने पर तो स्वयं मजदूर भी नहीं रहेगा। तालाबन्दी मालिक करता है। मजदूर नहीं करता। इसलिए अदावत में भी हमारा साहित्य एक रिश्ता मानता है और इसलिए कहते हैं कि "कुछू न हो तो अदावत ही सही।" इसलिएं परम्परा से कुछ नोंक-झोंक चलती रहे, छेड़ चलती रहे, इस छेड़ से कविताएँ लोगों ने बनाई हैं। कबीर ने बनाई, तुलसी ने बनाई, निराला ने बनाई, आज के बहुत से कवि बना रहे हैं।

इस चीज को जब ध्यान में रखेंगे तो परम्परा पर इतना ज्यादा जो जोर दिया जाता है, और एक वचन में खासतौर से जो जोर दिया जाता है, उससे हटकर हम लोग शायद दूसरी दिशाओं में सोच सकेंगे।

मित्रो, कुल मिलाकर, शायद कुछ लोग सोच रहे हों, और अशोक जी तो बहुत प्रसन्न हो रहे होंगे कि यह तो बहुवचन है, और यह बहुलतावाद है। हो। यदि इससे यह निकलता हो तो शायद पहचान में यह भी आएगा कि बहुलतावाद के भी बहुत से रूप हैं। यदि यह बहुलतावाद है तो बहुलतावाद के भी अनेक रूप हैं। जीवन की इस विविधता को पहचानना, साहित्य ने हमें सिखाया है। रवीन्द्रनाथ ने जैसा कहा था, ''मनुष्य प्रकृत्या पृथ्वी से जुड़ा हुआ है। साहित्य प्रकृत्या जुड़ा हुआ पदार्थ से। पदार्थ की पदार्थमयता साहित्य में विविधता पैदा करती है। और वही शब्द और अर्थ के द्वन्द्व की सृष्टि किया करती है।'' शायद यह पदार्थमयता हमें हमारी भारतीयता को और शायद हमारी साहित्यिक परम्परा को परिभाषित करने की एक दिशा दे सके।

(प्रगतिशील लेखक संघ, भोपाल द्वारा आयोजित मुक्तिबोध व्याख्यानमाला के अन्तर्गत, 24 मार्च, 1991 को भोपाल में दिया गया व्याख्यान, प्रगतिशील लेखक संघ, भोपाल द्वारा प्रकाशित स्मारिका 'आत्मनिरीक्षण का समय' में प्रकाशित)

भारतीय अस्मिता की खोज और जवाहरलाल नेहरू

भारत के स्वाधीनता आन्दोलन के मूलभूत लक्ष्यों में एक बड़ा लक्ष्य यह था कि इस देश के नागरिकों को अंग्रेजी हुकूमत से मुक्ति तो मिले ही, वे अपने राष्ट्रीय पहचान और समृद्ध संस्कृति के वारिस होने का आत्मिक गौरव भी अनुभव कर सकें। वही सांस्कृतिक गौरव, जो सिन्धु घाटी की सभ्यता, आर्य सभ्यता, वैदिक संस्कृति, बौद्ध और जैन संस्कृति, मध्यकालीन भक्ति आन्दोलन और वैचारिक समन्वय की सुदीर्घ परम्परा से निर्मित हुआ है।

आज इस राष्ट्रीय पहचान और आत्मगौरव की भावना का महत्व इसलिए भी बढ़ गया है कि हमारी जातीय स्मृति में एक प्रकार का भ्रंश दिखाई पड़ रहा है। भ्रंश इस अर्थ में कि हम सिर्फ आज में जीते हैं। दस वर्ष पहले की घटनाओं को भी याद रखने की सामर्थ्य खोते जा रहे हैं। राष्ट्र के उन तमाम नायकों को भूल जाते हैं, जिनका हमारे अपने अतीत और वर्तमान से गहरा ताल्लुक रहा है। ऐसे वातावरण में यदि हम यह भी भूल जाएँ कि हम किस देश के हैं, किस देश के संस्कारों से बने हैं और जिस देश के संस्कारों से बने हैं, वह केवल एक छोटा-सा भौगोलिक क्षेत्र भर नहीं है, बल्कि एक महान् सभ्यता का वारिस है, उसकी एक महान् संस्कृति रही है, जिसमें भारतवासी होने के नाते ही नहीं, बल्कि मनुष्य होने के नाते किसी की भी दिलचस्पी हो सकती है।

इस देश के विकास में दिलचस्पी रखने वाले लोग यह भली-भांति जानते हैं कि आजादी के बाद इस देश के आर्थिक निर्माण के लिए जो राष्ट्रीय नीति तय की गई थी, उसे तैयार करने में जवाहरलाल नेहरू अकेले नहीं थे, और भी बहुत-से लोग थे, जिन्होंने इसे तैयार करने में अपना योग दिया। उस नीति में इसी बात पर सबसे अधिक बल दिया गया था कि इस देश को किस तरह आत्म-निर्भर बनाया जाए। इस काम को अन्जाम देने के लिए पंचवर्षीय योजनाओं के माध्यम से एक ऐसा आधारभूत आर्थिक ढाँचा तैयार करने का लक्ष्य सामने रखा गया, जिसके सामने बाकी सारे विकल्प गौण थे। इस राष्ट्रीय नीति में सार्वजनिक क्षेत्र की केन्द्रीय भूमिका मानी गई और बाकी गैर-सरकारी क्षेत्र को सहायक की भूमिका में रखा

गया। विकास के इस ढाँचे में जमींदारी प्रथा को खत्म करके भूमि सम्बन्धी नए नियम बनाने पर गम्भीरता से विचार किया गया, ऐसे नियम जिनमें गाँवों का विकास हो, औद्योगिकीकरण को बढ़ावा मिले और दुनिया के दूसरे विकसित देशों की तरह यहाँ भी आधुनिकीकरण की प्रक्रिया तेजी से विकसित हो। पंडित जवाहरलाल नेहरू के नेतृत्व में बनी यह राष्ट्रीय नीति आजादी के बाद स्वतंत्र भारत की आर्थिक प्रगति का मूल आधार थी।

विदेश नीति के मामले में भी इस नेतृत्व ने गुटों में बँटी दुनिया से अलग अपना एक निरापद रास्ता चुना—यह रास्ता था, गुटनिरपेक्षता की नीति का, जिसमें भारत जैसे और भी कई विकासशील देश थे, जो न सब्जबाग दिखाने वाले पूँजीवादी देशों के साथ जाना चाहते थे, न लड़ाकू समझे जाने वाले समाजवादी देशों के साथ। इस नीति के पीछे भी सबसे बड़ा दबाव उस राष्ट्रीय एकता और सामाजिक संस्कृति का ही रहा, जिसकी पुख़्ता नींव धर्मनिरपेक्षता या सेकुलरिज़्म की भावना पर आधारित थी, जो सारे विभेदों और बहुलता के बावजूद राष्ट्र की अन्तर्निहित एकता को प्रोत्साहन देती थी।

अपनी राष्ट्रीय और अन्तर्राष्ट्रीय सोच के चलते पंडित नेहरू ने तीन महत्वपूर्ण पुस्तकें लिखी थीं—विश्व इतिहास की झलक, मेरी कहानी और हिन्दुस्तान की कहानी। इन तीन पुस्तकों के अलावा अपनी पुत्री इन्दिरा गांधी के नाम जो उन्होंने पत्र लिखे थे, वे भी एक पुस्तक के आकार में सामने आ चुके हैं और इन पत्रों में भी पंडित नेहरू ने इन पुस्तकों के अच्छे-खासे हवाले दिए हैं। ये सभी पुस्तकें एक-दूसरे से जुड़ी हुई हैं। पंडित नेहरू से कई सौ साल पहले यूरोप में यही काम महान् चिन्तक हॉब्स ने भी करने का प्रयत्न किया था। हॉब्स, लॉक और रूसो दुनिया में लोकतंत्र की विचारधारा पर गम्भीरता से विचार करने वाले महान् चिन्तकों में गिने जाते हैं, जिन्होंने यूरोप में सामाजिक, राजनीतिक और सांस्कृतिक चिन्तन के एक नए युग का सूत्रपात किया। हॉब्स ने भी यह प्रतिज्ञा की थी कि वे तीन पुस्तकें लिखेंगे, जिनमें एक में विश्व के स्वरूप पर विचार होगा, दूसरी पुस्तक में वे राष्ट्रीय राज्य के स्वरूप पर विचार करेंगे और तीसरी पुस्तक स्वयं उनकी अपनी जीवन कहानी पर आधारित होगी। हॉब्स केवल 'लिवायथन' के रूप में मुख्य रूप से राज्य के स्वरूप पर ही विचार कर सके। इस किताब की भूमिका के रूप में उन्होंने अपने जीवन की कहानी भी लिखी लेकिन इस पुस्तक में वह विश्व की मात्र झलक ही प्रस्तुत कर सके। हॉब्स जो काम नहीं कर सके, पंडित नेहरू ने वही कार्य अपनी कहानी, अपने देश की कहानी और सारे संसार की कहानी के रूप में ही कर दिखाया।

इन तीनों कहानियों को अगर हम ध्यान से देखें तो पाएँगे कि विराट विश्व के परिप्रेक्ष्य में भारत और भारत के परिप्रेक्ष्य में जवाहरलाल नेहरू नाम का वह व्यक्ति

प्रकारान्तर से विश्व को और अपने देश को देखते हुए उसके भीतर अपनी ही खोज करता रहा है। हमारे यहाँ यह परम्परा भी रही है कि हर खोज अपने आप से शुरू होती है—'आत्मानाम् विधिः' अर्थात् अपने आप को जानो। जो अपने आपको नहीं जानेगा, वह अपने देश को भी नहीं जानेगा, वह सारे ब्रह्मांड और विश्व को भी नहीं जान पाएगा, इसलिए हर व्यक्ति की ये तीनों खोजें एक-दूसरे से जुड़ी हुई हैं। जवाहरलाल नेहरू ने इन तीनों ग्रन्थों के माध्यम से वस्तुतः एक ही खोज की थी, जिसे एक शब्द में भारतीय अस्मिता की खोज कहा जा सकता है, भारत की पहचान की खोज और पहचान किसी की अकेले की नहीं होती, परिचय पूर्ण होता है अपने समूचे सन्दर्भ के साथ। इसलिए जवाहरलाल की अपनी कहानी अपने देश की कहानी से जुड़ी हुई है और उस देश की कहानी उस संसार की कहानी से जुड़ी हुई है, जिसमें वह देश और वह व्यक्ति स्थित है। अंग्रेजी में जिसे कहते हैं 'सिचुएटेड'। इन तीनों कहानियों का जिक्र करना इसलिए आवश्यक है कि लगभग दो किताबें 'विश्व इतिहास की झलक' और 'मेरी कहानी' उन्होंने सन् 1933 और 1935 के बीच लिखीं, जबकि 'हिन्दुस्तान की कहानी' (डिस्कवरी ऑफ इंडिया) उन्होंने ग्यारह वर्ष बाद 1946 में पूरी की, जब वे स्वाधीनता प्राप्ति से एक वर्ष पूर्व अमरगढ़ जेल में बन्द थे।

इन दस-बारह सालों के अन्तराल को देखना दिलचस्प होगा। दो महत्वपूर्ण ग्रन्थ लिख देने के बाद पंडित जवाहरलाल नेहरू को क्यों जरूरत महसूस हुई भारत को खोजने की? उनकी शिक्षा इंग्लैंड में हुई थी और वहाँ से शिक्षा प्राप्त करने के बाद देश, दुनिया और लोकतंत्र के बारे में उनकी जो समझ बनी, सम्भवतः उसी के चलते उन्हें भारत की आज़ादी की लड़ाई में हिस्सा लेना आवश्यक लगा। आजादी की लड़ाई में हिस्सा लेने के ही क्रम में उन्होंने इस देश के गाँवों, शहरों और कस्बों की यात्राएँ कीं, यहाँ की जनता को देखने, उनके दुख-दर्द जानने-सुनने और समझने का मौका मिला। इस अनुभव से आजादी की लड़ाई के प्रति तो वे वचनबद्ध हुए ही, लेकिन उससे भी ज्यादा जरूरी उनके लिए यह हो गया कि इस देश की जनता को उसकी समृद्ध विरासत और असली ताकत से परिचित कराया जाए और ऐसी वैज्ञानिक समझ से जोड़ा जाए जो भारत के नव-निर्माण का आधार हो सकती है।

भारतीय अस्मिता की खोज की आवश्यकता उस उपनिवेशी दौर में खासतौर से महसूस की गई, जबकि अंग्रेजी हुकूमत ने एक ऐसा विच्छेद उत्पन्न करने की कोशिश की, जहाँ भारत का समूचा इतिहास अपने मूल से काटकर अलग कर दिया गया और एक नया दौर, नया इतिहास रचने का उपक्रम किया गया। यही नहीं, अंग्रेजों ने अपने कुछ चुनिन्दा लोगों के जरिए यह समझाने का भी प्रयत्न किया कि यहीं से भारत के असली इतिहास की शुरुआत होती है। यह पहला अवसर था, जब हमारे यहाँ सात

समन्दर पार से आई एक कौम ने अपने ढंग से भारत का इतिहास लिखना शुरू किया। हमारे इतिहास की विडम्बना यह थी कि जिन अंग्रेजों ने हमारे अतीत को तहस-नहस किया, बरबाद किया, जिन्होंने यहाँ की पुरानी जमी-जमाई ग्रामीण पंचायती व्यवस्था, जो सदियों से चली आ रही थी, उसको नष्ट किया। उसकी जगह उन्होंने अपनी नई भूमि-व्यवस्था और जमींदारी प्रणाली लागू की। नए कानून बनाए, अपनी न्यायपालिका बनाई और अपनी आवश्यकताओं के अनुरूप एक नई प्रशासनिक व्यवस्था स्थापित की। उन्होंने समूचे सामुदायिक जीवन को नष्ट किया। उन्होंने इस देश की धरती को खोदकर पुराने मन्दिरों को, पुरानी इमारतों को, पुराने अवशेषों को खोज-खोजकर निकालना शुरू किया और निकाल कर उन शिलालेखों को, सिक्कों को, मन्दिरों को, मूर्तियों को ढूँढ़कर एक ऐसा नया इतिहास लिखने का प्रयास किया, जिसका एकमात्र उद्देश्य था इस देश को मानसिक रूप से इस हद तक गुलाम बना देना कि वह स्वयं आत्म-विस्मृत होकर उनके पश्चिमी रंग में ही रँग जाए और उन्हीं के वर्चस्व को स्वीकार कर ले। इस वातावरण में हमारे देश के बुद्धिजीवियों ने नए सिरे से भारतीय अस्मिता की खोज आरम्भ की। यह खोज राजा राममोहन राय से शुरू होती है, ईश्वरचन्द्र विद्यासागर, रामकृष्ण परमहंस, स्वामी विवेकानन्द, श्री अरविन्द, लोकमान्य तिलक आदि ने हिन्दुओं में और सर सैयद अहमद खाँ और उनके दूसरे साथियों ने मुसलमानों में एक सुधार स्थापित करने की भरपूर कोशिश की। निश्चय ही इस अर्थ में भारतीय अस्मिता की खोज केवल खोज भर नहीं थी, बल्कि वह अंग्रेजी इरादों के विरुद्ध एक लड़ाई जारी रखने और अपनी हिफ़ाजत करने का मुख्य आधार थी।

स्वाधीनता आन्दोलन से जुड़े लोगों के बीच इस प्रक्रिया की अन्तिम कड़ी के रूप में पंडित जवाहरलाल नेहरू की ये तीनों किताबें अत्यन्त महत्वपूर्ण थीं। इन तीनों किताबों को लेकर पुरातनवादी या सनातनवादी विद्वानों को उतनी चिन्ता नहीं थी जितनी अंग्रेजी शिक्षा प्राप्त उन मध्यवर्गीय लोगों को थी, जिनके लिए हमारा अतीत एक दूसरा संसार था, एक दूसरी दुनिया थी, जिस दुनिया से अँग्रेजों ने हमें काटकर अलग कर रखा था। कई बार होता यह है कि हम परायी जगह जाकर अपने देश की पहचान ज्यादा बेहतर ढंग से कर पाते हैं, शायद इसीलिए इंग्लैंड में पढ़ने वाले जवाहरलाल में इस देश को पहचानने की तड़प का होना ज्यादा स्वाभाविक था। पंडित नेहरू ने अपनी इस तड़प और खोज का महत्व बतलाते हुए कहा था कि "अगर किताबों और पुराने स्मारकों और गुजरे हुए जमाने के सांस्कृतिक कारनामों ने हिन्दुस्तान की कुछ जानकारी मुझमें पैदा की, फिर भी उनसे मुझे सन्तोष न हुआ और जिस बात की मुझे तलाश थी उसका पता न चला और वो उससे मिल भी कैसे सकता था और मैं यह जानने की कोशिश में था कि उस गुजरे हुए जमाने का हाल के जमाने

से कुछ सच्चा ताल्लुक है भी या नहीं। मेरे लिए और मेरे जैसे बहुतों के लिए जमाने का हाल कुछ ऐसा था कि जिसमें मध्य युग की हद दर्जे की गरीबी, दुख और बीच के वर्गों की कुछ हद की सतही आधुनिकता की एक अजीब खिचड़ी थी। मैं अपने जैसे या अपने वर्ग के लोगों को सराहने वाला नहीं था, लेकिन मुझे उम्मीद थी कि वही हिन्दुस्तान की हिफ़ाज़त में या लड़ाई में आगे आएगा।'' इसी बात को आगे बढ़ाते हुए उन्होंने कहा था, ''नई शक्तियों ने सिर उठाया। उन्होंने हमें गाँवों की जनता की ओर धकेला और पहली बार हमारे नौजवान पढ़े-लिखों के सामने एक नए और दूसरे हिन्दुस्तान की तस्वीर आई जिसकी मौजूदगी को वे गरीब करीब-करीब भुला ही चुके थे या जिसे वो ज्यादा अहमियत नहीं देते थे। इस तरह हमारे लिए असली हिन्दुस्तान की खोज शुरू हुई और इसने जहाँ एक तरफ हमें बहुत-सी जानकारी हासिल कराई, दूसरी तरफ हमारे अन्दर कश्मकश भी पैदा कर दी। मेरे लिए सचमुच यह एक खोज की यात्रा साबित हुई और जब मैं अपने लोगों की कमियों और कमजोरियों को दुख के साथ समझता था, वहीं मुझे हिन्दुस्तान के गाँवों में रहने वालों की कुछ ऐसी विशेषता मिली, जिसको लफ़्ज़ों में बताना बड़ा कठिन था और जिसने मुझे अपनी तरफ खींचा। यह विशेषता ऐसी थी जिसका मैंने अपने यहाँ के बीच के वर्ग में बिल्कुल अभाव पाया था। आम जनता की मैं आदर्शवादी कल्पना नहीं करता हूँ और जहाँ तक हो सकता है अमूर्त रूप से उसका ख्याल करने से बचता हूँ। हिन्दुस्तान की जनता इतनी विविध और विशाल होते हुए भी मेरे लिए बड़ी वास्तविक है। ये हो सकता है कि चूँकि मैं उनसे कोई उम्मीदें नहीं रखता था, इसलिए मुझे मायूसी नहीं हुई। जितनी मैंने आशा कर रखी थी, उससे मैंने उन्हें बढ़कर ही पाया। मुझे ऐसा जान पड़ा कि उनमें जो मजबूती और अन्दरूनी ताकत है उसकी वजह यह है कि वह अपनी पुरानी परम्परा अब भी अपनाए हुए हैं।''

जवाहरलाल नेहरू के भीतर भारत की खोज की आग एक बार तब उठी जब वे पाँच हजार साल पुरानी सभ्यता मोहनजोदड़ो के अवशेषों पर खड़े थे और उन अवशेषों को देखकर उन्हें गर्व हुआ था कि पाँच हजार साल पहले भारत में ऐसी विकसित नगर-सभ्यता थी, जैसी सभ्यता दुनिया के इतिहास में कहीं नहीं थी। उन खंडहरों पर खड़े होकर उन्होंने पहली बार महसूस किया कि भारत को खोजना है तो केवल खंडहरों में खोजने से काम नहीं चलेगा, उसे खोजना है तो किताबों की खाक छाननी पड़ेगी और उसे कहीं और भी खोजना पड़ेगा। उस हिन्दुस्तान को देखना पड़ेगा जो खंडहर नहीं है, जो जीता-जागता और जीवन्त है और जिसे खुद जनता ने बनाया है। उस जनता के सम्पर्क में आने के बाद खुद जवाहरलाल नेहरू ने लिखा है कि ''कुछ लोगों के लिए जनता अमूर्त है, लेकिन मेरे लिए वह बड़ी वास्तविक और हाड़-मांस की ठोस जीती-जागती चीज़ है। बहुत-से लोग कहते हैं

कि जनता ये कर देगी, वो कर देगी, हम जानते हैं कि उसकी भी अपनी सीमाएँ हैं।'' इन सीमाओं को जानने के बाद पंडित नेहरू ही यह कह सकते थे कि ''मैं चूँकि उससे बड़ी उम्मीदें नहीं रखता इसलिए मुझे कोई मायूसी नहीं हुई, जितनी मैंने आशा कर रखी थी, उससे मैंने उसे बढ़कर ही पाया है।'' जिसका सबूत है कि हिन्दुस्तान को आजादी जनता ने दिलाई, कुछ चन्द पढ़े-लिखे लोगों ने या बाहर से आए हुए नेताओं ने नहीं। इस जनता की मदद के बिना भारत की अपनी पहचान नहीं की जा सकती थी। इसलिए मोहनजोदड़ों और आज की जनता ये दोनों जिस बिन्दु पर मिलते हैं, वहाँ उसकी खोज सबसे महत्वपूर्ण खोज है और जवाहरलाल नेहरू ने फिर कहा है कि मोहनजोदड़ो से लेकर आज तक जनता जिस रूप में दिखाई पड़ती है, उसमें एक नैरन्तर्य है, अविच्छिन्नता है। क्या बात है कि हस्ती मिटती नहीं हमारी! तमाम उथल-पुथल और तूफानी हमलों के बावजूद हड़प्पा और मोहनजोदड़ो से जो शुरुआत हुई या और उसके पहले से हुई होगी, (हड़प्पा-मोहनजोदड़ो ईसा से तीन साढ़े-तीन हजार साल पहले थी) तब से लेकर आज तक जो नैरन्तर्य दिखाई पड़ता है, वो क्या है, इसकी तलाश ही भारतीय अस्मिता की तलाश है।

जवाहरलाल नेहरू की पुस्तक 'हिन्दुस्तान की कहानी' में 'भारत : एक खोज' नाम का अध्याय है। वह इस किताब का एक महत्वपूर्ण दस्तावेज है। उन्होंने इसमें भारतीय अस्मिता या भारतीय संस्कृति की बहुत अच्छी उपमा दी है—अंग्रेजी का एक शब्द है 'पेरेंसिस्ट', जिसका यूरोप के सन्दर्भ में अर्थ बनता है चर्म पत्र और हमारे सन्दर्भ में भोज पत्र अर्थात् पेड़ की छाल, जिस पर कुछ लिखा जाता था और एक लिखावट को मिटाकर दूसरी इबारत लिखी जाती थी, फिर उसे मिटाकर तीसरी इबारत लिखी जाती थी। भारतीय अस्मिता की पहचान के लिए इस तरह पंडित नेहरू ने भोज-पत्र के रूप में एक बहुत अच्छा शब्द काम में लिया था। कैसा है यह भोज-पत्र, क्या रूप है इसका? स्वयं पंडित नेहरू के शब्दों में देखें—''मैं हिन्दुस्तान में और भी दूर-दूर के हिस्सों में शहरों और कस्बों और गाँवों में घूमा। हिन्दुस्तान की जमीन और उसके लोग मेरे सामने फैले हुए थे और मैं एक बड़ी खोज की यात्रा में था। हिन्दुस्तान, जिसमें इतनी विविधता और मोहिनी शक्ति है, मुझ पर धुंध की तरह सवार था और ये धुंध बढ़ती ही गई, जितना ही मैं उसे देखता था, उतना ही मुझे इस बात का अनुभव होता था कि मेरे लिए या किसी के लिए भी जिन विचारों का वह प्रतीक था, उसे समझ पाना कितना कठिन था। उसके विस्तार से या उसकी विविधता से मैं घबराता नहीं था, लेकिन उसकी आत्मा की गहराई ऐसी थी जिसकी थाह मैं नहीं पा सकता था, अगरचे कभी-कभी उसकी झलक मुझे मिल जाती, ये किसी कदीम भोज-पत्र जैसा था, जिस पर विचार और चिन्तन की तहें एक पर एक

जमी हुई थीं और फिर भी बाद की तह ने पहले से आँके हुए लेख को पूरी तरह मिटाया नहीं था। उस वक्त हमें भान चाहे हो न हो, ये सब एक साथ हमारे चेतन और अवचेतन में मौजूद हैं और ये सब मिलकर हिन्दुस्तान के पेचीदा और भेद भरे व्यक्तित्व का निर्माण करते हैं।''

इसी क्रम में अपनी खोज के मकसद का खुलासा करते हुए उन्होंने लिखा– ''जैसा चेहरा अपनी भेदभरी और कभी-कभी व्यंग्य भरी मुस्कुराहट के साथ सारे हिन्दुस्तान में दिखाई देता था, अगरचे ऊपरी ढंग से हमारे देश के लोगों में विविधता, विभिन्नता दिखाई देती थी, लेकिन सभी जगह वो समानता और वो एकता मिलती थी, जिसने हमारे दिन चाहे जैसे बीते हों, हमें साथ रखा। हिन्दुस्तान की एकता अब मेरे लिए एक खयाली बात न रह गई थी, एक अन्दरूनी अहसास था और मैं इसके बस में आ गया। यह एकता ऐसी मजबूत थी कि किसी राजनैतिक विलगाव में, किसी संकट में या किसी आफत में उसने फर्क न आने दिया। हिन्दुस्तान की इस आत्मा की खोज में मैं लगा रहा। कुतूहलवश नहीं, अगरचे कुतूहल यकीनी तौर पर मौजूद था, बल्कि इसलिए कि मैं समझता था कि इसके जरिए मुझे अपने मुल्क और अपने मुल्क के लोगों को समझने की कुंजी मिल जाएगी और विचार तथा काम के लिए कोई सूत्र हाथ लग जाएगा।''

राजनीति और चुनाव की रोजमर्रा की बातें ऐसी होती हैं जिनमें हम जरा से मामलों में उत्तेजित हो जाते हैं लेकिन अगर हिन्दुस्तान के भविष्य की इमारत तैयार करना चाहते हैं, जो मजबूत और खूबसूरत हो तो हमें गहरी नींव खोदनी पड़ेगी। भारत का हर गाँव, हर कस्बा, हर शहर और इस तरह समूचा भारत एक भोज-पत्र है, जिस पर हजारों बार लिखा गया है और हर लिखावट थोड़ी मिट गई है, लेकिन फिर भी बची हुई है और सारी लिखावटें एक साथ बची हुई हैं। ये एक जादू है, एक करिश्मा है और इन सब लिखावटों को पढ़ना, पढ़कर उनमें एकसूत्रता स्थापित करना और उसके नैरन्तर्य को देखना, इस विविधता और एकता की पहचान करना, यह एक चीज़ थी जिससे जवाहरलाल ने हिन्दुस्तान को एक भोज-पत्रनुमा देखकर उसकी पहचान करने की कोशिश की।

दरअसल हिन्दुस्तान की कहानी के पीछे जो गहरा अहसास है, और वह अहसास संक्रामक है, जो बिजली के तार की तरह पढ़ने वाले को छूता है, तो वह अहसास बड़ी चीज़ है, जो यह किताब कराती है। नेहरूजी ने इसके साथ यह भी कहा था कि यह हमने कुतूहलवश नहीं किया है, बल्कि इसलिए किया कि जाने हुए को महसूस करना था, छूना था। महसूस करने की वजह क्या थी? उन्होंने कहा कि ''मैं अपने लोगों को समझने की कुंजी नहीं जानता। हिन्दुस्तान की आत्मा खोजने का मतलब था, लोगों को समझना, पहचानना, क्योंकि उन्हीं लोगों से आज़ादी की लड़ाई लड़नी

है और इन्हीं लोगों से आज़ाद हिन्दुस्तान का निर्माण भी करना है।'' और जिन लोगों को निर्माण के काम में लगाना है, उन्हें जानना बहुत जरूरी है। उन्होंने यह भी लिखा था कि ''विचार और काम के लिए कोई सूत्र हाथ लग जाए और अगर हम हिन्दुस्तान की भविष्य की इमारत तैयार करना चाहते हैं, जो मजबूत और खूबसूरत हो''—दोनों शब्दों पर ध्यान दें, कुछ लोग हिन्दुस्तान को मजबूत इमारत बनाना चाहते हैं और मजबूत इमारतें लोगों ने बनाई हैं, लेकिन जो मजबूत भी हो और खूबसूरत भी हो, ऐसी इमारत के लिए नेहरूजी ने कहा कि हमें गहरी नींव खोदनी पड़ेगी। उस गहरी नींव को खोदने के लिए जरूरी है कि आप हिन्दुस्तान की आत्मा को गहराई से जानें। जहाँ आप नींव खोदने जा रहे हैं, उस जमीन की गहराई से जब तक आप वाकिफ़ नहीं होंगे तब तक आप जो भी खुदाई करेंगे, वो सतह की होगी। और यही नहीं कि इमारत मजबूत नहीं होगी, खूबसूरत भी नहीं होगी। इसलिए जवाहरलाल नेहरू के लिए हिन्दुस्तान की खोज दिमाग़ी अय्याशी नहीं थी, वह उनके लिए सतही दिलचस्पी या कुतूहल की चीज़ नहीं थी, बल्कि उस कुंजी की खोज करनी थी, जिस पर हिन्दुस्तान की मजबूत और खूबसूरत इमारत बनानी थी। इसलिए 'डिस्कवरी ऑफ इंडिया' या 'भारत की खोज' एक मामूली किताब नहीं है, बल्कि एक घोषणा-पत्र है, जिस पर आज़ाद हिन्दुस्तान के आर्थिक, सामाजिक, राजनीतिक और सांस्कृतिक विकास की नींव खड़ी की गई है।

जवाहरलाल नेहरू ने इसी किताब के अन्त में, जहाँ भूमिका भाग में हिन्दुस्तान की खोज है, वहाँ उपसंहार करते हुए उन्होंने बहुत महत्वपूर्ण सवाल उठाते हुए, स्वयं अपने लिखे हुए का सारांश बताया है—''मैं क्या खोजकर ला पाया, क्या खोजा है मैंने, ये कल्पना कर पाना कि मैं उसे पर्दे के बाहर ला सकूँगा और उसके वर्तमान और अति प्राचीन युग के स्वरूप को देख पाऊँगा, एक अनधिकार चेष्टा थी।'' नेहरूजी की यह विनम्रता देखने योग्य है। उन्होंने लिखा था, ''आज चालीस करोड़ अलग-अलग स्त्री-पुरुष हैं, सब एक-दूसरे से भिन्न हैं और हर एक व्यक्ति विचार और भावना की दुनिया में रहता है। अब मौजूदा जमाने की ही यह बात है तो गुज़रे जमाने की बात तो और भी मुश्किल रही होगी जिसमें अनगिनत इन्सानों और अनगिनत पीढ़ियों की कहानी है। फिर भी किसी चीज़ ने उन सब को एक साथ बाँध रखा है और वह उन्हें अब भी बाँधे हुए हैं। हिन्दुस्तान की भौगोलिक और आर्थिक सत्ता है, उसमें विभिन्नता में एक सांस्कृतिक ऐक्य है और बहुत-सी परस्पर विरोधी बातें सुदृढ़ हैं, लेकिन अदृश्य धागे से एकसाथ गुँथी हुई हैं। बार-बार आक्रमण होने पर भी उसकी आत्मा कभी जीती नहीं जा सकी और आज भी जब वो एक अहंकारी विजेता का क्रीड़ा-स्थल मालूम होता है, उसकी आत्मा अपरास्त और अविजित है। एक पुरानी किंवदन्ती की तरह उसमें पकड़ में न आने का गुण है, ऐसा मालूम होता

है कि कोई जादू उसके दिमाग पर छाया हुआ है। वो तो असल में एक विचार है और एक गाथा है, एक कल्पना चित्र है और स्वप्न है, किन्तु है सच्चा, सजीव और व्यापक। कुछ अंधियारे पहलुओं की डरावनी झलक भी दिखाई देती है और हमको आरम्भिक युग की याद आती है, लेकिन साथ ही सम्पन्न और उजले पहलू भी। उसका एक गुजरा ज़माना है और कहीं-कहीं उससे शर्म महसूस होती है या नफरत होती है। उसमें जिद है और गलती भी है और कभी-कभी उसमें एक भावुक उद्विग्नता भी दिखाई देती है फिर भी वो बहुत प्रिय है और उसके बच्चे चाह वे कहीं के भी हों, वे कैसी भी परिस्थिति में हों, उसको भुला नहीं सकते। वजह यह है कि वो उन सबसे सम्बन्धित है और उनकी महानता और खामियों का उनसे ताल्लुक है। वे सब जिन्होंने बेहद बड़े परिमाण में जिन्दगी की कामना, खुशी और गलती को देखा है और जिन्होंने ज्ञानकूप की थाह ली है, और उसकी उन आँखों में प्रतिबिम्बित होते हैं, उनमें से हरेक उसकी ओर आकर्षित है, लेकिन हरेक आकर्षण का सबब शायद जुदा-जुदा है और कभी-कभी तो उसके पास उसका कोई खास सबब भी नहीं है, हरेक को उसके बहुरंगी व्यक्तित्व का एक अलग पहलू दिखाई पड़ता है।''

इस तरह जवाहरलाल ने अपनी इस खोज के दौरान यह देखा कि बुराई के साथ अच्छाई है, विविधता में एकता है। और यह जो जादू है, एक स्वप्न है, कल्पना चित्र है, कुछ वैसा ही कल्पना-चित्र या स्वप्न हिन्दी में निराला, पंत, प्रसाद ने भी अपनी कविता के आकाश में इन्द्रधनुष के रूप में देखा था। उसी दौर में रवीन्द्रनाथ की रंगीन मधुर कविताएँ थीं। जवाहरलाल नेहरू का ताल्लुक भी उसी दौर से था, इसलिए यदि उन्हें हिन्दुस्तान एक स्वप्न की तरह मालूम होता है, एक कल्पना-चित्र लगता है, एक ख़्वाब मालूम होता है, तो इसमें आश्चर्य की कोई बात नहीं है, लेकिन उन कवियों की तरह हिन्दुस्तान की उन गलतियों और कमजोरियों की तरफ भी उनकी नज़र गई, जिनको देखकर हमें शर्म महसूस होती थी। यथार्थ के उस पहलू को भी उन्होंने कभी अनदेखा नहीं किया। जवाहरलाल नेहरू ने अपनी चेतना में मोहनजोदड़ो से लेकर आज तक के इस यथार्थ को जिन्दगी के ठोस अनुभवों की रोशनी में देखा। सवाल यह है कि जो पहचान नेहरू ने की वह क्या थी? क्या पहचाना गहराई में पैठकर? अस्मिता की उस खोज में आखिर क्या नयापन उन्होंने पाया?

भारत मुख्यतः किसानों और मजदूरों का देश माना गया है। वह भारतमाता नहीं है। उतना खूबसूरत भी नहीं है जितना पेश किया जाता है। वह हजारों वर्षों से संघर्षरत रहा है, कभी जीता है कभी हारा है, लेकिन इधर पश्चिम से जो एक सर्वशक्तिमान पूँजीवाद की सत्ता आई है, उसके सामने इसे परास्त होना पड़ा है। गौर करने की बात यह भी है कि पश्चिम से केवल पूँजीवाद ही नहीं आया है, कुछ और

भी आया है और वह है साम्यवाद। इसी साम्यवाद के लिबास को अपनाने पर ही वह पूँजीवाद से मुकाबला कर पाएगा। पश्चिम से साम्यवाद की जो चेतना आई है उस चेतना को अपनी जरूरत के मुताबिक थोड़ा बदलना भी पड़ सकता है, उसमें थोड़ी काट-छाँट करनी पड़ेगी। हिन्दुस्तान का जो जनमानस है, उसमें किसानों, मजदूरों के अलावा भी कई तरह के लोग हैं, इसका कोई स्पष्ट वर्गीकरण भी नहीं है, विद्वानों ने अपने ढंग से समय के साथ आए बदलावों को रेखांकित भी किया है और इसका गहरा असर पड़ा है। पंडित नेहरू ने अपनी भूमिका में स्वयं लिखा भी है, "इन 12 सालों में मैं बहुत बदल गया हूँ, मैं ज़्यादा विचारशील हो गया हूँ, शायद मुझमें ज्यादा सन्तुलन और अलहदगी की भावना और मिजाज की शान्ति आ गई है।" यानी 12 सालों के बीच साम्यवाद के प्रति वो झुकाव, समाजवाद के प्रति आदर्शपूर्ण निष्ठा, वर्ग-संघर्ष के माध्यम से इतिहास को समझने की दृष्टि, किसानों और मजदूरों का विशेष रूप से हितसाधन, इन सारी बातों के स्थान पर, जैसा उन्होंने कहा कि मैं विचारशील हो गया हूँ, सन्तुलन आ गया है या अलहदगी की भावना, एक 'डिटैचमेन्ट', एक निस्पृहता, निःसंगता की भावना आ गई है। खास बात तो यह है कि जवाहरलाल की यह पारदर्शी ईमानदारी ध्यान देने लायक है। वे कह सकते हैं कि मैं नहीं बदला हूँ, आज भी उन्हीं बातों पर कायम हूँ, तो कोई दबाव नहीं था उन पर, लेकिन उनकी इस ईमानदारी पर प्यार आता है और उनसे हर भारतीय लगाव महसूस करता है कि एक आदमी अपने भीतर घटित होने वाले परिवर्तनों को साफ-साफ स्वीकार करता है और ये बातें जो सामने आई हैं, उनसे यह साफ तौर पर जाहिर होता है कि हिन्दुस्तान की जो तस्वीर 1935 में 'मेरी कहानी' में उपस्थित की गई थी, वह 1946 तक इन बाहर वर्षों में काफी बदल गई है। इन बारह वर्षों में उनके सोच और व्यवहार में जो निस्संगता, सन्तुलन और विचारशीलता आई है, और '35 से '46 तक भारतीय राजनीति में जो परिवर्तन घटित हुए हैं, 1940 और '45 के बीच जो तनाव के वर्ष रहे, दूसरा महायुद्ध हुआ, साम्प्रदायिक दंगों का सिलसिला चल निकला, दिन पर दिन लगने लगा कि समाजवाद तो बहुत दूर की चीज़ है, हमारी तो आजादी ही खतरे में हैं—एक बुर्जुआ लोकतंत्र ही गनीमत है, आप समाजवाद की बात कर रहे हैं! इन 12 वर्षों के दौर में, जिसे नेहरू ने सन्तुलन कहा है, निस्संगता कहा है, ये सारी बातें उस मोहनजोदड़ो से लेकर ऋग्वेद और ऋग्वेद के बाद प्राचीन भारत के इतिहास से गुजरते हुए जैसे मार्क्सवाद के प्रति वैसी निष्ठा नहीं रह गई थी, हालाँकि उससे एकदम सम्बन्ध टूटा भी नहीं था, लेकिन '46 तक आते-आते उसका स्थान वेदान्त ने ले लिया, उसका स्थान बौद्धों के बुद्धिवाद से उत्पन्न होने वाली करुणा ने ले लिया। वेदान्त और करुणा का यह आकर्षण पूरे भारत की पहचान थी।

यह जानना वाकई दिलचस्प है कि 1945 से पहले नेहरू ने यह कभी नहीं कहा कि वे भारत की आत्मा की खोज करना चाहते हैं। सन् 1946 में 'हिन्दुस्तान की कहानी' लिखते हुए वे भारत की आत्मा की खोज करने लगे और जो आदमी आत्मा की खोज करने लगेगा, वह शरीर और आत्मा के द्वैत से बच नहीं सकता, यह भी जरूरी नहीं है कि वह भौतिकवादी रह ही जाए, फिर तो वह मानववादी होने के लिए ही अभिशप्त है। 'हिन्दुस्तान की कहानी' लिखते हुए पंडित नेहरू ने जिस अस्मिता की पहचान की, उसमें उन्होंने दो चीज़ें खोजीं—'कांटीन्यूटी' और 'स्टैबिलिटी', अर्थात् निरन्तरता और स्थिरता। भारत की सबसे बड़ी विशेषता है उसकी बहुत पुरानी सभ्यता, जिसमें पाँच हजार सालों की निरन्तरता दिखाई देती है। यह सुनने में बड़ा अच्छा लगता है कि हड़प्पा और मोहनजोदड़ो से लेकर आज तक एक निरन्तरता बनी हुई है, लेकिन यह निरन्तरता तो चीन में थी, पुराने यूनान में बनी हुई थी, इसलिए निरन्तरता को ही अगर भारत की विशेषता कहा जाए तो यह अकेले भारत की विशेषता नहीं थी। यह विशेषता तो संसार के अन्य प्राचीन देशों की भी रही है, इसलिए विचारणीय बात यह है कि कहीं ऐसा तो नहीं है कि हम निरन्तरता को अधिक रूमानी रंग दे रहे हैं?

जवाहरलाल नेहरू ने इस देश की जातीय स्मृति (रेशियल मेमोरी) की भी बात कही है। जातीय स्मृति इस रूप में अवश्य है कि लोगों को वेद याद है। जातीय स्मृति का यह आलम है कि यदि मार्शल ने हड़प्पा-मोहनजोदड़ो को खोदा होता तो उनके लिखित दस्तावेजों से तो यह पता ही नहीं चलता। जातीय स्मृति का ही एक हाल यह था कि 19वीं सदी में एक अंग्रेज़ को खुदाई में अशोक के काल का एक शिलालेख मिला, वह उस शिलालेख को लेकर बनारस के तमाम पंडितों के पास गया और कहा कि इसको पढ़ो क्या लिखा हुआ है, तो कोई पंडित नहीं पढ़ सका। अगर जातीय स्मृति पर ही हम भरोसा रखते तो हिन्दुस्तान के जो उपलब्ध दस्तावेज़ थे, उनसे महान् गुप्तों और महान् मौर्यों में से किसी का पता भी नहीं लगता, इसलिए जिस कांटीन्यूटी की हम बात करते हैं या जवाहरलाल ने जिस निरन्तरता पर बल दिया है, यदि वह निरन्तरता उसी तरह बनी रहती तो कायदे से हमारे यहाँ पाँच हजार साल पहले की समाज-व्यवस्था को आज भी चलता रहना चाहिए था और आगे भी वह चलती रहे तो बहुत अच्छा है। लेकिन वैज्ञानिक सोच में विश्वास रखने वाले सभी जानते हैं कि निरन्तरता कोई बड़ा गुण या विशेषता नहीं होती। इसी देश में एक सनातनता का भी आदर्श रहा है। इसी तरह दूसरा आदर्श अगर बुद्ध को ही माना जाए कि विच्छिन्न प्रवाह का रहा है। इसलिए इतिहास केवल धारा नहीं है, इतिहास क्रान्तियों का भी रहा है, परिवर्तनों का भी अपना इतिहास होता है। नेहरूजी संतुलन की बात करते हुए ऐसा लगता है कि परिवर्तन के बड़े आदर्श को छोड़कर नैरन्तर्य पर चले गए।

इसी तरह पंडित नेहरू ने जिस दूसरी विशेषता पर बल दिया, वह थी 'स्टेबिलिटी' या पायदारी। इस पायदारी को हिन्दुस्तान की सबसे बड़ी पहचान बताया जाता है। इतने आँधी-तूफान आए, हमले हुए, लेकिन हिन्दुस्तान कायम रहा, वह उखड़ा नहीं यानि सभ्यता के रूप में हिन्दुस्तान में जिजीविषा है। लेकिन जीने से ज्यादा जरूरी होता है, सार्थक जीना। महाभारत में कहा गया है कि सौ साल तक धुआँ देते हुए जलने की अपेक्षा क्षण भर में जल जाना श्रेयस्कर है। 'हिन्दुस्तान की कहानी' पढ़ते हुए हमें गंगा की धारा का-सा नैरन्तर्य दिखाई पड़ता है, उसमें एक सुखद स्थिरता भी दिखाई पड़ती है। लेकिन समूची कहानी में वह स्थिरता उस विचारधारा पर कायम दिखाई देती है, जिसकी तह में छिपा हुआ दमन है, असन्तोष है, कहीं-कहीं जातिवाद के खिलाफ असन्तोष तो व्यक्त किया गया है, लेकिन उस दूसरी परम्परा की कहानी नहीं कही गई है जो इस देश के आदिवासियों में, जनजातियों में अछूत समझी जाने वाली जातियों के बीच असन्तोष के रूप में फूटती रही है।

तीसरी बात जो पंडित नेहरू ने कही और जिस पर आज भी बहुत बल दिया जाता है कि भारत की पहचान उसकी सामासिकता में है, जिसको भिन्नता में एकता या विविधता में एकता या 'यूनिटी इन डाइवरसिटी' भी कहा जाता है। ऊपर से देखने पर ऐसा लगता है कि यहाँ प्रदेश, धर्म, क्षेत्र आदि को लेकर बहुत-से भेदभाव काम करते हैं। जबकि वास्तविकता यह है कि संसार की अन्य सभ्यताएँ भी इसी तरह की बातों के साथ विकसित हुई हैं, जहाँ इस तरह के भेदभाव एक सामान्य बात है। क्षेत्रीय भेद तो अन्यत्र भी हैं, धर्म भेद भी मिलते हैं—इस सामासिकता को किसी गुण के रूप में कहा जाए कि वह सबको जज्ब कर लेती है। भारतीय सभ्यता के बारे में तो यही कहा जाता है कि जितने बाहर के लोग आए, उनको जज्ब कर लिया है, या हम लोगों ने अपना बना लिया है, उन्हें अपनी सभ्यता में समाहित कर लिया है। स्थिति यह होती है कि इस जज्ब करने की प्रक्रिया में जो 'हारमोनियस' सभ्यता बनती है, उस सभ्यता के बारे में हम जज्ब करना तो जानते हैं, लेकिन जिस बात पर बल नहीं दिया गया वह यह कि हर सभ्यता, हर संस्कृति इस मिलने की प्रक्रिया में संग्रह भी करती है और त्याग भी करती है। जब तक आप त्याग के बिना संग्रह करते रहेंगे, जहाँ भी होगा, वहाँ अपच होगा और बराबर एक संघर्ष की स्थिति बनी रहेगी। इसलिए कला में, संस्कृति में जब भी सामासिकता पैदा होती है और हर समास में कई बार दोनों पद प्रधान नहीं रहा करते। यह बात तो संस्कृत व्याकरण के लोग भी जानते हैं कि कहीं-कहीं एक पद का प्रायः लोप भी हो जाया करता है। इसलिए पंडित नेहरू ने जिस सामासिक संस्कृति की बात कही, उसमें ज्यादा महत्वपूर्ण बात यह है कि स्वयं पंडित नेहरू का व्यक्तित्व अनेक प्रकार की संस्कृतियों, सभ्यताओं और संस्कारों का कुंज था, जब वे भारत की संस्कृति की सामासिकता का जिक्र करते थे

तो लगभग अपने व्यक्तित्व की सामासिकता और भारतीय संस्कृति की सामासिकता दोनों को एक साथ आमने-सामने रखकर देखते थे। जब भी भारतीय संस्कृति की सामासिकता पर विचार करें, तो मानदंड के रूप में पंडित नेहरू के व्यक्तित्व को हमेशा सामने रखें, बल्कि आप गांधीजी के व्यक्तित्व से तुलना करके भी देख सकते हैं कि गांधीजी का व्यक्तित्व अधिक 'इंटीग्रेटेड' था या सामासिक व्यक्तित्व, जिसमें अनेक प्रकार के गुणों का मेल हो। एक तीसरा व्यक्तित्व वह भी होता है, जिसमें अनेक तत्वों के बीच संघर्ष या तनाव हुआ करता है। जहाँ पश्चिम और पूर्व का तनाव हो, नेहरूजी ने लिखा है, "मेरे भीतर पश्चिम और पूर्व का तनाव है, मेरे भीतर प्राचीन और आधुनिकता का तनाव है", पंडित नेहरू का व्यक्तित्व भारतीय समाज के इन्हीं तनावों के दौर से गुजर रहा था, इसलिए सामासिकता हमारे यहाँ वस्तुतः अन्तर्द्वन्द्व, अन्तर्संघर्ष, अन्तर्विरोध और तनाव की स्थिति में रही है और यह विशेषता सामासिकता से ज्यादा महत्वपूर्ण है। इसी में उसकी जीवन्तता है। इसके निराकरण के लिए समुचित प्रयास कथ्य के रूप में जब तक हम स्वीकार नहीं करेंगे, तब तक हम एक सेमेटिक या काल्पनिक दुनिया में रहेंगे, अर्थात् 'हिन्दुस्तान की कहानी' में जवाहरलाल नेहरू ने नैरन्तर्य और स्थिरता के साथ जिस सामासिकता पर सबसे अधिक बल दिया था, वह आज भी विचारणीय है।

अन्तिम बात जो कहना चाहता हूँ, वह यह कि 'हिन्दुस्तान की कहानी' के रूप में पंडित नेहरू की यह कृति स्वाधीन भारत का एक ऐसा दस्तावेज था, जो एक प्राचीन देश को आधुनिक बनाने का महत्वपूर्ण प्रयत्न साबित हुआ। वे मानते थे कि आधुनिक बनाने के लिए बुनियाद विज्ञान है। वे प्राचीन भारतीय संस्कृति की आध्यात्मिकता और पश्चिम की वैज्ञानिकता, इन दोनों के संयोग से नए भारत का विकास देखना चाहते थे। एक तरह से देखें तो बंकिमचन्द्र ने भी यही कहा था, यही रवीन्द्रनाथ कहते थे और विवेकानन्द भी यही कहते थे कि भारत की अपनी आध्यात्मिकता और पश्चिम का विज्ञान दोनों के योग से भारत आधुनिक राष्ट्र बन सकता है। जवाहरलाल नेहरू ने अपने एक लेख में बड़े स्पष्ट शब्दों में कहा है कि हम लोगों को प्राचीन को खोजने के लिए और सुदूर को खोजने के लिए कहीं बाहर जाने की जरूरत नहीं है। उनका यह वाक्य बहुत ही दिलचस्प और महत्वपूर्ण है–"हम हिन्दुस्तानियों को सुदूर और प्राचीन की तलाश में देश के बाहर नहीं जाना है, उसकी हमारे पास बहुतायत है। अगर हमें विदेशों में जाना है तो वह सिर्फ़ वर्तमान की तलाश में, यह तलाश जरूरी है, क्योंकि उससे अलाहिदा रहने के मायने हैं पिछड़ापन और क्षय।"

कुछ लोगों का कहना है कि बुनियादी रूप से यह एक तरह की औपनिवेशिक जहनियत थी, अर्थात् पश्चिम वर्तमान है, भविष्य पश्चिम के साथ है क्योंकि पश्चिम

में विज्ञान है, इसलिए हमें उन तमाम चीज़ों को लेकर अपना निर्माण और विकास करना पड़ेगा। इस पूरी प्रक्रिया को बारीकी से देखने पर हम पाएँगे कि यह एक ऐसी विषम दौड़ की तरह है, जिसमें पश्चिम निरन्तर वर्तमान और भविष्य बनता चला जाएगा और हम इस दौड़ में निरन्तर कम-से-कम 50 साल पीछे रहेंगे। इस पूरी तेजी में निरन्तरता, स्थिरता, सामासिकता और परिवर्तनशीलता की ऐतिहासिक प्रक्रिया के साथ हम एक ऐसे नियम के अनुसार चलने की कोशिश कर रहे हैं, जिसमें बुनियादी चीज़ गायब है। ये हिन्दुस्तान की निरन्तरता, स्थिरता और सामासिकता से अलग हटकर एक अमूर्त भाववादी ढंग से सोचने की प्रक्रिया है, जहाँ यह समझा जाता है कि परिवर्तन मशीन करती है, जबकि बुनियादी उसूल, जिस पर पंडित नेहरू किसी समय बड़ी दृढ़ता से विश्वास किया करते थे कि मनुष्य अपना इतिहास स्वयं बनाता है। जागता हुआ इन्सान इतिहास बनाने वाली कोई मशीन नहीं हुआ करता, यह एक मानवीय समझ थी। हिन्दुस्तान की अपनी पहचान इसी मानवीय समझ में आस्था, मनुष्य-जाति की क्षमता में विश्वास और उसकी विवेकशीलता पर टिकी है। यही बुनियादी समझ पंडित नेहरू की 'मेरी कहानी' से निकलती है, जो 'हिन्दुस्तान की कहानी' तक आते-आते मद्धिम पड़ गई थी, मगर एकदम लुप्त नहीं हुई थी। नतीजा यह हुआ कि आगे चलकर आजाद हिन्दुस्तान जिस दिशा में विकसित हुआ, वह 'हिन्दुस्तान की कहानी' की सीमाओं से ग्रस्त है, 'मेरी कहानी' से उतना आलोकित और ऊर्जस्वित नहीं। इसके बावजूद पंडित नेहरू की वह व्यापक ऐतिहासिक परिप्रेक्ष्यवादी अन्तर्दृष्टि इस अर्थ में आज भी प्रांसगिक है कि हमारा प्रस्थान-बिन्दु वहीं है और किसी भी नए चिन्तन का आधार प्रस्तुत करने के लिए वही विचारधारा इस देश के लिए अधिक महत्वपूर्ण और ज्वलन्त साबित होगी।

('वागर्थ' अंक दिसम्बर, 2008)

भूमंडलीकरण के दौर में यूटोपिया की ज़रूरत

मनुष्य बहुत आरम्भिक युगों से एक बेहतर समाज, एक बेहतर जीवन, एक बेहतर संसार की कल्पना करता रहा है। पहले यह कल्पना धार्मिक सन्दर्भ में की जाती थी। यह कल्पना कहीं स्वर्ग के रूप में है, कहीं आसमान की बादशाहत के रूप में, तो कहीं रामराज्य के रूप में। इंग्लैंड के प्रसिद्ध लेखक टॉमस मोर भी, जिन्होंने 'यूटोपिया' नामक पुस्तक लिखी, बड़े धार्मिक व्यक्ति थे। हमारे यहाँ भी यूटोपियाई चिन्तन होता रहा है, जिसका एक प्रमाण रामराज्य की कल्पना है। बाद में इस यूटोपिया को सेक्युलर रूप देने की कोशिश की गई, लेकिन आरम्भ में इसका आधार धार्मिक ही था, जिसके मूल में एक बेहतर संसार, एक बेहतर जीवन और मनुष्य के लिए एक बेहतर स्थान की कल्पना थी। लेकिन रामराज्य की कल्पना भी बिल्कुल हवाई नहीं थी। उसमें भौतिक जगत या वास्तविक जीवन में व्याप्त दुखों से मुक्ति की बात मौजूद थी। तुलसीदास का रामराज्य एक ऐसा कल्पित समाज है, जिसमें दैहिक, दैविक और भौतिक तीनों तरह के ताप न हों। यूटोपिया की धार्मिक परम्परा के लोगों को पता था कि भौतिक ताप उसमें न हो। जब कबीर कहते हैं कि "हम बासी उस लोक के जहाँ जाति बरन कुल नाहिं, सबद मिलावा हुई रहा देह मिलावा नाहिं", तो वे एक ऐसे लोक की कल्पना करते हैं, जहाँ जाति, वर्ण और कुल के आधार पर मनुष्यों में भेद न हो। इस प्रकार धार्मिक यूटोपिया की अन्तर्वस्तु भी सामाजिक प्रतीत होती है।

आधुनिक युग में गांधीजी ने जब रामराज्य की बात की, तो उसे स्वराज्य से जोड़ा, कि हमारा स्वराज्य ऐसा होगा। लेकिन वह धार्मिक यूटोपिया नहीं है। उनका 'हिन्द स्वराज' एक आधुनिक और सेक्युलर यूटोपिया है। उसके मूल में एक समतावादी समाज की परिकल्पना है। इससे पता चलता है कि यूटोपिया का सम्बन्ध जितना कल्पना से है, उतना ही, बल्कि उससे भी अधिक यथार्थ से है। जो मनुष्य यथार्थ की पीड़ा सहता है, वही एक सुन्दर भविष्य की कल्पना भी करता है; एक सपना भी देखता है। जिस दिन मनुष्य सपना देखना बन्द कर देगा और जो जैसा है, उसे यथावत स्वीकर कर लेगा, वह दिन मनुष्य और समाज की मृत्यु का दिन होगा।

यूटोपिया की एक लम्बी परम्परा है और यह परम्परा हमारे दार्शनिकों और धार्मिक आस्था वाले लोगों के साथ ही हमारे लेखकों और साहित्यकारों में रही है। बड़ा साहित्य तभी लिखा गया, जब उसमें कोई बड़ा सपना देखा गया। रीतिकाल वाले सपना नहीं देखते थे, इसीलिए कोई बड़ा साहित्य नहीं दे सके। आधुनिक काल के साहित्य में बहुत बड़े-बड़े सपने देखे गए। भारतेन्दु ने 'भारत वर्ष की उन्नति कैसे हो सकती है?' में एक सपना देखा। प्रेमचन्द यथार्थवादी थे, लेकिन यथार्थवाद तक सीमित नहीं थे। वे आदर्शोन्मुख यथार्थवादी थे। उनका आदर्शवाद एक तरह का यूटोपिया था। वह यूटोपिया उन्होंने अपने साहित्य में 'आश्रमी' और 'सदनों' के रूप में प्रस्तुत किया। ये उनके सपने थे, लेकिन ऐसे सपने, जो यथार्थ में सम्भव हो सकें। इसलिए प्रेमचन्द आदर्शवादी होते हुए भी यथार्थवादी हैं। हमारे छायावादी कवि तो बिल्कुल स्वप्नलोक के निवासी कहे जाते हैं, लेकिन वे भी यथार्थ से सम्बन्धित और यथार्थ को बेहतर बनाने के स्वप्न देखते थे। प्रगतिशील और जनवादी धारा के साहित्यकार समाजवाद का सपना देखते थे। उस समय के राजनीतिक आन्दोलन को देखें, तो स्वाधीनता संग्राम में भाग लेने वाले गांधी, नेहरू, भगतसिंह आदि सभी लोग सपना देखते थे। बाद के राजनीतिक लोगों में राममनोहर लोहिया और साहित्यिक लोगों में मुक्तिबोध शायद आखिरी स्वप्नद्रष्टा थे। लेकिन बाद के लोगों में—चाहे वे राजनीति के लोग हों या साहित्य के—कोई बड़ा स्वप्नद्रष्टा दिखाई नहीं पड़ता।

बाद के लोगों ने भविष्य का कोई स्वप्न देखने के बजाय अपने मोहभंग की बात की और मोहभंग का दौर इतना लम्बा चला कि चालीस साल खिंच गया। इतना लम्बा मोहभंग का दौर कहीं और कभी नहीं देखा। और फिर इसमें आकर जुड़ गईं विचारधारा के अन्त की बातें, इतिहास की अन्त की बातें, और सोवियत संघ के विघटन के बाद समाजवाद और साम्यवाद के अन्त की बातें। जब यह कहा जाने लगा कि इतिहास का अन्त हो गया, तो प्रकारान्तर से यह कहा जा रहा था कि पूँजीवाद ही समाज के विकास की अन्तिम अवस्था है। आगे कुछ नहीं है। जब आगे कोई भविष्य ही नहीं है, तो सपना देखने की क्या जरूरत? यूटोपिया की क्या जरूरत? लेकिन इतिहास के अन्त की बात करने वाले फुकोयामा का एक लेख अभी आया है, जिसमें उन्होंने कहा है कि हम लोगों को एकदम निश्चिन्त नहीं हो जाना चाहिए कि भूमंडलीकरण हो गया है, तो अब सारी दुनिया में बाजार का ही अर्थतंत्र चलेगा और पूँजीवादी व्यवस्था हमेशा बनी रहेगी। उन्होंने कहा है कि भूमंडलीकरण के द्वारा जो अलग-अलग क्षेत्रीय बाजार बनेंगे और विभिन्न क्षेत्रों की अलग-अलग संस्कृतियाँ—मुख्य रूप से तीसरी दुनिया के विकासशील कहे जाने वाले देशों की संस्कृतियाँ भूमंडलीकरण और विश्व बाजार को जिस तरह प्रभावित करेंगी,

उससे पूँजीवादी व्यवस्था पर संकट छा जाएगा। ये संस्कृतियाँ भूमंडलीकरण को स्वीकार नहीं करेंगी और इससे भूमंडलीकरण का नक्शा ही बदल जाएगा। यह फुकोयामा खुद कह रहे हैं।

इस पर मुझे मार्क्सवादी अर्थशास्त्र के क्षेत्र की एक बड़ी लेखिका जोन रॉबिन्स की एक बात याद आ रही है कि जहाँ होड़ होगी, वहाँ इजारेदारी की लड़ाई भी होगी और तब स्थिति लगभग वही होगी, जो पूँजीवाद में अन्तर्निहित है। इससे मार्क्स का वह नियम गलत नहीं, बल्कि सही साबित होता है कि इजारेदारी की लड़ाई युद्ध के रूप में प्रकट होती है। उस युद्ध में दुनिया कौन-सा रूप लेगी, कहना मुश्किल है, लेकिन यह तो निश्चित है कि दुनिया इसी तरह चलती नहीं रह सकेगी। इसी सन्दर्भ में मुझे कुछ समय पहले 'इकॉनॉमिक एंड पोलिटिकल वीकली' में प्रकाशित अशोक मित्र का एक लेख याद आ रहा है, जिसमें उन्होंने एक अमरीकी सर्वेक्षण के आधार पर लिखा है कि अमरीका इस समय बहुत गहरे आर्थिक संकट के दौर से गुजर रहा है। स्वयं अमरीकी सरकार ने स्वीकार किया है कि बीस प्रतिशत लोग वहाँ अब भी उनके अनुसार गरीबी रेखा से नीचे जी रहे हैं। बीस प्रतिशत लोग कम नहीं होते। ये लोग अमरीकी या विकसित पूँजीवादी देशों की व्यवस्था के भीतर मौजूद उस असन्तुलन का पता देते हैं, जो उस व्यवस्था के लिए संकट पैदा करता है। अब यदि अमरीका अपने इस संकट से उबरने के लिए फिर से 'वेलफेयर स्टेट' या 'न्यू डील' जैसी कोई चीज करता है, तो हो सकता है कि कुछ समय तक और अपनी गाड़ी खींच ले जाए, लेकिन ऐसा मानने का कोई आधार नहीं है कि पूँजीवादी व्यवस्था अगली सहस्राब्दी तक यों ही चलती रहेगी।

पूँजीवाद स्वयं को बड़ा यथार्थवादी बताता है और हर तरह के यूटोपिया का मजाक उड़ाता है, लेकिन यह कितना बड़ा यूटोपिया है कि अगले एक हजार साल तक यह बना रहेगा। यह एक खयाली पुलाव है। वह अपने यूटोपिया को सारी दुनिया पर थोप रहा है, लेकिन इस यूटोपिया में इतना बड़ा छेद है, इसे हमारे मोहग्रस्त मार्क्सवाद से लोग नहीं देख रहे हैं। पूँजीवाद का यह यूटोपिया दरअसल एक विचारधारा है, जिसके द्वारा बुद्धिजीवियों, लेखकों और आम जनता के लिए संघर्ष करने वाले लोगों में निराशा और पस्ती फैलाई जाती है। इसी विचारधारा के जरिए एक प्रचार यह भी किया जाता है कि मार्क्स यूटोपिया के विरोधी थे। इसका आधार यह बताया जाता है कि उन्होंने 'यूटोपियन सोशलिज्म' की आलोचना की थी और उसकी जगह 'वैज्ञानिक समाजवाद' की बात की थी। लेकिन इस आधार पर क्या यह कहा जा सकता है कि मार्क्स भविष्य का कोई सपना नहीं देखते थे? समाजवाद और साम्यवाद भविष्य के सपने नहीं हैं, तो और क्या हैं? 'वैज्ञानिक समाजवाद' की बात तो उन्होंने इसलिए की थी कि उन सपनों को साकार करने के

लिए जो प्रयत्न किए जाएँ, वे वैज्ञानिक विश्लेषण के आधार पर और यथार्थवादी ढंग से किए जाएँ। 'काल्पनिक समाजवाद' का विरोध करने का मतलब कल्पना का निषेध करना या यूटोपिया का, भविष्य के सपने का, विरोध करना नहीं है। मार्क्स से बड़ा स्वप्नद्रष्टा उस समय कौन था?

मार्क्सवाद से प्रेरित-प्रभावित लोग भी यूटोपिया का निषेध नहीं करते, बल्कि उसकी जरूरत पर जोर देते हैं। जर्मनी के मशहूर मार्क्सवादी दार्शनिक अंर्स्ट ब्लॉख की दो प्रसिद्ध पुस्तकें हैं—'स्पिरिट ऑफ यूटोपिया' और 'दि प्रिंसिपल ऑफ होप'। मार्क्सवादी हमेशा आशावादी होता है। आशा ही मार्क्सवाद की ताकत है। आशा को निकाल दीजिए तो मार्क्सवाद में क्या बचता है? मार्क्सवाद तमाम प्रतिकूल परिस्थितियों में भी क्यों जीवित है? लोगों को इस आशा पर सहारा देने के ही कारण, कि समाज को हम बदल सकते हैं और बदलकर एक बेहतर समाज बना सकते हैं। अतः यूटोपिया में विश्वास का मतलब है आशावाद। भविष्य का सपना और उसके साकार होने की आशा।

विश्व के पैमाने पर भी अब लगने लगा है कि पूँजीवाद का विश्व-बाजार ही हमारा भविष्य नहीं है। उसकी कमजोरियाँ और खोखलापन धीरे-धीरे सामने आने लगा है। हमारे देश के भी हालात बदल गए हैं। लोग अब सोचने लगे हैं कि इसका विकल्प हो सकता है। उदाहरण के लिए, अभी किशन पटनायक की किताब आई है, 'विकल्पहीन नहीं है दुनिया'। यह किताब बहुत सही वक्त पर आई है, क्योंकि अपने देश में उदारीकरण और विनिवेशीकरण के नाम पर सार्वजनिक संस्थानों और औद्योगिक इकाइयों को बेचने का जो काम हो रहा है, उसके प्रसंग में सरकार 'ग्रोथ' की बात तो करती है, लेकिन विकास की बात नहीं करती। इससे देशी और विदेशी पूँजीपतियों को तो लाभ हो रहा है, लेकिन आम जनता को क्या मिल रहा है? शिक्षा पर होने वाले खर्च में कटौती, स्वास्थ्य पर होने वाले खर्च में कटौती, बुनियादी जरूरतों—जैसे पीने का पानी—को उपलब्ध कराने पर होने वाले खर्च में कटौती। इसलिए अब लोग नए ढंग से सोचने लगे हैं।

खुशी की बात है कि वैकल्पिक सोच की एक हवा बन रही है। दलितों, स्त्रियों, आदिवासियों और बाँधों आदि के कारण विस्थापित होने वाले लोगों के पक्ष में लोग लिख रहे हैं, बोल रहे हैं। मेधा पाटकर और अरुन्धती राय जैसे लोग लड़ भी रहे हैं। अभी गुजरात में जो भूकम्प आया है—उत्तर भारत में जबर्दस्त भूकम्प आने की आशंका जताई जा रही है, उसे देखते हुए लगता है कि पूँजीवाद के कारण उजड़ने वाले या प्राकृतिक आपदाओं के कारण उजड़ने वाले गरीब लोगों की संख्या बहुत बड़ी होने जा रही है। बाजार को तो इनके पुनर्वास में कोई दिलचस्पी होगी नहीं, इसलिए बाजार का विकल्प तलाशने के पक्ष में एक हवा बन रही है।

समस्या यह है कि इस विकल्प का नेतृत्व कौन करेगा और वह कौन जन-समुदाय है, जो इस विकल्प के लिए संघर्ष करने को खड़ा होगा और जनता को संगठित करेगा?

मुझे जो उम्मीद है, मुख्य रूप से किसानों से है। वैसे भी स्वाधीनता आन्दोलन से लेकर अब तक जो बड़े जन-आन्दोलन चले हैं, किसानों के बल पर चले हैं। जाहिर है कि मजदूर और दूसरे मेहनतकश लोग भी उसमें शामिल रहे, मध्यवर्गीय लोग भी शामिल रहे, लेकिन आन्दोलन की मुख्य शक्ति किसान रहे हैं और आज की पूँजीवादी अर्थव्यवस्था की सबसे बड़ी मार किसानों पर ही पड़ रही है। भूमंडलीकरण के नाम पर हमने अपनी अर्थव्यवस्था को खोल तो दिया, लेकिन यह नहीं सोचा कि इससे हमारे देश के किसानों का क्या होगा। अनाज, फल, सब्जी, दूध, तिलहन वगैरह पैदा करने वाला किसान बाजार की होड़ में तबाह हो रहा है। हम अनाज का निर्यात करने की स्थिति में हैं, लेकिन हमारा अनाज सड़ रहा है और विदेशों से अनाज का आयात हो रहा है। दूध तक बाहर से आ रहा है और वह यहाँ के दूध से सस्ता है। खरीदने वाला सोचता है कि बाहर से सस्ता मिल रहा है, तो हम क्यों यहाँ का महँगा दूध लें, या क्यों यहाँ का महँगा गेहूँ खाएँ? बाजार की इस होड़ में हम, जो इतनी मुश्किल से कृषि-क्षेत्र में आत्मनिर्भर हुए हैं, अब आत्मनिर्भर भी नहीं रह पाएँगे। किसान बर्बाद हो जाएँगे। यही सिलसिला चला तो औद्योगिक उत्पादन के मामले में भी हम दूसरे देशों पर निर्भर हो जाएँगे और हमारे उद्योग-धन्धे चौपट हो जाएँगे। बहुत-से मजदूर और उत्पादन में लगे दूसरे बहुत-से लोग बेरोजगार हो जाएँगे। सवाल यह है कि कृषि और उद्योग-धन्धों के चौपट होने से जो किसान और मजदूर बर्बाद होंगे, वे क्या चुपचाप अपनी आँखों से अपनी बर्बादी देखते रहेंगे? या वे कुछ करेंगे?

मुझे लगता है, वे अवश्य कुछ करेंगे। कारण यह है कि बाजार का उत्पादन से ताल्लुक नहीं रह गया है। माल तैयार है, बिक नहीं रहा है। उसके लिए जरूरी है कि बाजार का विस्तार हो। किसान और उपभोक्ता के बीच में बिचौलियों के जो अनेक स्तर हैं, वे समाप्त हों और किसान अपनी उजप बेंचे, तो मुनाफा सीधा उन्हीं को मिले। और आप देखते हैं कि इस दिशा में कुछ काम होने लगे हैं, जैसे पंजाब, आन्ध्र प्रदेश और तमिलनाडु में किसान घरेलू मंडी या 'रैयतों' की मंडी कायम करने लगे हैं। ऐसी मंडी होगी, तो किसानों को अपनी उपज बेचने के लिए दूर नहीं जाना होगा और बिचौलिये नहीं रहेंगे, तो किसानों को अपनी उपज का अच्छा लाभ मिलेगा। इस तरह के प्रयास और भी होंगे और मुझे लगता है कि इससे विश्व-बाजार के तंत्र में फिर से एक ध्रुवीकरण होने जा रहा है। किसान बर्बाद हो रहे हैं और उद्योग-धन्धों में छँटनी होती चली जा रही है। अब सरकारी क्षेत्र में

नौकरी नहीं मिलती। सारा काम मशीनें करने लगेंगी, तो आदमी की जरूरत कम पड़ेगी। प्रबन्धन करने वाले आदमी ज्यादा बढ़ेंगे और पैदा करने वाले कम होंगे। इससे जो ट्रेड-यूनियन आन्दोलन एकदम हाशिए पर चला गया था, फिर से महत्वपूर्ण हो जाएगा। मजदूर संगठन फिर से महत्वपूर्ण होंगे। जब किसानों और मजदूरों के संगठन होंगे और मजबूत बनेंगे, तो हमारा मध्यवर्ग भी लड़ाई के मैदान में उतरेगा, क्योंकि निम्न-मध्यवर्ग की लाचारी दिन-ब-दिन बढ़ती जा रही है। तब एक बड़ा और कारगर विकल्प बनेगा।

आज जरूरत इस बात की है कि इन तमाम चीजों पर विचार किया जाए और इस नए विकल्प को जनता के सामने पेश किया जाए, क्योंकि विचार के बिना न संगठन बनता है, न आन्दोलन छिड़ता है। आज प्रगतिशील, जनवादी, समतावादी, दलित, स्त्री आदि तमाम लोग संगठित होकर लड़ने के बजाय अलग-अलग लड़ रहे हैं। शासनतंत्र भी टुकड़ों-टुकड़ों में असन्तुष्ट लोगों को तुष्ट कर रहा है। यह असन्तोष के छोटे-छोटे छेदों को बन्द करने की कोशिश है, ताकि कोई व्यापक जन-आन्दोलन खड़ा न हो सके, संगठन का रूप न ले सके। यह सही है कि हर मोर्चे पर संघर्ष की जरूरत है, लेकिन जब तक इन छोटी-छोटी लड़ाइयों को आप एक बहुत बड़े आन्दोलन में नहीं बदलेंगे, तब तक कोई बड़ा बदलाव नहीं होगा और आज बड़े बदलाव की ही जरूरत है, वैसे ही बड़े आन्दोलन की जरूरत है, जैसा गांधीजी ने चलाया था।

जाहिर है कि ऐसा बड़ा आन्दोलन भविष्य का सपना देखे बिना, भविष्य का एक नक्शा बनाए बिना और उसको सम्भव बना सकने की आशा के बिना नहीं रह सकता। और इसमें किसानों, मजदूरों, उनके संगठनों और नेताओं की भूमिका तो स्पष्ट ही है, साहित्य की भी एक बड़ी भूमिका हो सकती है। सपने देखने और दिखाने का काम साहित्य सबसे अच्छी तरह कर सकता है। लेकिन इसके लिए साहित्य को भी बदलना होगा। आज जो लोग साहित्यकारों से कह रहे हैं कि विचारधारा का अन्त हो गया है जबकि साहित्य स्वयं एक विचारधारा है, वे लोगों के मन में संशय, सन्देह और विचारशून्यता पैदा करना चाहते हैं। उन्हें साहित्य को धर्म, अध्यात्म, हिन्दुत्व वगैरह से जोड़ने में कोई आपत्ति नहीं है, लेकिन इस व्यवस्था के विकल्प की बात साहित्य करे, तो बड़ी आपत्ति होती है। वे चाहते हैं कि हर चीज़ को सन्देह की दृष्टि से देखा जाए, लेकिन इस बात पर उन्हें कोई सन्देह नहीं होता कि दुनिया का भविष्य अन्धकारमय है। उनके सन्देहवाद का उद्देश्य आदमी की निराशा को पुख्ता करना और इस तरह की आशा को तोड़ना है, ताकि उसकी जिजीविषा और उत्साह को सीमित करके उसे पराजित किया जा सके। सन्देहवाद के नाम पर मनुष्य की पराजय का साहित्य लिखा जा रहा है। उसमें धार्मिक आस्था

के लिए तो जगह है, पर तर्क, बुद्धि, विवेक, आशा, उत्साह और विकल्प तलाशने की कोशिश के लिए कोई जगह नहीं है।

इधर सन्देह की यह बीमारी कुछ वामपंथी प्रगतिशील और जनवादी लेखकों में भी दिखाई पड़ने लगी है। लेकिन यह वैसी ही बीमारी है, जिसमें मनुष्य के सामने खाना परोसा जाए, तो वह समझता है कि उसमें जहर मिला दिया गया है। जिसको यह बीमारी लग जाती है, वह खाना नहीं खाता और भूखा मर जाता है। ये लोग समझते हैं कि समाजवाद सदा के लिए समाप्त हो गया। ये लोग यह नहीं देखते कि वह एक लम्बी प्रक्रिया है, जिसमें सफलता-असफलता के, जय-पराजय के बहुत-से क्षण आते-जाते रहते हैं। हमारे स्वाधीनता संग्राम में न जाने कितनी बार ऐसे क्षण आए, जब गांधीजी को कहना पड़ा कि आगे अन्धकार दिखाई पड़ता है, फिर भी हमें अपनी आँखें खुली रखनी चाहिए। गांधीजी के जीवन में हताशा और निराशा के कई दौर आते हैं, लेकिन वे निराशावादी नहीं हैं। निराशावादी मानवता के उज्ज्वल भविष्य में कभी विश्वास नहीं कर सकता। लेकिन, जैसाकि मैंने कहा, यह एक बीमारी है। मगर यह लाइलाज बीमारी नहीं है। इसका इलाज हो सकता है—आपसी संवाद के द्वारा, विचार-विमर्श के द्वारा, अच्छे साहित्य के द्वारा।

अच्छे साहित्य के बारे में एक बात कह दूँ : कोरे यथार्थवाद से कभी अच्छा साहित्य नहीं लिखा जाता। उसमें आदर्शवाद का होना जरूरी है। आदर्शवाद का मतलब वह नहीं, जो दर्शन में भाववाद (आइडियलिज्म) और भौतिकवाद (मैटीरियलिज्म) की चर्चा में होता है। 'आइडियलिज्म' का अनुवाद 'आदर्शवाद' होता है, इसलिए वह आदर्शवाद दूसरा है। मैं जिस आदर्शवाद की बात कर रहा हूँ, वह प्रेमचन्द के आदर्शोन्मुख यथार्थवाद वाला आदर्शवाद है, जिसका अर्थ होता है कुछ आदर्शों के लिए लड़ना, कुछ मूल्यों के लिए लड़ना, कुछ सिद्धान्तों के लिए लड़ना। ऐसा आदर्शवाद अच्छे साहित्य के लिए हमेशा जरूरी रहा है। आदर्श के बिन्दु से आज के यथार्थ को देखना और उसके अनुसार आज के यथार्थ को बदलने की कोशिश करना—इससे बड़ा और साहित्य के लिए इससे अच्छा यथार्थवाद और कोई नहीं है। (टेप किए गए वक्तव्य का सम्पादित रूप)

(प्रस्तुति : रमेश उपाध्याय
कथन-31 में 'लोग नये ढंग से सोचने लगे हैं' शीर्षक से प्रकाशित)

दुनिया की बहुध्रुवीयता

'दुनिया की बहुध्रुवीयता' बहुत उपयुक्त और समसामयिक दृष्टि से महत्वपूर्ण विषय है। बहुतों के मन में यह एक आशंका के रूप में कहीं-न-कहीं मौजूद है। व्यापक है यह आकांक्षा। दुनिया की बहुध्रुवीयता पर सोच-विचार तो चल ही रहा है, इसकी सम्भावना को साकार करने की दिशा में प्रयास भी हो रहे हैं। इसका कारण बहुत स्पष्ट है। जब तक सोवियत संघ था, उसके साथ-साथ एक व्यापक समाजवादी संसार भी था। पूर्वी यूरोप के देशों में और एशिया में। चीन, वियतनाम और उत्तरी कोरिया में। एक जमाने में दक्षिण अमरीका में चिली भी था। क्यूबा अब भी है। तब दुनिया के स्पष्ट रूप से दो ध्रुव थे—पूँजीवादी और समाजवादी। उसके बीच एक 'तीसरी दुनिया' नाम की चीज भी थी, जिसके कारण एक विश्व में लगभग तीन विश्व माने जाते थे। लेकिन समाजवादी केन्द्र के ध्वस्त होने के बाद तीसरी दुनिया भी ध्वस्त हो गई। अब सत्ता का एक ही ध्रुव रह गया है और वह है संयुक्त राज्य अमरीका। सारी वैश्विक संस्थाएँ—जैसे विश्व बैंक, अन्तर्राष्ट्रीय मुद्रा कोष और यहाँ तक कि संयुक्त राष्ट्र भी—उसी के प्रभाव में हैं। एक वैश्विक शक्ति पेंटागन तो उसके पास है ही। इसीलिए कहा जाता है कि दुनिया अब एकध्रुवीय हो गई है।

इस एकध्रुवीयता के परिणाम भयानक हैं। खुद यूरोप के अन्दर यूगोस्लाविया टूट गया, चेकोस्लाविया टूट गया। फिर सबसे महत्वपूर्ण घटना घटी इराक पर अमरीकी आक्रमण और कब्जा। इससे लोगों को बहुत बड़ा खतरा महसूस हुआ। यह खतरा महसूस किया खुद यूरोप के देशों ने, जो अमरीका के साथी और सहयोगी हैं। उन्होंने जो यूरोपीय संघ बनाया है, वह उनका एक आत्मरक्षात्मक प्रयास है। यह प्रयास पहले से चल रहा था, लेकिन इराक युद्ध ने उन्हें महसूस कराया कि अमरीका अपने हितों की रक्षा के लिए कहीं भी ऐसा विध्वंसक और नरसंहारी हस्तक्षेप कर सकता है। उसकी प्रतिक्रिया दुनिया में अन्यत्र भी दिखाई पड़ी। जैसे दक्षिणी अमरीका के देशों में। कुछ अफ्रीकी देशों में भी। दक्षिणी अमरीका में तो अमरीकी हस्तक्षेप तब से चला आ रहा है, जब सोवियत संघ मौजूद था और दुनिया दोध्रुवीय कहलाती थी।

इन तमाम स्थितियों को देखते हुए कहा जा सकता है कि जो एक ध्रुव अब तक बहुत ही ताकतवर दिखाई पड़ रहा था, उसको चुनौती देने वाली शक्तियाँ उभरकर आगे आ रही हैं। दूसरी तरफ उसका साथ देने वाली शक्तियों की हालत अच्छी नहीं है। उदाहरण के लिए, इंग्लैंड दूसरे महायुद्ध के कुछ वर्षों के बाद से हमेशा अमरीका का पिछलग्गू रहा है। इराक युद्ध में भी उसने बड़ी बेशर्मी से अमरीका का साथ दिया। लेकिन उसका परिणाम यह हुआ कि वहाँ टोनी ब्लेयर को संन्यास लेना पड़ा और विकल्प के रूप में जो दूसरी सत्ता आ रही है, वह सम्भवतः उतने खुले रूप में अमरीका का साथ देने वाली नहीं रहेगी। फ्रांस में तो पहले से ही असन्तोष रहा है। जर्मनी भी बहुत ज्यादा उसके साथ नहीं है। अर्थात् जो देश अमरीका के मित्र देश कहे जाते हैं, उनके अन्दर भी एक भय, आशंका और असन्तोष है और वहाँ के लोग यह अपेक्षा कर रहे हैं कि अमरीका के पीछे चलने के बजाय एक स्वतंत्र रास्ता ढूँढ़ा जाए।

इतना ही नहीं, जो अमरीका स्वयं को एकमात्र ध्रुव मान रहा है, वह खुद अन्दर से चरमराता दिखाई पड़ रहा है। कहने को वह इतना समृद्ध और शक्तिशाली देश है, लेकिन उसके अन्दर भी गरीबी है, बेरोजगारी है, भारी भ्रष्टाचार है, नस्ली नफरत और सामाजिक भेदभाव है और हिंसा तो इतनी अधिक है कि घरों में स्त्रियों और बच्चों से लेकर शिक्षा संस्थाओं के छात्र तक आए दिन उसके शिकार होते हैं। बाहर जाकर अमरीका जो लड़ाइयाँ लड़ता है, उनका विरोध खुद अमरीकी जनता करती है। इराक युद्ध का उतना विरोध तो नहीं हुआ, जितना वहाँ वियतनाम युद्ध का हुआ था, फिर भी काफी विरोध हुआ है और हो रहा है।

अमरीका के पक्ष में बोलने वाले भारत के उच्चवर्गीय लोगों और बुद्धिजीवियों की तुलना में अमरीका का विरोध करने वाले बुद्धिजीवी स्वयं अमरीका में ज्यादा हैं। कभी-कभी लगता है कि उस ध्रुव का सबसे ज्यादा मुखर विरोध तो अमरीका में ही हो रहा है। एक नया चिन्तन वहाँ के लोगों में शुरू हो गया है। इससे लगता है कि वह ध्रुव पिघल रहा है और उसमें दरारें पड़ रही हैं। विश्व बैंक के अध्यक्ष का जो भ्रष्टाचार सामने आया, उसका कितना विरोध वहाँ हुआ। बुश की इराक नीति का विरोध तो वहाँ इतना अधिक है कि अगले चुनाव में उसकी पार्टी सत्ता में आती नहीं दिख रही। आने वाले दिनों में अमरीकी शक्ति का, वहाँ की अर्थव्यवस्था का और उसकी नव-उदारवादी विचारधारा का रूप वही नहीं रहेगा, जो आज है। उसका रूप ठीक-ठीक क्या होगा, यह तो नहीं कहा जा सकता, लेकिन यह तो निश्चित है कि दुनिया की एकध्रुवीयता का उसका दावा खोखला साबित होगा।

उसके इस दावे को चुनौती देने वाली कई शक्तियाँ आज की दुनिया में उभर रही हैं, जैसे चीन, रूस, ब्राजील, मैक्सिको, वेनेजुएला, दक्षिण अफ्रीका आदि। कई

लोग इस सूची में भारत का नाम भी जोड़ते हैं। ये शक्तियाँ धीरे-धीरे प्रबल होती दिखाई पड़ रही हैं। इन देशों की अर्थव्यवस्थाएँ तो मजबूत हो ही रही हैं, जनसंख्या की दृष्टि से भी ये बहुत बड़े देश हैं।

अमरीका और चीजों के अलावा परमाणु शक्ति पर अपना एकाधिकार चाहता है और दूसरे देशों को इससे वंचित करना चाहता है। लेकिन इसमें वह सफल नहीं हो रहा है। दूसरे देश भी अपनी परमाणु शक्ति बढ़ाने में लगे हुए हैं। उदाहरण के लिए, ईरान स्वयं अमरीका को चुनौती दे रहा है और अपनी तैयारी में लगा हुआ है। भारत में भी इस दिशा में कुछ प्रयास हुआ है। इससे दुनिया में परमाणु युद्ध का खतरा तो बढ़ रहा है, लेकिन अमरीका की तथाकथित एकध्रुवीयता का मिथक टूट रहा है।

अंतरिक्ष विजय के सिलसिले में अमरीका सबसे आगे भले ही हो, लेकिन दूसरे देश भी इस दिशा में कदम बढ़ा रहे हैं। अतः इस क्षेत्र में भी ऐसा नहीं है कि अमरीका का एकछत्र राज हो। उद्योग, व्यापार, विज्ञान तथा प्रौद्योगिकी में अमरीकी वर्चस्व को चुनौती देने वाली शक्तियाँ उभर रही हैं। चीन उनमें सबसे आगे है। ये लक्षण बता रहे हैं कि अमरीकी ध्रुव संकट में है और उसके जवाब में दूसरे ध्रुव बन रहे हैं।

लेकिन मैं यह नहीं मानता कि दुनिया की एकध्रुवीयता बुरी चीज है और उसके मुकाबले में बहुध्रुवीयता अच्छी चीज है। दुनिया में ध्रुव रहेंगे, तो उनमें टकराव भी होगा और उससे विश्व युद्ध का खतरा कम नहीं होगा, जैसा कि विश्व में शक्ति-सन्तुलन की बात करने वाले मानते हैं। मैं तो यह चाहता हूँ कि दुनिया में ध्रुव नाम की चीज रहे ही नहीं। मैं तो विश्व में शान्ति और जनतंत्र चाहता हूँ और मेरा मानना है कि अगर सारी दुनिया में बड़े पैमाने पर जनतंत्र का विस्तार होता रहा, तो ध्रुव की कल्पना ही इतिहास के कूड़ेदान में फेंकने लायक हो जाएगी। मेरे विचार से तो दुनिया को ध्रुवों में बाँटकर देखने का पूरा सिद्धान्त ही गलत है। सही सिद्धान्त वह है, जो फ्रांसीसी क्रान्ति से निकले स्वतंत्रता, समानता और विश्वबन्धुत्व के मूल्यों के आधार पर सम्पूर्ण विश्व को एक मानकर चलता है और भावी विश्व की कल्पना एक जनतांत्रिक विश्व के रूप में करता है। अतः हमें दुनिया को एकध्रुवीय की जगह बहुध्रुवीय बनाने की कल्पना करने की जगह स्वतंत्रता, समानता और विश्वबन्धुत्व के मूल्यों पर आधारित जनतांत्रिक विश्व की कल्पना करनी चाहिए और उसके निर्माण का प्रयास करना चाहिए।

इसमें राष्ट्र-राज्य की संकल्पना आड़े आती है, जो पूँजीवाद के विकास के साथ आई है। यही कारण है कि आज राष्ट्र-राज्य की संकल्पना पर प्रश्नचिह्न लगाया जा रहा है। राजनीतिशास्त्र के क्षेत्र में काम करने वाले लोग कह रहे हैं कि राष्ट्र-राज्य उन्नीसवीं और बीसवीं शताब्दियों की पुरानी चीज हो गई है। इक्कीसवीं शताब्दी में राष्ट्र-राज्य रहे भी, तो उनका रूप वह नहीं रहेगा, जो अब तक रहा है।

आज भूमंडलीकरण से दुनिया के एक हो जाने की या उसके एक विश्वग्राम बन जाने की बातें की जाती हैं। फिर भी विश्व राष्ट्र-राज्यों में अब भी बँटा हुआ है। लेकिन लोग इसका भी सपना देख रहे हैं कि दुनिया सचमुच एक हो जाए। आज आप एक देश से दूसरे देश में जाना चाहें, तो 'वीजा' जरूरी होता है। लेकिन पहले तो 'वीजा' जरूरी नहीं होता था। बड़े-बड़े विश्व यात्री, चाहे वे यूरोप के रहें हो या चीन के या भारत के, सारी दुनिया में बिना 'वीजा' के भ्रमण करते थे। आजकल भूमंडलीकरण की बात होती है, दुनिया के एक भूमंडलीय ग्राम बन जाने की बात होती है, लेकिन राष्ट्र-राज्य बने हुए हैं और बिना 'वीजा' के आप एक देश से दूसरे देश में नहीं जा सकते। क्या किसी गाँव के एक मोहल्ले से दूसरे मोहल्ले में जाने के लिए किसी की अनुमति लेनी पड़ती है?

अगर दुनिया एक भूमंडलीय गाँव है, तो उसमें एक जगह से दूसरी जगह जाने पर पाबन्दी या रोक-टोक क्यों? इसलिए कि राष्ट्र-राज्यों में बँटी हुई दुनिया जनतांत्रिक दुनिया नहीं है। वह स्वतंत्रता, समानता और विश्वबन्धुत्व के मूल्यों के आधार पर बनी हुई दुनिया नहीं है। यदि हम दुनिया को बेहतर बनाना चाहते हैं, तो एकध्रुवीयता और बहुध्रुवीयता की बात करने के बजाय हमें एक जनतांत्रिक दुनिया बनाने की बात करनी चाहिए। स्वतंत्रता, समानता और विश्वबन्धुत्व की जो भावना विश्व के समस्त जनगण में व्याप्त है, उसकी संभावनाओं की तलाश करनी चाहिए। देखना चाहिए कि वे कौन-से तत्व या कारक हैं, जो इन संभावनाओं को साकार करने में उपयोगी और कारगर हो सकते हैं।

लेकिन हम देखते हैं कि आज का पूँजीवाद या नव-उदारवाद कहीं भी जनतंत्र नहीं चाहता—न किसी एक देश में, न पूरी दुनिया में। कारण यह कि वह असमानता के सिद्धान्त पर टिका है। असमानता रहेगी, तो स्वतंत्रता कैसे होगी? विश्वबन्धुत्व कैसे होगा? तब तो एक शक्तिशाली राष्ट्र कमजोर राष्ट्रों की स्वतंत्रता का अपहरण ही करेगा और दुनिया विश्व युद्ध की तरफ ही जाएगी।

साहित्य का विद्यार्थी होने के कारण मैं यह अनुभव करता हूँ कि इस मामले में कुछ रोशनी जहाँ से आती दिखाई पड़ती है, वह साहित्य और कला की दुनिया है, जिसमें राष्ट्रीय अहंकार नाम की चीज आती ही नहीं। उसमें भिन्नता तो है, पर भिन्नता पर आधारित अहंकार नहीं है। उदाहरण के लिए, संगीत को देखें। पश्चिमी संगीत भिन्न है, भारतीय संगीत भिन्न है। दोनों को अपना भिन्न संगीतशास्त्र है, अपनी भिन्न परम्परा है। एक ही देश के संगीत में भी भिन्न-भिन्न परम्पराएँ हैं, लेकिन कहीं के भी संगीतकारों में यह अहंकार नहीं है कि हमारा संगीत सर्वश्रेष्ठ है और सारी दुनिया में यही संगीत बजना चाहिए। संगीतप्रेमी लोगों में भी यह जिद नहीं मिलेगी कि हम अपने ही संगीत को सुनेंगे। हमारे यहाँ ऐसे बहुत-से संगीतप्रेमी मिल

जाएँगे, जो भारतीय संगीत जितने चाव से सुनते हैं, उतने ही चाव से दूसरे देशों का संगीत भी सुनते हैं। इसी तरह अनेक भारतीय संगीतकार विदेशों में भी उतने ही सम्मानित हैं, जितने अपने देश में। सब देशों के संगीत की अपनी-अपनी विशेषता है, उसमें आदान-प्रदान भी होता है, विभिन्न देशों के संगीतकार एक-दूसरे से बहुत कुछ सीखते हैं, बहुत कुछ ग्रहण करते हैं, लेकिन उनमें यह अहंकार नहीं होता कि हम ही श्रेष्ठ हैं, हमें ही सुना जाए, हमें ही माना जाए। यही बात साहित्य, चित्रकला और दूसरी कलाओं के बारे में कही जा सकती है। हमारे एम.एफ. हुसैन के चित्र हमारे देश में जितने बिकते हैं, उससे कहीं ज्यादा विदेशों में बिकते हैं। हमारे रविशंकर का संगीत जितना हमारे यहाँ सुना जाता है, उससे कहीं ज्यादा विदेशों में सुना जाता है। हमारा साहित्य मूल में जितना हमारी भाषाओं में पढ़ा जाता है, अनुवाद होकर उससे कहीं ज्यादा विदेशों में पढ़ा जाता है।

साहित्य और कला की दुनिया का कोई एक ध्रुव नहीं होता। न उसमें राष्ट्र-भेद के अनुसार बहुध्रुवीयता होती है। एक ही देश में अनेक भाषाओं में साहित्य लिखा जाता है और प्रत्येक भाषा के साहित्य की एक विशिष्ट परम्परा होती है। फिर, एक भाषा के साहित्य में भी अलग-अलग परम्पराएँ होती हैं। कला की दुनिया में भी यही होता है।

पुनः संगीत का ही उदाहरण लें, तो भारतीय संगीत में शास्त्रीय संगीत की एक परम्परा है, लेकिन सारा शास्त्रीय संगीत एक जैसा नहीं है। मसलन, भीमसेन जोशी वैसे ही नहीं गाते हैं, जेसे मल्लिकार्जुन मंसूर गाते हैं या कुमार गन्धर्व गाते हैं। सबकी अपनी अलग-अलग परम्पराएँ हैं। अमरीका में देखें, वहाँ सामाजिक और राजनीतिक प्रभुत्व चाहे गोरों का रहा हो, पर अच्छे गायक-संगीतकार काले लोग रहे हैं। अमरीका में लोक संगीत का सबसे बड़ा गायक पॉल रॉब्सन रहा है। वह काला था। वहाँ के संगीत के जानकार लोगों ने माना है कि कालों की आवाज गोरों से बेहतर होती है। इस तरह संगीत में राष्ट्र-भेद ही नहीं, रंग-भेद भी मिट जाता है।

सिनेमा में देखें, तो उसमें विभिन्न देशों के लोग, विभिन्न धर्मों, सम्प्रदायों, रंगों या नस्लों के स्त्री-पुरुष एक साथ मिलकर काम करते हैं। थियेटर में देखें, तो एक देश का नाटक सारी दुनिया में खेला जाता है और बिना किसी भेदभाव के देखा जाता है। रंगमंच की विधियों और प्रविधियों का आदान-प्रदान भी खूब होता है। अपने भारतीय रंगमंच ने विदेशी रंगमंच से कितना लिया है, कितना सीखा है! इंग्लैंड से ही नहीं, जर्मनी से, फ्रांस से, चीन से, जापान से, रूस से और न जाने कहाँ-कहाँ से।

कहने का मतलब यह कि साहित्य और कलाओं ने देश-भेद या राष्ट्र-भेद की दीवारें कभी स्वीकार नहीं की हैं, बल्कि सबकी भिन्नता और विशिष्टता को, सबकी अपनी निजता को स्वीकार किया है, उसका सम्मान किया है।

साहित्य का सबसे सम्माननीय पुरस्कार नोबल पुरस्कार है। उसे सौ बरस से ऊपर हो गए हैं। उसकी पूरी सूची देखें, तो नोबल पुरस्कार पाने वालों में आरम्भ में ज्यादातर पश्चिमी देशों के लेखक ही रहे। इसके चलते तोल्सतोय और चेखव जैसे लेखकों को भी नोबेल पुरस्कार नहीं दिया गया। लेकिन बाद में उस सूची में काफी विविधता दिखाई पड़ेगी। विभिन्न देशों के लेखक नोबल पुरस्कार से सम्मानित हुए हैं। दूसरे महायुद्ध के बाद से सोवियत संघ के विघटन के समय तक, यानी जब दुनिया के दो ध्रुव माने जाते थे, तब भी और उसके बाद से आज तक, जब दुनिया एकध्रुवीय मानी जाती है, तब भी।

अगर दुनिया सचमुच एक अर्थ में एकध्रुवीय होती, जिस अर्थ में अमरीका उसे एकध्रुवीय कहता है, तब तो 1991 के बाद साहित्य के सारे नोबल पुरस्कार अमरीकी लेखकों को ही मिलते। मगर आप देखते हैं कि उसके बाद के ज्यादातर पुरस्कार एशियाई और अफ्रीकी देशों के लेखकों को मिले हैं। जो दुनिया की बहुत छोटी-छोटी भाषाएँ मानी जाती हैं, जैसे हिब्रू, उन तक के लेखकों को मिले हैं।

साहित्य की इस दुनिया को देखकर क्या यह कहा जा सकता है कि दुनिया एकध्रुवीय है या बहुध्रुवीय है? एकध्रुवीय तो वह नहीं ही है, शक्ति सन्तुलन वाले अर्थ में बहुध्रुवीय भी नहीं है। साहित्य की दुनिया अगर बहुध्रुवीय है, तो इस अर्थ में कि वह स्वतंत्रता, समानता और विश्वबन्धुत्व के मूल्यों पर आधारित एक जनतांत्रिक दुनिया है, जिसमें एक छोटे-से देश का, छोटी-सी भाषा में लिखने वाला लेखक भी किसी बड़े देश की बड़ी भाषा में लिखने वाले लेखक के समान ही सम्मानित होने का हकदार है।

गेटे ने जब विश्व साहित्य की बात की थी, तो यह मानकर की थी कि सम्पूर्ण संसार के साहित्य की आत्मा एक है। यानी विभिन्न देशों का, विभिन्न भाषाओं का, विभिन्न परम्पराओं का और विभिन्न रूपों में लिखा जाने वाला साहित्य अपनी मूल प्रकृति या अन्तर्वस्तु में एक-सा है। बाद में इस विचार को गलत पाया गया, क्योंकि इसमें 'आत्मा' के नाम पर सारी भिन्नताओं को नकारने या उनका महत्व कम करने की बात थी।

इसी तरह हमारे यहाँ कहा गया कि "भारतीय साहित्य एक है, यद्यपि अनेक भाषाओं में लिखा जाता है।" इसे एक आदर्श वाक्य मानकर आज भी कई लोग दोहराते रहते हैं, कभी जवाहरलाल नेहरू का बताकर, तो कभी सर्वपल्ली राधाकृष्णन का बताकर। लेकिन लोगों ने ध्यान से देखा, तो पाया कि यह बात उसी तरह गलत है, जिस तरह सम्पूर्ण संसार के साहित्य की आत्मा एक होने की बात गलत थी। इसलिए अब हम लोग यह मानते हैं कि भारतीय साहित्य अनेक हैं और अनेक भाषाओं में लिखा जाता है। यानी भारतीय साहित्य एक नहीं है। जितनी भाषाएँ हैं,

उतने साहित्य हैं। यों हर साहित्य में कुछ समानताएँ या समानान्तर धाराएँ मिल जाएँगी, लेकिन हर भाषा बोलने वालों की अपनी एक सांस्कृतिक परम्परा है, अपने बिम्ब और प्रतीक हैं, अपनी अनुभूतियाँ हैं और इन भिन्नताओं के कारण ही भारतीय साहित्य समृद्ध है, एक जैसा होने के कारण नहीं।

यह भिन्नता ही है, जो हमें एक-दूसरे के प्रति आकृष्ट करती है। तमिल, हिन्दी, उर्दू आदि के साहित्य में कुछ समानताएँ अवश्य मिल जाएँगी, लेकिन हम दूसरे साहित्यों के प्रति उन समानताओं के कारण आकृष्ट नहीं होते। जो हमारे यहाँ हैं, वही दूसरे के यहाँ हैं, तो हम काहे को पढ़ेंगे? हम दूसरी भाषाओं का साहित्य इसलिए पढ़ते हैं कि जो हमारे यहाँ नहीं है और उसमें है, उसे हम जानें। आकर्षण भिन्नता में अधिक होता है।

पूँजीवाद की सबसे बड़ी बुराई यह है कि वह व्यक्तियों को, समाजों को, देशों को और सम्पूर्ण विश्व को एक जैसा बनाने की कोशिश करता है। इसमें वह सफल प्रायः नहीं होता, लेकिन कोशिश करता है और सिद्धान्त गढ़ता है कि भिन्नता समाप्त हो जाएगी, तो अपने-पराए का भेद मिट जाएगा, युद्ध नहीं होंगे, इत्यादि। मेरा कहना यह है कि विश्वबन्धुत्व की भावना 'हम सब एक हैं' का नारा देने से उतनी नहीं, जितनी इस अहसास से पैदा होती है कि हम सब भिन्न हैं और हमें दूसरों की भिन्नता को पहचानना चाहिए, उसको स्वीकार करना चाहिए और उसका सम्मान करना चाहिए।

आज की राजनीति और अर्थव्यवस्था के लिए भी यह आदर्श हो सकता है कि दुनिया में अनेक ध्रुव हों। जितने अधिक ध्रुव होंगे, विश्व उतना ही अधिक सम्पन्न होगा, उसमें सद्भाव होगा, रागात्मक सम्बन्ध बनेंगे। भिन्नता के मूल्य को राजनीतिक और अर्थशास्त्र के लोगों की तुलना में बाजार के लोग ज्यादा समझते हैं। बाजार आज कहने को तो विश्व बाजार है, लेकिन उसमें 'एथनिसिटी' का बड़ा ध्यान रखा जाता है। 'एथनिसिटी' आज के बाजार का एक मूल्य है। बाजार का ढाँचा यान्त्रिक ढंग से देखें, तो 'ग्लोबल' है, लेकिन व्यावहारिक रूप से सारा बाजार माल बेचता है 'लोकल' के नाम पर। इसलिए उस बाजार में हर देश की 'एथनिक' चीजें बिकती नजर आती हैं, जिनमें अत्यन्त भिन्नता और विविधता दिखाई पड़ती है। दरअसल आदमी विविधता का भूखा होता है। वह एकसरता का विरोधी होता है, इसलिए खान-पान, पहनावा, रहन-सहन आदि में विविधता चाहता है। बाजार इस बात को समझता है इसलिए विविधता के मूल्य को प्रश्रय देता है। यह काम भले ही वह नेक इरादे से नहीं, बल्कि माल बेचने और मुनाफा कमाने के इरादे से ही कर रहा हो, लेकिन विविधता के मूल्य को वह समझता है। इसलिए वह एक ही माल हर जगह नहीं बेचता।

लोग भी इस बात को समझते हैं। कुछ समय पहले तक हमारे यहाँ लोग कोक और पेप्सी के दीवाने थे। जहाँ जाइए, वहीं लोग कोक-पेप्सी पीते दिखाई पड़ते थे। अपने देशी शर्बतों को भूल गए लगते थे। लेकिन अब दूसरे कारणों से ही सही, वे कोक-पेप्सी की जगह अपने भारतीय पेय पदार्थों को अपना रहे हैं।

भिन्नताओं को भुलाकर जबर्दस्ती 'हम एक हैं' का नारा देने से भाईचारा पैदा नहीं होता। ऐसी समानता एक छद्म समानता होती है। सच्ची समानता दूसरे की भिन्नता का आदर करने से, विविधता और बहुलता को काम्य मानने से पैदा होती है। और हमें ऐसी समानता की दिशा में बढ़ना चाहिए, यह साहित्य सिखाता है, कलाएँ सिखाती हैं। हर साहित्यकार की यह आकांक्षा होती है कि हम अपनी भाषा के दूसरे साहित्यकारों जैसे न हों। अगर हमारा लिखा दूसरों के लिखे जैसा ही है, तो हम काहे को लिख रहे हैं?

इस अर्थ में साहित्य और कलाएँ हमेशा बहुध्रुवीय होती हैं और दुनिया अगर इस अर्थ में बहुध्रुवीय बनती है, तो निश्चय ही वह आज की दुनिया से बेहतर दुनिया होगी।

(प्रस्तुति : रमेश उपाध्याय
कथन—55, जुलाई-सितम्बर 2007 में 'साहित्य और कलाओं में है सच्ची बहुध्रुवीयता' शीर्षक से प्रकाशित)

सृजनशीलता का सवाल : उत्तर आधुनिकता और मार्क्सवाद

कहा जा रहा है कि उत्तर आधुनिकतावाद ने सृजनशीलता की अवधारणा पर प्रश्नचिह्न लगा दिया है और उसमें लेखक मुख्य नहीं, पाठक मुख्य है! लेकिन उत्तर आधुनिकता के बारे में मेरी जो समझ है, उससे मुझे ऐसा नहीं लगता। दरअसल यह एक रोमेंटिक अवधारणा रही है कि लेखक में ही सृजनशीलता होती है और उसके अलावा जो लोग हैं, उनमें नहीं होती। उत्तर आधुनिकता ने यह कहा है कि पाठक भी सर्जक होता है। मैं अपने को पाठक मानता हूँ। आलोचना-कर्म में लगे होने के कारण मुख्यतः मैं सर्जनात्मक साहित्य का पाठक ही हूँ। लेकिन पाठक भी सर्जक होता है। कविता को पढ़ते समय, उसकी व्याख्या करते समय, वह उसी कविता को फिर रचता है। और हर पाठक उस कविता को अपने तरीके से रचता है। व्यवहार में भी हम देखते हैं कि लोग अपनी पढ़ी-सुनी चीजों में अपना कुछ जोड़ देते हैं। 'रामचरितमानस' पिछले पाँच सौ वर्षों में वही नहीं रह गया है, जिस रूप में उस समय लोगों ने पढ़ा होगा। आज भी हम देखते हैं कि 'रामचरितमानस' की लोग तरह-तरह से व्याख्या करते हैं और नए-नए अर्थ उसमें से उद्घाटित होते हैं। इसलिए उत्तर आधुनिकता अगर यह कहती है कि लेखक की कृति को पाठक भी रचता है, तो ऐसा कहकर वह सृजनशीलता को खारिज नहीं करती, बल्कि सृजनशीलता के क्षेत्र का विस्तार करती है। कृतिकार तो सर्जक है ही, लेकिन उसका पाठक या व्याख्याता भी सर्जक है।

बड़े पुराने जमाने में एक बहस यह रही है कि कृति में—जैसे कविता, कहानी, उपन्यास या नाटक में—जो सृजनशीलता है, वह क्या है और उसका मूल स्रोत क्या है। हमारे यहाँ उसको 'प्रतिभा' कहते थे। पश्चिम में उसे 'सर्जनात्मक कल्पना' कहा गया। 'कल्पना' शब्द हमारे यहाँ भी है, लेकिन सृजनशीलता का मूल स्रोत हमारे यहाँ 'प्रतिभा' को माना जाता था। यदि पहले की किसी कृति का अनुकरण ही किसी कृति में है—जैसे प्रकृति पर पहले जो कुछ लिखा गया, बाद का कोई आदमी थोड़ा-सा

बदलकर उसी को दोहरा देता है—तो माना जाएगा कि वह 'अनुकृति' है। सर्जनात्मक कृति वह तब होती है जब उसमें दो गुण हों—एक तो 'नवनवोन्मेषशालिनी प्रज्ञा' हो और दूसरे 'अपूर्वनिर्माणक्षमा प्रतिभा' हो। अर्थात् कृति में नवीनता, अपूर्वता, अद्वितीयता होनी चाहिए। अभिनव गुप्त ने इस पर बहुत गहराई से विचार किया है। इन गुणों का निवास वहीं हो सकता है, जहाँ चित्त स्वतंत्र या उन्मुक्त हो। उन्मुक्त चित्त ही कुछ अपूर्व देख सकता है और कुछ नया दे सकता है। तो इन चीजों पर लोगों ने विचार किया और यह कहते समय उनके दिमाग में मुख्यतः कवि था। लेकिन 'कवि' का अर्थ बहुत व्यापक होता था। वह कथाकार भी हो सकता है, नाटककार भी हो सकता है, यहाँ तक कि वैज्ञानिक भी हो सकता है।

यह धारणा बहुत दिनों तक चली। इसका नया उत्थान पहली बार रोमेंटिक युग में हुआ। रोमेंटिक कवियों ने, सारी दुनिया में, 'कल्पना' शब्द पर सबसे ज्यादा जोर दिया। मैंने अपनी पुस्तक 'छायावाद' में दिखाया है कि कविता को 'कल्पना के कानन की रानी' कहा गया था। 'कल्प', 'कल्पना', 'कल्पसृष्टि', 'कायाकल्प' जैसे तमाम शब्द सृजनशीलता से सम्बन्धित थे। इस प्रकार कल्पना सृजनशीलता का ही दूसरा नाम है। रोमेंटिक लोगों ने इस पर बहुत बल दिया और कहा कि जिसके पास कल्पना है, वही सृजनशील है। उनका कहना था कि मध्यकाल की कविता में कल्पना पर जोर नहीं था, इसलिए वह अनुकरणमूलक थी। अपने यहाँ रीतिकाल में हम देख सकते हैं कि लोग एक ही बात को जरा घुमाकर दूसरे ढंग से कहा करते थे। अतः वहाँ 'अंदाजे बयां' पर जोर ज्यादा है, कुछ नया रचने का उत्साह नहीं है। साहित्य के इतिहास में रोमेंटिक आन्दोलन का महत्व इसी बात में है कि रचना में सब कुछ नया होता है—नई विषयवस्तु, नया अर्थ, कहने का नया ढंग।

मैं 'रोमेंटिसिज्म' का नाम इसलिए ले रहा हूँ कि रोमेंटिक उत्थान और उत्तर आधुनिकता के बीच एक और कड़ी है, जिसने कल्पनाशीलता पर उतना बल नहीं दिया। वह है आधुनिकतावाद। उत्तर आधुनिकतावादियों ने वह गुनाह नहीं किया, जो आधुनिकतावादियों ने किया था। उदाहरण के लिए, टी.एस. एलियट, जिनके साथ कविता में आधुनिकताावदी आन्दोलन शुरू हुआ, कल्पना को महत्वपूर्ण नहीं मानते थे। उन्होंने कहा कि कवि को परम्परा का ज्ञान होना चाहिए। अपने लेख 'ट्रेडिशन एंड इंडिविजुअल टेलेंट' में उन्होंने व्यक्तिगत प्रज्ञा के बजाय परम्परा को ज्यादा महत्व दिया और लिखा कि यूरोप की जो दो-ढाई हजार साल की परम्परा है, उसे हम अपनी अस्थि-मज्जा में लेकर लिखते हैं। रोमेंटिकों के बारे में उन्होंने कहा कि ये तो भावुक लोग हैं, भावुकता से लिखते हैं। रोमेंटिक लोग जिसको सृजनशीलता कहते थे, उसको आधुनिकतावादियों ने भावुकता कहकर खारिज कर दिया। इस प्रकार सृजनशीलता का विरोध और निषेध सच्चे अर्थों में आधुनिकतावाद ने किया। टी.एस. एलियट की

आलोचना इसका सबसे बड़ा उदाहरण है। यह और बात है कि अपनी कविता में अपने ढंग की सृजनशीलता उन्होंने भी दिखाई, लेकिन सिद्धान्त रूप में उन्होंने कल्पना या सर्जनात्मक कल्पना का, अर्थात् सृजनशीलता का विरोध किया।

इसलिए मुझे उत्तर आधुनिकता में सृजनशीलता का विरोध या निषेध नजर नहीं आता। आधुनिकतावादी 'पोयम ऑन दि पेज' की बात करते थे—कि छपी हुई चीज स्थिर है, जड़ है, एक पाठ है, और उस मूल पाठ का अनुगमन करना ही आलोचना है, जबकि उत्तर आधुनिकतावादी कहते हैं कि पाठ कोई जड़ वस्तु नहीं है, पाठक उसको जिस रूप में ग्रहण करता है, वही रचना का पाठ है। इसलिए जहाँ तक साहित्य का सवाल है, उत्तर आधुनिकतावादी सर्जनात्मकता के विरोधी नहीं हैं। कुछ लोग उत्तर आधुनिकतावाद को मार्क्सवाद का विरोधी मानते हैं, लेकिन आधुनिकतावादी लोग मार्क्सवाद के ज्यादा विरोधी रहे हैं। मार्क्सवाद तो रोमेंटिक दौर में भी था। शेली स्वयं अपने को समजावादी कहता था। मार्क्स के प्रिय कवियों में शेली था। उनके प्रिय कवियों में जर्मन कवि हाइने था। ये दोनों कवि रोमेंटिक थे। रूस में पुश्किन रोमेंटिक कवि था और उसको प्रतिष्ठा देने वाला बेलिंस्की मार्क्सवादी आलोचक था। पुश्किन को लेनिन तक मानते थे। लेकिन आधुनिकतावादी लोग, 'नई आलोचना' वाले लोग, रोमेंटिक साहित्य के साथ-साथ मार्क्सवाद के भी विरोधी थे। वे कहते थे कि मार्क्सवाद तो एक यूटोपिया है, भविष्य का सपना देखता है और भविष्य के लिए वर्तमान का बलिदान कर देना चाहता है।

इस प्रकार आधुनिक युग में सृजनशीलता का सम्बन्ध रोमेंटिक आन्दोलन और मार्क्सवाद से है। फर्क यह है कि रोमेंटिक लोगों की कल्पना और मार्क्सवादी लोगों की कल्पना में अन्तर है। साम्यवाद या वर्गहीन समाज कोई यूटोपिया नहीं है, बल्कि वैज्ञानिक पद्धति से उसे लाया जा सकता है। वह कोरा ख्याल या खामख्याली नहीं है। ठीक है, मार्क्सवाद भविष्य का स्वप्न देखता है, लेकिन भविष्य का स्वप्न तो मार्क्सवाद के बहुत पहले से लोग देखते आ रहे थे। मार्क्सवाद ने यह बताया कि हम उस स्वप्न को यथार्थ में बदल सकते हैं। उसमें समय लगेगा, संघर्ष करना पड़ेगा, लेकिन वह कोई दिवास्वप्न या कोरी कल्पना नहीं, एक वास्तविकता है। मार्क्सवाद का यह भविष्य-स्वप्न एक सर्जनात्मक कल्पना है। रोमेंटिक आन्दोलन वाली सर्जनात्मक कल्पना इससे भिन्न है, लेकिन वह इसकी विरोधी नहीं है। इसका विरोधी तो आधुनिकतावाद है, जो रोमेंटिसिज्म को भावुकता और मार्क्सवाद को यूटोपिया कहकर खारिज करता है।

आधुनिकतावादियों ने 'नए' पर बड़ा जोर दिया—जैसे साहित्य में 'नई कविता', 'नई आलोचना'—लेकिन वास्तव में 'नए' पर जोर रोमेंटिकों ने दिया था और उनके बाद उनकी विरासत अगर किसी को मिली, तो मार्क्सवादियों को मिली, जो कहते

थे कि हम नया समाज बनाएँगे और नया साहित्य रचेंगे। इसीलिए उन्होंने नई दुनिया, नए युग और नए इन्सान की बात की। हमारे यहाँ 'नया पथ' और 'नया इतिहास' जैसी पत्रिकाएँ निकलती थीं।

पहले के लोग मानते थे, और आज भी बहुत-से लोग विश्वास करते हैं कि सृजनशीलता रचनाकार में होती है और कुछ लोग यों भी कहते हैं कि इसीलिए वह प्रकृति-प्रदत्त होती है। धीरे-धीरे यह मालूम हुआ कि एक और धारणा है, जो रोमेंटिकों से भिन्न है। वह यह कि जिसे कवि या लेखक कहते हैं वह रचना का कर्त्ता नहीं, बल्कि रचना की भूमि है। अर्थात् वह एक माध्यम है, जिससे चीज रची जाती है। इसलिए वह कर्त्ता न होकर कर्म का स्थान है। और वह ऐसा स्थान है, जहाँ बाह्य जगत और स्वयं अपना अनुभव, दोनों मिलते हैं, जिसके कारण वह द्वन्द्व और तनाव की भूमि है। मुक्तिबोध ने 'कला का तीसरा क्षण' नामक जो लेख लिखा है, उसमें बताया है कि सृजनशीलता कोई विस्फोट नहीं, बल्कि एक तनावपूर्ण द्वन्द्व की स्थिति है, जिसकी भूमि रचनाकार का मानस है। इसीलिए कभी-कभी कहा जाता है कि नितान्त वैयक्तिक होते हुए भी रचना निर्वैयक्तिक होती है। तभी तो कहा जाता है कि हमारे मुँह से युग बोलता है, हमारे मुँह से समाज बोलता है, हमारे मुँह से दलित-पीड़ित-शोषित वर्ग बोलता है, हम तो मात्र उनके प्रवक्ता हैं, निमित्त मात्र हैं।

इसलिए रोमेंटिक लोगों के बाद सृजनशीलता से सम्बन्धित जो मुख्य मुद्दा बना, वह यह कि हममें कर्त्ता का अहंकार नहीं है कि हम सर्जक हैं। प्रगतिशील कवियों ने सृजनशीलता पर बहुत ध्यान दिया है। मुक्तिबोध ने रचना-प्रक्रिया पर सबसे ज्यादा लिखा है। उन्होंने रचना-प्रक्रिया के जो तीन क्षण गिनाए हैं, उनमें सबसे निर्णायक तीसरा क्षण होता है, जिसमें रचनाकार की स्थिति अत्यन्त वैयक्तिक होने के साथ ही निर्वैयक्तिक होती है। रचनाकार को लगता है कि मैं तो निमित्त हूँ, लिखा कोई और रहा है मुझसे। यह 'कोई' कौन है? यह वे लोग हैं, जिनसे आप अपनों को जोड़ते हैं। कभी-कभी आप उनसे जुड़े हुए नहीं होते, लेकिन वे आपके पूर्वग्रहों को तोड़कर आपसे लिखवा लेते हैं। यह सृजनशीलता की एक नई परिकल्पना है कि सृजन में कर्त्ता का अहंकार नहीं होना चाहिए।

यहाँ मैं एक और पहलू पर ध्यान देना चाहूँगा। मुक्तिबोध ने लिखा है कि वह क्षण ऐसा होता है, जिसमें भाषा और भाव के बीच द्वन्द्व और तनाव होता है। इस बात का एक सिरा फूको की इस बात से जुड़ता है कि लेखक की मृत्यु हो गई है, क्योंकि लेखक नहीं लिखता, भाषा लिखती है। लेखक भाषा में लिखता है और भाषा उसकी बनाई हुई नहीं है। उसे बहुत दिनों में एक पूरे समाज ने बनाया है। इसीलिए अक्सर ऐसा होता है कि लेखक लिखना कुछ और चाहता है, लिख कुछ और जाता है। जैसे फैज ने लिखा है कि "दिल से तो हर मुआमला करके चले थे साफ हम,

कहने में उनके सामने बात बदल-बदल गई।'' इसका मतलब है कि लेखन में भाषा का बहुत दखल होता है। आप जो लिखना चाहते हैं और जो लिखते हैं, उसे देखकर लगता है कि यह उपयुक्त शब्द नहीं है। मसलन, आज का कोई हिन्दी कवि सुमित्रानन्दन पंत की भाषा में लिखना चाहे, छायावादी भाषा में लिखना चाहे, तो या तो वह जो बात कहना चाहता है, वह बात बदल जाएगी या फिर वह उस बात को पंतजी की भाषा में नहीं, अपनी भाषा में, यानी आज की भाषा में लिखेगा। इस प्रकार भाषा नियामक है और सृजनशीलता के लिए सबसे बड़ी चुनौती है भाषा का नियंत्रण और नियमन करने की क्षमता। इसलिए अब आप कोई क्रान्तिकारी बात कहना चाहेंगे, तो उसमें बाधा देने वाली राजसत्ता और सामाजिक व्यवस्था तो बाद में आएगी, सबसे पहले तो भाषा आएगी, जो आपकी बनाई हुई नहीं है। इसीलिए सृजनशील रचनाकार अपने लिए नई भाषा बनाता है। हालाँकि वह कोई बिल्कुल नई भाषा नहीं होती, पुरानी में ही नई होती है, लेकिन रचनाकार उसको नवोन्मेष के द्वारा नया रूप देता है, नए शब्द गढ़ता है, वाक्यों के गठन को भी तोड़ता-बदलता है। इसीलिए हम कहते हैं कि रचनाकार का चित्त सृजन की भूमि है, जो तनाव और द्वन्द्व से ग्रस्त है। अब उसमें रचनाकार की अपनी भूमिका कितनी है, यह बहुत विश्वासपूर्वक कहना मुश्किल है, क्योंकि इस पर बहुत कम काम हुआ है। लेकिन उसकी अपनी भूमिका भी होती है और 'लेखक की मृत्यु' के उत्तर आधुनिकतावादी मुहावरे को हमें इस अर्थ में नहीं लेना चाहिए कि उसकी कोई भूमिका नहीं होती।

'लेखक की मृत्यु' को हमें एक रूपक या अलंकृत वाक्य के रूप में लेना चाहिए। लेखक का मरना यहाँ लगभग वैसा ही है, जैसा सन्तों की भाषा में 'मरजीवा' होना होता है। किसी में अपने 'स्व' को, अपने अहंकार को, अपने पूर्वग्रहों और संस्कारों को विलीन या दफन कर देना। इससे रचना के क्षण में लेखक एक नया इन्सान बनता है, अपनी ही राख से फीनिक्स की तरह पैदा होता है। उसके अपने अन्दर से ही एक नया सर्जक पैदा होता है, जिसमें उसका युग होता है, उसका समाज होता है, उस युग तथा समाज के लोगों के भाव होते हैं और इन तमाम चीजों के द्वन्द्व तथा तनाव होते हैं। इन सब चीजों के योग या संयोग से जो चीज बनती है, वह सृजनशीलता है।

लेकिन मैं यहाँ यह कह दूँ कि ये सब चीज़ें लेखकों, कलाकारों, विचारकों, वैज्ञानिकों आदि में भले ही अधिक विपरीत होकर व्यक्त होती हों, लेकिन सृजनशीलता थोड़ी-बहुत हर आदमी में होती है, जो मेहनतकशों में जैसे मजदूरों में, किसानों में, दस्तकारों में, घर-बाहर तरह-तरह के काम करने वाली स्त्रियों में। कभी-कभी तो उनमें ऐसी अद्भुत सृजनशीलता दिखाई पड़ती है कि दंग रह जाना पड़ता है। लोकगीत गाने वाले, लोकनृत्य करने वाले, लोककथाएँ कहने वाले,

लोकनाट्यों में अभिनय करने वाले बहुत-से लोग शिक्षित या प्रशिक्षित नहीं होते, पर अद्‌भुत कलाकार होते हैं। अतः यह मानना चाहिए कि सृजनशीलता कमोबेश मनुष्य मात्र में होती है।

ऐसा मान लेने पर साहित्य की यह बहस भी खत्म हो जाती है कि लेखक सृजनशील होता है और आलोचक सृजनशील नहीं होता। मेरे विचार में दोनों सृजनशील होते हैं। अभिनव गुप्त ने कहा था कि 'कवि' और 'सहृदय' दोनों सरस्वती के पुत्र हैं। 'सहृदय' का अर्थ है कवि के समान हृदय रखने वाला। आज की भाषा में कहें, तो समान 'वेव-लैंथ' या लहरमान पर कवि के साथ बहने वाला। अगर आप प्रयत्न करके उस लहरमान पर पहुँच गए, जिस पर रचनाकार है, तो फिर आप दोनों एक धारा में साथ बह रहे हैं। दोनों सृजनशील हैं। अज्ञेय जी ने 1961 में 'कल्पना' में रचना-प्रक्रिया पर एक लेख लिखा था। उसमें उन्होंने कहा था कि रचना-प्रक्रिया के प्रति आत्मसजग होने से रचना बाधित होती है। अनेक लोग जब उपन्यास लिखते हैं, तो उसमें यह भी लिखने लगते हैं कि उपन्यास कैसे लिखा जाता है। मुझे लगता है कि अज्ञेय जी की बात सच है। किसी ने कहा था कि रचना तो ऐसे सहज भाव से होती है, जैसे किसी टहनी पर फूल अपने-आप खिल उठता है। रचना मशक्कत की चीज नहीं है। वह दंड पेलकर नहीं लिखी जाती, नहीं तो खराब होती है। वैसे, जिसे अंग्रेजी में 'लेबर्ड' कहते हैं, सायास लिखी हुई, जिस कविता में मशक्कत की गई दिखाई पड़ती है, उसका असर कम होता है। उसका सौन्दर्य धूमिल हो जाता है। मुक्तिबोध अपनी रचना-प्रक्रिया के प्रति बहुत आत्मसजग थे और इसका असर उनकी कविता में कहीं-कहीं दिखाई पड़ता है। यह सही है कि अपनी रचना का सबसे पहला आलोचक तो स्वयं रचनाकार ही होता है—इसीलिए वह रचना करते समय अपने भावों और विचारों को काटता-छाँटता, तराशता या उसमें संशोधन करता है—लेकिन रचना करते समय यदि वह आलोचक का काम भी करने लगेगा, तो सृजनशीलता की क्षति होगी। अतः उसे सहज भाव से रचना करनी चाहिए और आलोचना का काम सहृदय आलोचक के लिए छोड़ देना चाहिए।

लेकिन सहजता के बारे में एक बात मैं कह दूँ। अक्सर यह होता है कि आप कहानी लिखने बैठते हैं और वह सर्र से लिखी जाती है, उसमें कोई काट-छाँट या फेर-बदल नहीं करनी पड़ती और वह अव्वल दर्जे की रचना होती है—जैसे प्रेमचन्द की 'कफन', जो यहीं दिल्ली में उन्होंने एक रात ठहरने पर रात में लिखी थी और सुबह देकर चले गए थे। लेकिन ऐसी सहजता से कोई रचना तभी लिखी जाती थी, जब उसके पहले लेखक ने बहुत साधना की हो। मेरे गुरु हजारी प्रसाद द्विवेदी कहा करते थे कि सीधी रेखा खींचना बड़ा टेढ़ा काम है। तो सहजता बड़ी साधना से

मिलती है। संस्कृत काव्यशास्त्र में रचना की मनःस्थिति को समाधि की दशा कहा गया है, योग-भूमि कहा गया है। यह स्थिति लम्बी साधना के बाद आती है। कई लोग समझते हैं कि सृजनशीलता प्रतिभा का विस्फोट होती है, उसके लिए पढ़ने-लिखने की जरूरत नहीं है, मेहनत करने की जरूरत नहीं है। यह रोमेंटिक अवधारणा कही जाती है, लेकिन रोमेंटिक कवि स्वयं बड़ी मेहनत करते थे।

अभी तक मैंने सृजनशीलता की चर्चा मुख्यतः साहित्य के सन्दर्भ में की है, लेकिन सृजनशीलता अन्य कलाओं में और जीवन के अन्य क्षेत्रों में भी होती है। 'कला' के साथ अक्सर 'कौशल' का जिक्र आता है, जिसे अंग्रेजी में 'स्किल' कहते हैं। कौशल में अक्सर लोग सृजनशीलता नहीं देखते, क्योंकि वह अक्सर बँधी-बँधाई लीक पर चलने में होता है। लेकिन कुछ कलाएँ भी ऐसी होती हैं, जो बँधी-बँधाई लीक पर चलती हैं, जैसे शास्त्रीय गायन और नृत्य। लेकिन उसमें भी 'इंप्रोवाइजेशन' की गुंजाइश होती है। उदाहरण के लिए, मान लीजिए, भीमसेन जोशी राग भैरवी गा रहे हैं। अब राग तो बँधा हुआ है। गाने की कला वही है। लेकिन भीमसेन जोशी एक बार एक तरह से गाएँगे और दूसरी बार उसमें 'इंप्रोवाइज' करके कोई नवोन्मेष कर देंगे। नृत्य में भी यही होता है। मसलन, भरतनाट्यम और कुचीपुड़ी नृत्य में शास्त्रीय ढंग से हर कील-कांटा अपनी जगह दुरुस्त है। फिर भी सबका भरतनाट्यम या सबका कुचीपुड़ी एक तरह का नहीं होता। 'इंप्रोवाइजेशन' को हमारे यहाँ व्युत्पत्ति कहते हैं और इससे बँधी लीक या कौशल में भी सृजनशीलता पैदा हो जाती है। संगीत और नृत्य के मुकाबले चित्रकला में प्रयोगधर्मिता ज्यादा होती है। उसमें आप रंगों से जैसे चाहें, खेल सकते हैं। इसीलिए सबसे ज्यादा नवोन्मेष चित्रकला की दुनिया में दिखाई पड़ता है। नए प्रयोगों वाले अनेक आन्दोलन पहले चित्रकला में चले हैं, फिर साहित्य में आए हैं।

जीवन के अन्य क्षेत्रों में भी, मनुष्य के कलात्मक कार्यों की तरह ही सृजनशीलता होती है—जैसे समाज-निर्माण के क्षेत्र में—लेकिन वहाँ सृजनशीलता का रूप कुछ और होता है। इस बारे में मार्क्स ने एक बड़ी महत्वपूर्ण बात कही है कि मनुष्य अपने इतिहास का निर्माता तो है, लेकिन वह अपनी इच्छा से इतिहास नहीं बना सकता। वह कुछ निश्चित ऐतिहासिक परिस्थितियों में ही इतिहास बना सकता है। स्वेच्छा से या जबर्दस्ती बनाने की कोशिश करेगा, तो असफल भी हो सकता है। उदाहरण के लिए, लेनिन ने समाजवाद की स्थापना एक ऐसे देश में की, जहाँ परिस्थितियाँ समाजवाद के अनुकूल नहीं थीं। इसीलिए, जब रूस की क्रान्ति हुई, अन्तोनियो ग्राम्शी ने एक लेख लिखा था 'दि रिवोल्यूशन अगेंस्ट दास कैपिटल'। यानी मार्क्स के ग्रन्थ 'पूँजी' के विरुद्ध की गई क्रान्ति। और आज हम देख रहे हैं कि रूस की क्रान्ति विफल हो गई। वहाँ जबर्दस्ती लाया गया, समाजवाद फेल हो गया।

ऐसी स्थितियों में सृजनशीलता वहाँ होती है, जहाँ ऐतिहासिक परिस्थितियों में मौजूद विकल्पों में से सही विकल्प चुना जाता है। उस विकल्प को चुनना, पहचानना और साथ ही विकल्प के रूप में प्रस्तुत करना राजनीति में सृजनशीलता का उदाहरण होगा। गांधीजी ने जब 'स्वराज' का नारा दिया और अहिंसात्मक साधन का विकल्प प्रस्तुत किया, सत्याग्रह पर बल दिया, तो उनके सामने दो विकल्प थे। एक सशस्त्र क्रान्ति और दूसरा अहिंसात्मक आन्दोलन। लेकिन उनके सामने 1857 का उदाहरण था कि हम लोगों ने सशस्त्र क्रान्ति के जरिए अंग्रेजी राज को हटाना चाहा और नहीं हटा सके। भगतसिंह वगैरह क्रान्तिकारी लोग समझते थे कि उसे हटाने का एकमात्र उपाय सशस्त्र क्रान्ति है। लेकिन गांधीजी ने दूसरा विकल्प चुना। उन्होंने सत्याग्रह के जरिए जनता को लामबन्द किया। यह गांधीजी की सृजनशीलता थी। इसके बाद जब देश आजाद हुआ, तो जवाहरलाल नेहरू ने देश के विकास के लिए जो योजनाएँ बनाईं, उसमें भी सृजनशीलता थी। नेहरू के बाद भारतीय राजनीति में वैसी सृजनशीलता फिर दिखाई नहीं पड़ी।

दुख की बात यह है कि हमारे यहाँ का वामपंथ भी सृजनशील नहीं है। और हम लोग पुराने विचारों से ही काम चला रहे हैं। जहाँ सिद्धान्त में सृजनशीलता नहीं होगी, वहाँ व्यवहार में कहाँ से आएगी? इसीलिए हम लोगों ने संसदीय लोकतंत्र को स्वीकार कर लिया है और संसद के बाहर किए जाने वाले संघर्ष को लगभग छोड़ दिया है। इसी का नतीजा है कि हम हाशिए पर चले गए हैं। यही कारण है कि विदेशों में तो लोग भूमंडलीकरण और बाजारवाद के विरुद्ध सोच-विचार कर रहे हैं, पर हमारे यहाँ ऐसी कोई बहस नहीं चल रही है कि भूमंडलीकरण का विकल्प क्या हो सकता है। जैसे यह मान लिया गया कि यही नियति है और इसका कोई विकल्प नहीं है। कैसी विडम्बना है कि इस मामले में भाजपा, कांग्रेस और वामपंथ में कोई अन्तर नहीं है। उदारीकरण की नीति को, निजीकरण की नीति को, हमने राष्ट्रीय नीति के रूप में स्वीकार कर लिया है। जाहिर है, इसका मतलब है कि हमने समाजवाद का सपना छोड़ दिया है और उसकी दिशा में सृजनशील ढंग से कुछ नया करने और सोचने में जैसे हमारी कोई दिलचस्पी ही नहीं रह गई है। मैं समझता हूँ कि इससे पहले वामपंथ में चिन्तन और कर्म की ऐसी दरिद्रता कभी नहीं देखी गई—फासीवाद का पूरा खतरा सामने मौजूद है, और यह बिल्कुल नई चीज है, जिससे हमें बिल्कुल नए ढंग से निपटना चाहिए। लेकिन हम क्या कर रहे हैं? प्रतिरोध के पुराने ही ढंग हमने अपना रखे हैं। जैसे सभा-संगोष्ठी, जुलूस-प्रदर्शन, हस्ताक्षर अभियान और अखबारों में वक्तव्य आदि। क्या इन तरीकों से फासीवाद से लड़ा जा सकता है? इस प्रश्न का उत्तर हमारी राजनीति को सृजनशील ढंग से देना चाहिए।

अमेरिका से एक किताब आई है 'एम्पायर'। उसके लेखक है अंतोनियो नेग्री और माइकल हार्ट। पढ़कर लगता है कि दोनों लेखक मार्क्सवाद के अच्छे जानकार हैं। उन्होंने लिखा है कि साम्राज्यवाद के नाम से जिस चीज को अब तक मार्क्सवादी जानते रहे हैं वह चीज अब नहीं रही। लेनिन ने 1918 में 'पूँजीवाद की आखिरी मंजिल साम्राज्यवाद' नाम की जो किताब लिखी थी, उसके अनुसार साम्राज्यवाद का कोई केन्द्र होता है। जैसे ब्रिटिश साम्राज्य का केन्द्र इंग्लैंड था। दूसरे विश्वयुद्ध के बाद यह हुआ कि अमरीकी साम्राज्यवाद का वर्चस्व हो गया। लेकिन 1991 में रूस में समाजवाद के खत्म होने के बाद साम्राज्यवाद का कोई केन्द्र नहीं रहा। उसका केन्द्र अब न अमरीका है, न जी-8 है, न विश्व बैंक है, न अन्तर्राष्ट्रीय मुद्रा कोष है, न तथाकथित 'मल्टीनेशनल' है। इसीलिए, जब केन्द्र नहीं है, तो परिधि भी कोई नहीं है। दूसरे देशों में इस किताब की चर्चा हुई है, आलोचना भी हुई है, कि इसके लेखक अराजकतावादी हैं। लेकिन अपने यहाँ हम लोगों ने न तो इस किताब की चर्चा की, न समीक्षा की, न इसका प्रतिवाद ही किया। हम साम्राज्यवाद के विरुद्ध, अमेरिका के विरुद्ध नारे लगाए जा रहे हैं, लेकिन यह समझने की कोशिश नहीं कर रहे हैं कि आज साम्राज्य और साम्राज्यवाद जैसी कोई चीज है भी या नहीं। यदि वह किसी बदले हुए रूप में है, तो उसका चरित्र कैसे बदल गया है।

अब भी हम अमरीकी साम्राज्यवाद को कोसते चले जा रहे हैं और आसमान में मुक्का मार रहे हैं। मगर नतीजा कुछ नहीं निकल रहा है। भूमंडलीकरण को कोसते चले जा रहे हैं, लेकिन उसका कोई अच्छा 'क्रिटीक' प्रस्तुत नहीं कर पा रहे हैं। इसका मतलब है कि हम आज से शायद कई दशक पहले के युग में जी रहे हैं। लेकिन जब नई सच्चाई का आपको ज्ञान ही नहीं है, तो विकल्प कहाँ से ढूँढ़ेंगे? इसलिए कम-से-कम साहित्यकारों से, और विशेष रूप से नए लेखकों से मेरा कहना यह है कि वे आज की इस नई परिस्थिति को नई नजर से देखें, नए ढंग से इसे जाँचें-परखें, इसकी एक नई आलोचना प्रस्तुत करें और उसमें से प्रतिरोध और संघर्ष के नए और सर्जनात्मक तरीके निकालें। और मुझे खुशी है कि आज की नई पीढ़ी में मुझे ऐसी क्षमता दिखलाई पड़ रही है कि वह इस काम को कर सकेगी। आज यही चीज बल देती है और आशा जगाती है।

(प्रस्तुति : रमेश उपाध्याय
कथन-36 में 'सृजनशीलता के क्षेत्र का विस्तार' शीर्षक से प्रकाशित)

इतिहास के प्रेत

असगर वजाहत की एक कहानी है *शाहआलम कैम्प की रूहें*। 9 जून 2002 के 'राष्ट्रीय सहारा' में छपी थी। शाहआलम कैम्प में दिन तो किसी न किसी तरह गुज़र जाते हैं लेकिन रातें कयामत की होती हैं। आधी रात के बाद रूहें आती हैं। एक रात एक बच्चे की रूह आती है...बच्चा रात में चमकता हुआ एक जुगनू जैसा लगता है...इधर-उधर उड़ता फिरता है...बहुत खुश नजर आता है...खुशी का सबब पूछने पर बताता है कि वह एक सुबूत है—सुबूत बहादुरी का, उनकी बहादुरी का, जिन्होंने माँ का पेट फाड़कर उसे निकाला था और उसके दो टुकड़े कर दिए थे। रूहें और भी आती हैं, यहाँ तक कि एक दिन रूहों के साथ शैतान की रूह भी चली आई। इधर-उधर देखकर शैतान बड़ा शरमाया और झेंपा। लोगों से आँखें नहीं मिला पा रहा था। कन्नी काटता था। रास्ता बदल लेता था। आखिरकार लोगों ने उसे पकड़ ही लिया। वह वास्तव में लज्जित होकर बोला—'अब यह जो कुछ हुआ है...इसमें मेरा कोई हाथ नहीं है...अल्लाह कसम मेरा हाथ नहीं है।' लोगों ने कहा, 'हाँ, हाँ हम जानते हैं, आप ऐसा कर ही नहीं सकते। आपका भी आखिर एक स्टैंडर्ड है।' शैतान ठंडी साँस लेकर बोला, 'चलो दिल से एक बोझ उतर गया...आप लोग सच्चाई जानते हैं।' लोगों ने कहा, 'कुछ दिन पहले अल्लाह मियाँ भी आए थे और यही कह रहे थे।'

बस कहानी इतनी ही है। अल्लाह मियाँ भी आए और गए और गई शैतान की रूह भी। नहीं आए तो वे 'बहादुर', जिनकी बहादुरी का सुबूत वह जुगनू-सा चमकता हुआ बच्चा है। लेकिन उस जुगनू की टिमकती-सी रोशनी में उन 'बहादुरों' की 'छाया' पहचानी जा सकती है। पन्तजी के शब्दों में 'छायातन बहु छायाहीन' है—तन से छाया मात्र और धरती पर अपनी छाया भी नहीं छोड़ते। साफ दिखते भी नहीं, सामने आते भी नहीं। इसीलिए इन्हें भूत या प्रेत कहा जाता है। असगर वजाहत की भाषा में 'रूहें'।

गरज कि गुजरात के 'कैम्प' में इस समय सिर्फ 'रूहें' हैं—रूहें कत्ल किए गए बच्चों, औरतों और बूढ़े जवान मर्दों की या फिर बहादुर कातिलों की! आखिर रूहें

भी तो किसिम-किसिम की होती हैं; कुछ हिंसक तो कुछ अहिंसक। जो हो, कुछ ऐसी रूहें भी हैं जो वर्षों से कब्र में पड़े लोगों की हैं और जो कहानी से बाहर ही रह गईं।

ऐसी ही एक कब्र है, बल्कि थी, जो वली गुजराती के मजार के नाम से मशहूर है! उन बहादुरों ने उसे भी मटियामेट कर दिया—यही नहीं, बल्कि उसका नामोनिशान मिटाने के इरादे से उस पर तारकोल की पक्की सड़क बनवा दी। एक अज़ीम शायर के साथ ऐसे बर्बर सलूक पर कविता ही लिखी जा सकती है और कविताएँ लिखी भी गईं। उन्हीं में से एक कविता देवीप्रसाद मिश्र की है *'जो पीवे नीर नैना का।'* 'आलोचना'—सात-आठ में प्रकाशित। कविता का अन्त इस बन्द से होता है :

मैं कहूँ किससे कहूँ कि क्या यही गुजरात है
साधु से ही पूछते हो क्या तुम्हारी जात है।

वाल्टर बेन्यामिन को यह अन्देसा पहले ही हो गया था और उन्होंने फासिस्टों के पंजे से बचने के लिए आत्महत्या कर ली थी। मरने से पहले उन्होंने लिखा था : "अगर दुश्मन जीत जाएगा तो कब्र में मुर्दे भी सुरक्षित न रहेंगे और साफ है कि उस दुश्मन का विजय-अभियान अभी अवरुद्ध नहीं हुआ है।"

यह बात 1940 की है।

दिसम्बर 2002 में शाहआलम कैंम्प की रूहों के कातिलों ने विजय-यात्रा शान से निकाली। विजेता का राजतिलक भी उतना ही भव्य हुआ। करोड़ों लोगों में से कुछ ने रू-ब-रू और बहुतों ने छोटे परदे पर एक ऐसा चेहरा देखा जिसके सिर पर राजमुकुट था, ख़स-खसी दाढ़ी-मूछों के बीच खून से लाल ओठों और तलवार-से चमकते दाँतों से फूटा हुआ अट्टहास!

निराला की 'राम की शक्तिपूजा' की यह पंक्ति मूर्तिमान हो रही थी :

फिर सुना, हँस रहा अट्टहास रावण खल खल!

मार्क्स के प्रेत (1993) पुस्तक से पता चलता है कि अब देरिदा को भी चारों ओर प्रेत दिखाई देने लगे हैं। अमेरिका की युनिवर्सिटी ऑफ़ कैलिफोर्निया, रिवरसाइड में उन्होंने इसी शीर्षक से दो लम्बे व्याख्यान दिए जो बाद में पुस्तकाकार प्रकाशित हुए। साल-भर पहले उसी अमेरिका के फ्रांसिस फुकुयामा *इतिहास का अन्त और आखिरी आदमी* नामक पुस्तक प्रकाशित करके शाबाशियाँ लूट चुके थे। देरिदा की पुस्तक में फुकुयामा की अच्छी खबर ली गई है। फुकुयामा तो पूर्व यूरोप और सोवियत रूस में समाजवाद के ध्वस्त होने के जश्न मना रहे थे, जबकि देरिदा के लिए यह मातम का मौका था। वे सहसा हैमलेट की भूमिका में आ गए और उन्हें यह भी अहसास हुआ कि "वक्त की चूलें खिसक गई हैं।" गम अपना, भाषा हैमलेट की। आचरण भी हैमलेट का ही। मार्क्स प्रकट हुए पिता की प्रेतात्मा की

तरह और उसके सामने उन्होंने पिता की विरासत को बचाने की कसम भी खाई—निश्चय ही मार्क्स की किसी रूह के तहत (इन अ सर्टेन स्पिरिट ऑफ़ मार्क्स), एक सधे-बँधे मार्क्सवादी की तरह नहीं। कुछ अस्पष्ट, कुछ स्पष्ट! विशेष बात यह हुई कि उन्हें अपनी ही तरह स्वयं मार्क्स भी प्रेत-पीड़ित दिखाई पड़े। *कम्युनिस्ट घोषणापत्र, लूई बोनापार्त की अठारहवीं ब्रूमेर, जर्मन विचारधारा* और *पूँजी* जैसे ग्रन्थों का देरिदा ने ऐसा चमत्कारपूर्ण विखंडन किया कि मार्क्स का समस्त साहित्य यहाँ से वहाँ तक प्रेतों से ही प्रतिच्छायित प्रतीत होने लगा और देखते-देखते देरिदा की विखंडन-विधि एक नई 'प्रेत विद्या' में बदल गई! वैसे भी, इतिहास के अन्त के बाद तो इतिहास के प्रेत ही बातचीत के लिए बचे रहते हैं। इसीलिए इस पुस्तक में देरिदा जोर देकर कहते हैं कि अब प्रेतों *से* बात करने, प्रेतों *के बारे में* बात करने और प्रेतों *के साथ* रहने के अलावा कोई विकल्प नहीं है। गरज़ कि उत्तर-आधुनिक दौर के इस अन्तिम चरण का मुख्य शास्त्र 'प्रेतविद्या' है—विखंडन विधि की फलश्रुति !

इस नई 'प्रेतविद्या' के शब्द-कोश के रंगमंच के केन्द्र में प्रेत और प्रेत-छायाएँ हैं। देरिदा मानते हैं कि मार्क्स प्रेतों में विश्वास करना नहीं चाहते, लेकिन वे इनके अलावा और कुछ सोचते भी नहीं। जो चीज प्रेतों को सचमुच की वास्तविकता से अलग कर सकती है उसका भी संज्ञान उन्हें है। वे प्रेतों की निन्दा करना चाहते हैं, उन्हें भगा देना चाहते हैं, यहाँ तक कि अपने अट्टहास से उनके आतंक को उड़ा देने की कोशिश भी करते हैं, फिर भी उनकी रचनाओं में प्रेत हैं तो हैं ही!

फिर भी यह विडम्बना है कि देरिदा के लिए मार्क्स स्वयं सिर्फ एक 'रूह' हैं जिसे वे बार-बार 'स्पिरिट' कहते हैं, जिसके अर्थ 'रूह' की तरह ही दुहरे हैं—ख़याल और प्रेत! जिस मार्क्स ने हेगेल के शीर्षासन करते द्वन्द्ववाद को जमीन पर पैरों के बल सीधा खड़ा करने का दावा किया था, उसे ही देरिदा फिर सिर के बल खड़ा करने की कोशिश कर रहे हैं और तुर्रा यह कि वे अपने आपको मार्क्स का वारिस और कर्जदार भी मानते हैं।

पितर-स्थानीय मार्क्स के साथ यह मजाक नहीं तो और क्या है?

देरिदा के *मार्क्स के प्रेत* को देखकर अब तो यह कहना ही पड़ेगा कि मार्क्सवाद और जो कुछ भी हो *'प्रेत विद्या'* नहीं है। देरिदा किसी 'सड़े हुए राज्य' के राजकुमार हैमलेट हों तो हों, मार्क्स कोई हैमलेट नहीं थे, शेक्सपियर को दिल से चाहने के बावजूद।

मार्क्स के प्रेत तो थे, लेकिन अपने प्रेत। प्रेत और प्रेतों की छाया का प्रयोग भी उन्होंने किया है—प्रायः अलंकार और रूपक की तरह, लेकिन उन रूपकों के अन्दर भौतिक वास्तविकता की ठोस अन्तर्वस्तु भी है और महत्वपूर्ण वह अन्तर्वस्तु ही है।

प्रसंग-भेद से अन्तर्वस्तु भी भिन्न-भिन्न है। *पूँजी में* वह 'माल' है तो *जर्मन-विचारधारा* में स्टर्नर की बखिया उधेड़ते हुए 'धर्म' की वास्तविकता की दिशा में जाती है। इसी तरह *लूई बोनापार्त की अठारहवीं ब्रूमेर* में बीते इतिहास को दुहराने के हास्यास्पद प्रयास पर कठोर व्यंग्य है।

फिलहाल प्रसंग इतिहास का है, इसीलिए 'लूई बोनापार्त' की चर्चा ही प्रासंगिक होगी। इसलिए भी कि देश की 'सांस्कृतिक राष्ट्रवादी' सरकार 'गड़े मुर्दे उखाड़कर इतिहास को दुहराने की ही 'क्रान्ति' या प्रतिक्रान्ति में प्रवृत्त है।

''सभी मृत पीढ़ियों की परम्परा जीवित मानव के मस्तिष्क पर एक दुःस्वप्न के समान सवार रहती है।'' इस 'दुःस्वप्न' से आरम्भ करते हुए मार्क्स उस 'क्रान्तिकारी संकट' पर आते हैं जब कुछ लोग 'अभूतपूर्व और नए निर्माण' के जोश में *''अतीत के प्रेतों* को अपनी सेवा के लिए उत्कंठापूर्वक बुलावा दे बैठते हैं और उनसे अतीत के नाम, अतीत के रणनाद और अतीत के परिधान माँगते हैं ताकि विश्व-इतिहास की नवीन रंगभूमि को इस प्राचीन सम्मानित वेष में और इस मँगनी की भाषा में सजाकर पेश करें।''

अतीत की जैसी पुनरावृत्ति 1852 के फ्रांस में हो रही थी, हिन्दुत्व त्रिशूलधारी बिग्रेड का 1992 में बाबरी मस्जिद को ढहाकर नया राममन्दिर बनाने का प्रयास भी इतिहास की वैसी ही पुनरावृत्ति नहीं है क्या? 'अतीत के प्रेत' और कैसे होते हैं? वही अतीत के नाम, अतीत के रणनाद, अतीत के परिधान, यहाँ तक कि हथियार भी अतीत के ही और विजय-यात्रा के लिए अतीत का रथ भी—भले ही चलाने के लिए उसमें घोड़ों की जगह बीसवीं सदी की मोटर का इंजिन जुड़ा हो।

मार्क्स के शब्दों में यह सब कुछ 'मँगनी' का है—खासतौर से 'मँगनी की भाषा'—सजाकर पेश करने के लिए! देववाणी संस्कृत हो तो क्या कहने! वेदवाणी हो तो ब्रह्मास्त्र! मार्क्स की नजर से देखें तो गर्वीले धर्मवीर हकीकत में मँगते हैं—भिखमंगे! प्रसंगवश प्रेमचन्द की कहानी 'माँगे की घड़ी' याद आती है! और फिर अज्ञेय की कविता की वह पंक्ति भी : ''सच्चा अपना ठाट फकीरी, मँगनी के सुख-साज से!'' यह 'मँगनी की भाषा' अपने आप बोलती है—बहुत कुछ! जैसे निराला की 'वह हँसी बहुत कुछ कहती थी!'

देरिदा इसे वाल्टर बेन्यामिन की तकनीकी शब्दावली में 'मेकैनिकल रीप्रोडक्शन' अर्थात् 'यान्त्रिक पुनरुत्पादन' कहते हैं, जैसे किसी चित्र की फोटोकापी। भूतों की परछाईं धरती पर भले ही न पड़ती हो, छाया की प्रतिच्छाया छाया तो हो ही सकती है!

इन प्रेतों से कभी हरिशंकर परसाई की भी मुठभेड़ हुई थी और उन्होंने 'भूत के पाँव पीछे' शीर्षक लेख लिखा था। मँगनी के इस दौर में अपने परसाईजी से माँगने

में क्या संकोच! कहते हैं : "ऐसे लोग 'भूत' होते हैं। भूत के पाँव पीछे होते हैं, ऐसा कहा जाता है। कुछ लोगों के दिमाग के पाँव पीछे होते हैं—ये मानसिक भूत हुए। इनके लिए जो बीत गया, वह परम श्रेष्ठ होता है, वर्तमान अत्यन्त हेय, और उनकी यह कृपा है कि वर्तमान में जीकर वे उसे गौरवान्वित कर रहे हैं।" इसी क्रम में आगे वे फिर जोड़ते हैं : "कुछ लोगों के सिर पर 'जातीय' भूत सवार रहता है। वे इस बात को कहते हुए नहीं थकते कि 'हम प्राचीन ऋषियों के वंशज हैं। हम आर्यों की सन्तान हैं।' इनके कुछ बने-बनाए फिकरे होते हैं—'प्राचीन काल में दूध-दही की नदियाँ बहती थीं' (शायद क्षीर-सागर में गिरती होंगी!) ...यह सब गर्व का कारण हो सकता है। इसमें कोई एतराज़ नहीं। पर यह भूत बनकर सिर पर सवार हो, तब तर्क का तंत्र-मंत्र फूँककर भूत उतारना होगा।"

गरज कि समस्या भूत उतारने की है। मार्क्स की ही तरह परसाईजी भी भारत के भूतों को भगाने की कोशिश कर रहे थे और वह भी 'तर्क' के तंत्र-मंत्र से। सिर्फ तंत्र-मंत्र से भूत उतारने वाले और हैं। वे भूल जाते हैं कि भूत उस लौंग में भी है जिससे वे भूत उतारने के लिए झाड़-फूँक करते हैं। देरिदा कुछ-कुछ ऐसे ही ओझा मालूम होते हैं जो 'स्पिरिट' से 'स्पिरिट्स' हटाना चाहते हैं : दूसरे शब्दों में 'रूह' से 'रूहों' को दूर भगाना ! चिकित्सा की यह पद्धति 'होमियोपैथी' को ही मुबारक ! वैसे उसे गुरुदेव हजारीप्रसाद द्विवेदी अपनी सहज विनोदमुद्रा में 'मेडिकल मिस्टिसिज्म' कहा करते थे!

इसी क्रम में पंडितजी का वह लेख याद आ रहा है : *भीष्म को क्षमा नहीं किया गया।* यह लेख 19 जनवरी 1978 के 'साप्ताहिक हिन्दुस्तान' में छपा था। आपातकाल के बाद। महाभारत के भीष्म का इतिहास बोध अगाध था। प्राचीन काल में भीष्म-जैसा धर्मज्ञ और ज्ञानी खोजना कठिन है। महाभारत का शान्तिपर्व इसका गवाह है। युधिष्ठिर के हर प्रश्न के उत्तर में वे प्रायः यह कहकर शुरू करते हैं—'अत्राप्युदाहरन्तीमितिहास पुरातनम्' (यहाँ भी लोग इस पुराने इतिहास की नजीर देते हैं।) किस प्रकार पुराने इतिहास से वह वर्तमान समस्या के सही स्वरूप का उद्घाटन करते हैं और उसका विकासक्रम समझा देते हैं, वह चकित कर देता है। फिर भी क्या कमी है जिसके कारण उन्हें अवतार नहीं माना गया। यही नहीं, बल्कि लोक ने उन्हें क्षमा नहीं किया। क्या इसलिए कि द्रौपदी का अपमान देखकर भी वे चुप रह गए? लेख के अन्त में यह टिप्पणी है : "भीष्म में कर्तव्य-अकर्तव्य के निर्णय में कहीं कोई कमजोरी थी।...आजकल भी ऐसे विद्वान मिल जाएँगे, जो जानते बहुत हैं। करते कुछ भी नहीं। करनेवाला इतिहास-निर्माता होता है, सिर्फ सोचते रहनेवाला इतिहास के चक्र के नीचे पिस जाता है। इतिहास का रथ वह हाँकता है, जो सोचता है और सोचे हुए को करता भी है।"

तात्पर्य यह कि कभी-कभी इतिहास-बोध भी बोझ बन जाता है और इतिहास का पंडित उस बोझ के भार से दब जाता है। यह 'शापमय वर' साबित होता है। जितना लम्बा अतीत, उतना भारी बोझ। इतिहास-दर्शन प्रकृत्या क्रान्तिकारी दर्शन नहीं है। इतिहास सामान्यतः परम्परा और निरन्तरता का पर्याय समझा जाता है। परिवर्तन और विकास को भी एक तरह से यही परम्परा अपने अन्दर समाहित करके परिवर्तनकामियों को ठंडा कर देती है। सम्भवतः इसीलिए 'ऐतिहासिक भौतिकवाद' को माननेवाले अपने आपको 'इतिहासवाद' से अलग रखते हैं। किसी घटना को ऐतिहासिक सन्दर्भ देना अपने आपमें कोई क्रान्तिकारी काम नहीं है। इसीलिए सचमुच के क्रान्तिकारी विचारक इस प्रकार की ऐतिहासिकता-वृत्ति पर अतिरिक्त रूप से मोहित भी नहीं दिखते।

इसीलिए मार्क्स ने अपनी उसी *लूई बोनापार्त* पुस्तक में भावी क्रान्ति के बारे में यह जोड़ा था : "...सामाजिक क्रान्ति अतीत से नहीं वरन् भविष्य से ही अपनी *कविता* प्राप्त कर सकती है। वह उस समय तक अपना समारम्भ नहीं कर सकती जब तक अतीत सम्बन्धी अपने मूढ़ विश्वासों को दूर न कर ले। पहले की क्रान्तियों को स्वयं अपनी अन्तर्वस्तु के सम्बन्ध में अपने को मदहोश करने के लिए विगत विश्व-इतिहास की स्मृतियों की आवश्यकता पड़ती थी। (इस) क्रान्ति के लिए जरूरी है कि अपनी अन्तर्वस्तु प्राप्त करने के लिए जो बीत गया है, उसे भुला दें। पहली क्रान्तियों के नारे उनकी अन्तर्वस्तु से आगे निकल गए थे; यहाँ अन्तर्वस्तु नारों से आगे निकल जाती है।"

सारांश यह कि क्रान्ति अपनी 'कविता' अतीत से नहीं, भविष्य से ही प्राप्त कर सकती है। इसी बात को इस प्रकार भी कहा जा सकता है कि क्रान्ति की 'कविता' इतिहास के प्रेतों से नहीं, बल्कि भविष्य के फरिश्तों से ही प्राप्त हो सकती है। इसमें आशंका है तो सिर्फ यह कि इंतजार करें फरिश्ते का और प्रकट हो प्रेत! 'इतिहास के फरिश्ते' का स्वप्न देखनेवाले वाल्टर बेन्यामिन दुर्भाग्य से इसी विडम्बना के शिकार हो गए।

किन्तु बेन्यामिन अपने जीवन का अन्त करने से पहले अपने *'इतिहास चिन्तन'* के अठारह मूल्यवान सूत्र छोड़ गए जिनमें से फिलहाल एक ही सूत्र के उल्लेख से सन्तोष करना पड़ेगा। यह वही सूत्र है जो इस उत्तर-आधुनिक दौर के परिवर्तनकामी विचारकों को विशेष रूप से प्रिय है। सातवें सूत्र का अन्तिम वाक्यांश हिन्दी में कुछ-कुछ इस प्रकार होगा। ऐतिहासिक भौतिकवादी का काम है *इतिहास के शहतीर पर उल्टा रंदा चलाना।*

प्रचलित ढंग तो यही है कि शहतीर के रेशे के अनुकूल सीधा रंदा ही चलाया जाए ताकि रेशे न उखड़ें और शहतीर की चिकनाई सुरक्षित रहे।

ऐसा चिकना-चुपड़ा इतिहास मुख्यतः विजेताओं का ही इतिहास होगा। और तय है कि ऐसे इतिहास में वे असंख्य जन गुमनाम रह जाएँगे जो पहले ही पराजित हो चुके हैं। ये भी इतिहास के ही प्रेत हैं; जैसे प्रेमचन्द की कहानी *बलिदान* (सरस्वती, 1918) का किसान गिरधारी जो खेत छूट जाने पर उसी के गम में बिना कुछ कहे-सुने मर जाता है और भूत बनकर अपने ही खेतों के इर्द-गिर्द मँडराता रहता है। ऐसा ही एक और प्रेत है। हरिशंकर परसाई की कहानी है *भोलाराम का जीव*, जिसमें दफ्तर के एक छोटे से बाबू के प्राण अपनी पेंशन की अर्जी के नीचे अभी तक दबे पड़े हैं। इधर उन प्रेतों की तादाद में तेजी से बढ़ोत्तरी हुई है; उनमें ज्यादातर दलित और बलात्कार की शिकार औरतें हैं। शाहआलम कैम्प की रूहों ने प्रेतों की इस दुनिया को एक नया आयाम दे दिया है। इतिहास के शहतीर पर उल्टा रंदा चलाने से ही ये पहचाने जा सकेंगे और शायद इतिहास में जगह भी पा जाएँ, वरना कहानी का आँचल तो इन आत्माओं को पनाह देने के लिए है ही!

इस उत्तर-आधुनिक दौर में ये कहानियाँ ही इतिहास कहलाती हैं—छोटे-छोटे लोगों की बड़ी-बड़ी कहानियाँ। अंग्रेजी में वैसे भी 'स्टोरी' और 'हिस्टरी' सुनने में एक से लगते हैं। इसीलिए अब 'इतिहास' की जगह 'इतिहासों' की बात की जा रही है। वैसे कोई भीष्म पितामह यही कहेगा कि ऐसा पहले भी हो चुका है, कहीं और नहीं स्वयं महाभारत में ही। महाभारत कौरव-पांडवों के महाख्यान का इतिहास है तो उसके अन्तर्गत शकुन्तलोपाख्यान जैसे सैकड़ों छोटे-छोटे उपाख्यान भी हैं। ल्योतार ने महाख्यान को खत्म कर दिया तो फूको ने हाशिए पर पड़े लोगों के छोटे आख्यानों को प्रतिरोध का अस्त्र बना दिया। हर समुदाय में अपनी 'पहचान' की प्यास प्रबल हो गई। साथ-साथ हर क्षेत्र में आपसी होड़ मच गई। इतिहास के शहतीर पर उल्टे रंदे इतनी तेजी से चलने लगे कि इतिहास के रेशे-रेशे उखड़ गए और उसके पन्ने गुच्छों से भर गए! इतिहास व्याख्या-मात्र हो गया। व्याख्या और व्याख्या। भाष्य पर भाष्य। इतिहास एक महाभाष्य! कौन व्याख्या सही, कौन व्याख्या गलत, कोई मानदंड नहीं। हर मुलजिम को इतिहास की इस अदालत में सन्देह का लाभ। उत्तर-आधुनिकता के दौर का यह नया लोकतंत्र है! 'फ़रियादी' का नक्श देखिए और यह भी देखिए कि 'कागज़ी है पैरहन हर पैकरे तस्वीर का!' कहते हैं, यह अपनी 'पहचान की राजनीति' है! इतिहास से प्रतिशोध ! इतिहास इन्हें जगह दे भी दे तो भविष्य? जवाब देने का दावा कौन कर सकता है? फूको भी खामोश! वे खुद इतिहास में चले गए। आश्चर्य है कि देरिदा के *मार्क्स के प्रेत* में फूको कहीं मौजूद नहीं हैं।

क्या इसलिए कि उनकी नजर में इन छोटे-छोटे आख्यानों का कोई भविष्य नहीं है? एक 'नए इंटरनेशनल' का सपना देखने का मतलब और क्या हो सकता है? देरिदा का 'नया इंटरनेशनल' एक और महाख्यान नहीं तो क्या है? स्वयं उत्तर-

आधुनिकता का इतिहास भी कितना जल्दी-जल्दी बदल रहा है। पहले महाख्यान का अन्त, फिर छोटे आख्यानों का भी अन्त और 'नए इंटरनेशनल' के रूप में एक नए महाख्यान का आरम्भ! देरिदा का वह स्वप्न अब अप्रत्याशित रूप में साकार हो रहा है और उसी अमेरिका में। कहीं और हो भी कहाँ सकता है?

येल विश्वविद्यालय में 'येल सेंटर फ़ार द स्टडी ऑफ ग्लोबलाइजेशन' अर्थात् 'भूमंडलीकरण के अध्ययन का येल केन्द्र' खुल गया है जहाँ 'ग्लोबल इतिहास' पर अध्ययन और अनुसन्धान किया जाएगा। इस केन्द्र ने स्पष्ट कर दिया है कि यह 'ग्लोबल इतिहास' पूर्वपरिचित 'विश्व इतिहास' की परिकल्पना से भिन्न ही नहीं, बल्कि कहीं अधिक व्यापक है। नई सूचना-प्रणाली और पर्यावरण-सम्बन्धी नई चिन्ता के चलते इस इतिहास के आगोश में भूमंडल के साथ-साथ समस्त नभ-मंडल भी आ जाता है। इसीलिए 'ग्लोबल' युग के दौर में इतिहास को भी 'ग्लोबल' बनाना तर्कसंगत है। इस न्याय से इतिहास को भी अपनी 'लोकल' सीमा से बाहर निकलकर 'ग्लोबल' होना पड़ेगा, ठीक विश्व-बाजार के अनुरूप।

मजा देखिए कि देरिदा का 'नया इंटरनेशनल' का नारा खयाल का खयाल यानी 'स्पिरिट' ही रहा, जबकि येल ने इतिहास में 'ग्लोबलाइजेशन' का नया मोर्चा बना लिया! यह है इतिहास का जवाबी हमला। इसे भी एक और प्रेत नहीं तो क्या कहेंगे?

इसी बीच 2000 में हार्वर्ड यूनिवर्सिटी प्रेस से *'एम्पाइर'* (साम्राज्य) नामक पुस्तक प्रकाशित हुई—माइकेल हार्ट और अन्तोनियो नेग्री की। यह फुकुयामा की पुस्तक से भी ज्यादा लोकप्रिय हुई और हाथों-हाथ बिक गई और देखते-देखते उसके कई संस्करण हो गए! यह साम्राज्यवाद के पुनर्भव का उद्घोष है। पुराने साम्राज्यवाद के फिर से प्रकट होने की पुष्टि—निश्चय ही नए आकार-प्रकार में। ब्रिटिश साम्राज्यवाद की तरह किसी एक राष्ट्र का शरीर धारण करके सम्पूर्ण विश्व पर छा जानेवाला कोई सगुण साकार देव नहीं, बल्कि एक नामहीन निर्गुण निराकार छायाशक्ति! दूसरे शब्दों में भूत या महाभूत! कैसी विडम्बना है कि अभी तक पश्चिमवाले 'उत्तर-उपनिवेशवाद' के विमर्श से कागज काले कर रहे थे और दुनिया के पूर्वी तथा दक्षिणी हिस्से के बौद्धिकों को बार-बार समझाने की कोशिश में लगे थे कि उपनिवेशवाद और साम्राज्यवाद का दौर खत्म हो गया। और अब वहीं से यह दूसरी आवाज आ रही है। अब तो अमेरिका में ऊँची जगहों पर बैठे प्रभावशाली बौद्धिक भी गरमजोशी से खुलकर संयुक्त राज्य अमेरिका के 'साम्राज्यवादी' और 'नव साम्राज्यवादी' मिशन का स्वागत कर रहे हैं और इराक पर अमेरिकी हमले का समर्थन! यह भी इतिहास की एक पुनरावृत्ति है जिसे इतिहास का प्रेत ही कहना पड़ेगा।

सचमुच ही 'वक्त की चूलें खिसक गई हैं' और अपने कवि शमशेर के शब्दों में कहें तो 'घिर गया है समय का रथ ?' किसिम-किसिम के छोटे-बड़े प्रेत घेरे हुए

हैं और घेरते जा रहे हैं—इतिहास की आवृत्ति पर आमादा। एक और महाभारत रचाने के लिए कटिबद्ध! सर्वनाश की चिन्ता किए बिना। संकट की इस घड़ी में या तो व्यास की तरह ऊर्ध्वबाहु की मुद्रा में महाभारत का श्लोक बुदबुदाएँ या फिर फ़ैज के साथ 'दुआ' करें—

आइए, हाथ उठाएँ हम भी
हम जिन्हें रस्मे-दुआ याद नहीं
हर्फ़े-हक़ दिल में खटकता है जो काँटे की तरह
आज इज़हार करें और ख़लिश मिट जाए।

(आलोचना, सहस्राब्दी अंक 10-11, जुलाई-दिसम्बर, 2002)

●●●